Josef Kraus
*Wie man eine Bildungsnation
an die Wand fährt*

Josef Kraus

Wie man eine Bildungsnation an die Wand fährt

Und was Eltern jetzt wissen müssen

HERBIG

2., korrigierte Auflage 2017

© 2017 F.A. Herbig Verlagsbuchhandlung GmbH, Stuttgart
Alle Rechte vorbehalten
Umschlagfoto: Ostill/iStock by Getty Images
Satz: Buch-Werkstatt GmbH, Bad Aibling
Gesetzt aus: Minion 11,5/14,85 pt
Druck und Binden: CPI books GmbH, Leck
Printed in Germany
ISBN 978-3-7766-2802-9

www.herbig-verlag.de

Meiner Familie
und all denen,
die sich Sorgen um den
Zustand unserer Bildungsnation
machen

Inhalt

*»Faulheit und Feigheit sind die Ursachen, warum ein so gro-
ßer Teil der Menschen gerne zeitlebens unmündig bleibt;
und warum es andern so leichtfällt, sich zu deren Vormün-
dern aufzuwerfen. Es ist so bequem, unmündig zu sein.«*

Immanuel Kant (1784)

VORWORT:
Wider eine Bildungspolitik, die keine Probleme löst, sondern Probleme schafft

Dieses Buch ist keine Gebrauchsanleitung für die Zerstörung eines ehemals weltweit angesehenen Bildungswesens, sondern eine – bisweilen grimmige – Untersuchung
der Trümmer und Ruinen, die deutsche Bildungspolitik
und deutsche Bildungswissenschaften hinterlassen haben:
Trümmer und Ruinen, die man mittels »Reformen« hinterlassen hat.

Seit den 1960er Jahren werden solche Reformen in Szene
gesetzt, zumeist sind Deformationen daraus geworden.
Damals unterwarf man Bildung bzw. das, was man dafür hielt, einem radikalen Egalisierungswahn. Kaum hatte
sich das deutsche Schulwesen mit diesem Wahn arrangiert
oder ihn halbwegs abgepuffert, folgte der nächste Wahn.
Er trägt seit der Jahrhundertwende von 2000 die Namen
»Pisa« und »Bologna«.

Dabei sind Pisa und Bologna doch »nur« Städte in Italien.

9

Seit Jahrhunderten, gar Jahrtausenden. Die Luftlinie zwischen beiden misst rund 120 Kilometer. Für manche Deutsche, die in Sachen Bildung missionieren, sind Pisa und Bologna allerdings die vermeintlich notwendigen Neugründungsmythen deutscher Bildungspolitik. Damit ist der Abstand zwischen »Pisa« und »Bologna« für eine zunehmend hysterisch-hypochondrisch angesäuerte Bildungspolitik und »Bildungsforschung« die Entfernung von einer bildungspolitischen Fallgrube zur nächsten.

Deutschlands Bildungsdebatten und die daraus gezogenen Schlussfolgerungen haben sich schlicht und einfach zwischen »Pisa« und »Bologna« festgefahren. Das gilt zum einen für viele der »Pisa«-Kapitäne. Diese verkünden unbeeindruckt Einheits- und Gesamtschule. Ihre Destinationen lauten: Mit dem deutschen »Pisa«-Ergebnis sei zugunsten eines »gerechten« Schulsystems endlich der Jüngste Tag für das gegliederte, begabungs- und leistungsorientierte Schulwesen angebrochen. Die andere Cockpit-Vereinigung ist die der »Bologna«-Crew. An wunderbaren Destinationen fehlt es auch hier nicht: »Bologna« samt Bachelor, Master, Workloads und Credit Points schaffe endlich Effizienz, Mobilität, Modularisierung, Kompatibilität, Praxistauglichkeit, »Employability« und eine gewaltige Steigerung der Akademikerquote.

Die Folge ist eine Politik wider besseres Wissen und wider jede Vernunft. Da können Bildungsexperimente, die immer zugleich Experimente an Schutzbefohlenen sind, noch so völlig scheitern, sie werden dennoch durchgezogen oder – wie etwa im Fall der Gesamtschule mit ihrer durchschlagenden Erfolglosigkeit – in neuem Gewand unter dem Etikett »Gemeinschaftsschule« präsentiert. Damit und mit kuriosen Lehrplanreformen kann man ein Schulwesen innerhalb einer einzigen Legislaturperiode, in diesem Fall innerhalb von fünf Jahren, an die Wand fahren. Baden-Württembergs grün-rote Regierung hat dies von 2011 bis 2016 vorexerziert. Das »Ländle«, das seit Jahren und Jahrzehnten bei allen Leistungsstudien immer zu den vier besten unter Deutschlands sechzehn Ländern gehörte, ist in kürzester Zeit »Vom Musterschüler zum Problemfall«[1] geworden. Zum Beispiel ist Baden-Württemberg beim Ländervergleich des Instituts für Qualitätsentwicklung im Bildungswesen (IQB) bei den neunten Klassen von 2010 bis 2015, dem Zeitpunkt der Tests, von einem Spitzenplatz auf Platz 12 im Lesen und Platz 14 beim Zuhören gefallen.

Hier scheint zu gelten, was Peter Sloterdijk feststellte: »Macht ist das Vermögen, die Tatsachen in die Flucht zu schlagen.« Zwei seiner großen Vorgänger hätten es kaum anders gesagt: »Denn so ist der Mensch! Ein Glaubenssatz könnte ihm tausendfach widerlegt sein – gesetzt, er hätte ihn nötig, so würde er ihn immer wieder für wahr halten.« (Nietzsche) Oder: »Was dem Herzen widerstrebt, lässt der Kopf nicht ein.« (Schopenhauer) Mit solchem »Bildungs«-Verständnis aber stolpern unsere ewig-morgigen bildungspolitischen Schlaumeier in die stets gleichen Fallgruben.

Die fünf Fallgruben

Eine Falle ist die Egalitäts-Falle. Das ist die Ideologie, dass alle Menschen, Strukturen, Werte und Inhalte gleich bzw. gleich gültig seien. Das ist auch die Ideologie, dass es keine verschiedenen Schulformen, keine verschiedenen Begabungen, keine verschiedenen Fächer sowie keine bestimmten Werte geben dürfe.

Eine zweite Falle ist die Hybris-Falle. Das ist der aus dem

Marxismus (»Der neue Mensch wird gemacht«) und dem Behaviorismus (»Der neue Mensch ist konditionierbar!«) abgeleitete Wahn, jeder könne total gesteuert und zu allem »begabt« werden.

Eine dritte Falle ist die Falle der Spaß-, Erleichterungs- und Gefälligkeitspädagogik. Diese tut – angestrengt und sehr bemüht – so, als ob Schule immer nur cool sein könne und ja alles tun müsse, dass sich Kinder doch ja nicht langweilen.[2]

Eine vierte Falle ist die Quoten-Falle. Das ist die planwirtschaftliche Vermessenheit, es müssten möglichst alle das Abiturzeugnis bekommen und es dürften möglichst wenige oder gar keine Schüler sitzenbleiben. Dabei müsste doch eigentlich klar sein: Wenn alle Abitur haben, hat keiner mehr Abitur!

Und schließlich fünftens die Beschleunigungs-Falle. Das ist die Vision, man könne mit einer immer noch früheren Einschulung in immer weniger Schuljahren und mit immer weniger Unterrichtsstunden zu besser gebildeten jungen Leuten und zu einer gigantisch gesteigerten Abiturienten- und Akademikerquote kommen.

Fünf Fallgruben sind das – je nach Land in Deutschland unterschiedlich intensiv ausgeprägt. In diesen fünf Fallgruben drohen Individualität, Leistung, Anstrengungsbereitschaft, natürliche Reifung und Qualität zu versinken. Und so wird seit Jahrzehnten, verschärft seit dem groß inszenierten Pisa-Schock, drauflos re- und deformiert. Reformen über Reformen werden in den Sand gesetzt, ohne Produkthaftung von Seiten derjenigen, die all dies inszeniert haben. Dass die allermeisten Reformen eben gerade denen schaden, denen sie zugutekommen sollten, nämlich den sozial Schwächsten, wird verdrängt. Die Kinder aus »gutem« Hause bekommen die Verirrungen der Schulpolitik durch elterliches Zutun kompensiert, die Kinder aus »bildungsfernen« Elternhäusern aber bleiben in ihren »restringierten Codes«, in ihren Herkunftsmilieus eingekerkert. Das gilt für die Einheitsschule gleichermaßen wie für »neue« Formen eines (sogenannten) Unterrichts, in dem der Lehrer nur noch den Moderator spielt. Fast ist man versucht, von einer bildungspolitischen Variante eines Morgenthau-Plans zu sprechen. Man erinnere sich: Harry Morgenthau, damals US-Finanzminister, trat im August 1944 mit dem Plan an die Weltöffentlichkeit, Deutschland solle entindustrialisiert und zum Agrarstaat zurückgeworfen werden.

»Die Wüste wächst« ist der Titel eines Liedes von Nietzsches Zarathustra. Dieses Bild hat Helmut Schelsky 1976 als Überschrift über ein Buchkapitel gewählt, um die Entkulturierung zentraler Institutionen der modernen Gesellschaft, darunter der Universität, zu charakterisieren.[3] Peter J. Brenner hat dieses Bild bei einem Vortrag am 23. Januar 2008 in Bonn aufgegriffen und getitelt: »Die Wüste wächst – Über die Selbstzerstörung der deutschen Universität.«[4]

Um in diesem Bild zu bleiben: Die Bildungsnation wird unfruchtbar, sie verödet, weil ihre Grundlage erodiert. Die misslungenen, aber offiziell dennoch für erfolgreich erklärten Reformen sind wie ein Eingriff in die Ökologie von Bildung mit all ihren Folgen bis hin zum Verlust an Artenvielfalt, zum Beispiel Schularten-Vielfalt. Man könnte auch sagen: Diese Bildungsnation wird von den einen willentlich, von anderen naiverweise an die Wand gefahren – brav assistiert von den meisten Parteien, von den meisten Bildungsforschern, von moralisierenden Schwätzern, von diversen Stiftungen sowie von manch karriereorientiertem Lehrer und Schulleiter. Dass von höchster Regierungsseite eine »Bildungsrepublik« ausgerufen wird, so Kanzlerin Merkel im Juni 2008, und auf diversen Bildungsgipfeln eitle Heerschauen inszeniert werden, ändert nichts daran. Sedativa sind das.

Vier Verirrungen
Dabei spielen vier mentale und intellektuelle Verirrungen eine Rolle. Erstens spielt die Selbstvergessenheit der Deutschen eine Rolle, also die in allen politischen, gesellschaftlichen und kulturellen Belangen spürbare, typisch deutsche Selbstverleugnung. Das politische und mediale Deutschland inszeniert gerne seine eigene Tribunalisierung, und man zerrt sich gerne vor das Weltgericht, denn wir Deutsche sind ja so gern die Schlimmsten, Schlechtesten, Ungerechtesten auf der Welt. Wahrscheinlich weil wir vertuschen möchten, dass wir eigentlich gerne Schulmeister wären. Dass wir die Schlimmsten, Schlechtesten, Ungerechtesten auf der Welt sind, daran ist angeblich ein Bildungswesen schuld, das uns unter anderem einen Hitler und seine Anhängerschaft beschert habe. Diese Selbstverleugnung lässt uns zum Beispiel ein weltweit renommiertes Diplom wegschmeißen, das Gymnasium entkernen und unsere Sprache denglifizieren. Ob das noch das späte Ergebnis einer »reeducation« ist, sei dahingestellt. Vielleicht glauben viele Deutsche sogar – ohne sie näher zu kennen – an die abstruse Analyse des US-Amerikaners, Philosophen und Pädagogen John Dewey (1859–1952), der die offenbar schier genetisch angelegte Neigung der Deutschen zum Nationalsozialismus schon in den Philosophien und Schriften von Luther, Kant, Herder, Hegel,

Fichte, Schelling, insgesamt des Deutschen Idealismus angelegt sah. Wie auch immer: Jeder persönliche oder kulturelle Abstieg beginnt mit Selbstverleugnung und Überangepasstheit. Oder noch härter ausgedrückt: Der Verlust der Selbstachtung ist der Beginn des Verfalls, der Dekadenz. Das gilt für jede Einzelperson, jede Familie, jede Gruppe, jede Nation, jede Kultur.

Ein zweiter Grund für die Abrisslaune ist: Deutsche sind gerne Gesinnungsethiker. Gleichheit, Gerechtigkeit, Kuscheligkeit – so lauten die pädagogischen Glaubens- und Gesinnungsbekenntnisse. Immer und immer wieder werden sie mantramäßig vorgebetet, ohne Rücksicht auf die Folgen solcher Haltungen. Bereits Max Weber hat den Gesinnungsethiker im Jahr 1919 so beschrieben: Er fühle sich nur dafür verantwortlich, dass die Flamme der reinen Gesinnung nicht erlösche. Der Verantwortungsethiker dagegen bedenke stets die Motive und Ergebnisse seines Handelns.[5] Hermann Lübbe hat diesen Gedanken 1987 mit dem Untertitel eines nach wie vor sehr lesenswerten Buches aufgegriffen: »Politischer Moralismus. Der Triumph der Gesinnung über die Urteilskraft«.[6] Es geht vielen Deutschen bzw. ihrer Elite nicht um eine rationale Verantwortungsethik, nicht um das qua Bildung und Erziehung behutsam Machbare, sondern um die reine Gesinnung. Jedenfalls gehören die Deutschen zu den Weltmeistern der »political correctness« und der »educational correctness«[7] mit ihren Denkverboten, Denkgeboten, Tabus, mit ihren Euphemismen, mit ihren Hui- und Pfui-Begriffen gerade in der Pädagogik.

Drittens: Eigentlich entspringt solche Gesinnung einem egalitären, sozialistischen Denken. Nun aber kommt etwas Paradoxes ins Spiel: Dieselben Leute, die ständig von

Gleichheit, Gerechtigkeit, Kindgemäßheit reden, betreiben unter Einflüsterung der Wirtschaft und der OECD eine Ökonomisierung von Bildung. Alles an »Bildung« soll messbar, nützlich, verwertbar sein. Der Mensch wird zum »Humankapital« und damit verdinglicht. Das ist Neoliberalismus, ja Kapitalismus, Ausbeutung pur. Es hat sich dies schon lange vor Pisa angekündigt. Vor mehr als einem halben Jahrhundert, 1961, hat die OECD, die ja auch für die Pisa-Testerei verantwortlich zeichnet, in einem Grundsatzpapier festgehalten: »Heute versteht es sich von selbst, dass auch das Erziehungswesen in den Komplex der Wirtschaft gehört, dass es genauso notwendig ist, Menschen für die Wirtschaft vorzubereiten wie Sachgüter und Maschinen. Das Erziehungswesen steht nun gleichwertig neben Autobahnen, Stahlwerken und Kunstdüngerfabriken. Wir können nun, ohne zu erröten und mit gutem ökonomischen Gewissen versichern, dass die Akkumulation von intellektuellem Kapital der Akkumulation von Realkapital an Bedeutung vergleichbar – auf lange Dauer vielleicht sogar überlegen – ist.«[8] Dabei ist die Ökonomisierung von Bildungspolitik volkswirtschaftlich nicht wirklich zu Ende gedacht. Die Wachstumsbremse der Zukunft wird die Überakademisierung sein, weil sie einhergeht mit einem gigantischen Fachkräftemangel. Wir haben seit 2011 ziemlich genau ebenso viele Studienanfänger wie junge Leute, die eine Berufsausbildung anfangen. Und neben 330 anerkannten Ausbildungsberufen gibt es in Deutschland über 17 000 Studiengänge.[9] Eine gewaltige Schieflage! Denn dort, wo man in Europa die niedrigsten Abiturienten-Quoten hat, gibt es zugleich die besten Wirtschaftsdaten: nämlich in Österreich, in der Schweiz und eben in Deutschland. Ein wichtiges bildungspolitisches Kriterium

16

wird ebenfalls häufig übersehen, nämlich das Ausmaß an Jugendarbeitslosigkeit. Hier haben oft sogar vermeintliche Pisa-Vorzeigeländer mit Gesamtschulsystemen eine Quote, die deutlich über derjenigen Deutschlands oder gar der süddeutschen Länder liegt. Im Juli 2016 gab es in Deutschland eine Quote an arbeitslosen Jugendlichen von 7,2 Prozent, in den schulpolitisch vermeintlich vorbildlichen Ländern dagegen Quoten um 20 Prozent: in Schweden mit 20,2 und in Finnland mit 21,7 Prozent. Baden-Württemberg bzw. Bayern hatten übrigens eine Quote von 2,7 bzw. 2,8 Prozent. Länder mit gegliederten Schulsystemen, vergleichsweise niedriger Studierquote und dualer Berufsbildung liegen also erheblich besser. Warnende – und zwar namhafte – Stimmen zur Vernachlässigung der beruflichen Bildung gibt es durchaus. Im April 2014 veröffentlichte der Wissenschaftsrat seine Stellungnahme mit dem Titel »Empfehlungen zur Gestaltung des Verhältnisses von beruflicher und akademischer Bildung«. Darin warnt er vor vordergründigen Image- und Prestigegesichtspunkten. Aber es dringt nicht durch: Der Mensch scheint für viele immer noch beim Abitur zu beginnen.

Ein vierter Kardinalfehler »progressiver« Pädagogik ist schließlich deren Infantilisierung durch Psychologisierung. Für die Psychologie und ihr Image ist dies nicht gut, denn vieles von dem, was an Psychologischem in die Pädagogik hereingenommen wird, ist triviale Alltagspsychologie und damit Banalisierung von Psychologie. Alle Pädagogik soll offenbar vom zerbrechlichen Kind, dessen permanenter Traumatisierbarkeit, dessen Gegenwartsperspektive und dessen unmittelbaren Bedürfnissen her gedacht werden.[10] Dem Kind, dem Schüler soll bloß nichts zugemutet werden, es könnte ja frustriert, demotiviert, ja traumatisiert werden. Dass man Kinder damit in einer Käseglocke und in einer ewigen Gegenwart einschließt und ihnen die Zukunft raubt, scheint nicht zu zählen. Statt ihnen ein bisschen etwas zuzumuten, weil man ihnen ja eigentlich mehr zutrauen kann, werden unsere Kinder von einem Teil der Eltern, von den »Helikoptereltern«, rundum »gepampert«.[11]

Wo bleibt eine bürgerliche Revolte?
Welche politische Kraft stellt sich all diesen Verirrungen in den Weg? Antwort: Keine. Dass sich die Bildungsnation Deutschland allmählich abschafft, hat damit zu tun, dass die vormals bürgerliche Volkspartei CDU schulpolitisch die Segel gestrichen hat. Jahrzehnte war sie gestanden: für ein begabungs- und leistungsorientiertes, vielfältig gegliedertes Schulwesen, gegen Einheitsschule, gegen eine verlängerte Grundschule, für eine stabile Hauptschule, für anspruchsvolle Abiturstandards, gegen eine Inflation an Hochschulzugängen, für eindeutige Anforderungen beim Zugang zum Gymnasium sowie für ein duales System der beruflichen Bildung. Heute kann man die Frage nach der bildungspolitischen Ausrichtung der CDU nicht mehr so recht beantworten. Die CDU ist bildungspolitisch – auch wenn eine CDU-Kanzlerin eine »Bildungsrepublik« ausgerufen hat – zu einem programmatischen Bauchladen geworden.
Das sagt bzw. schreibt der Autor dieses Buches, der 1995 für die CDU bei der Wahl zum Hessischen Landtag als Schattenkultusminister angetreten war und den bestimmte hessische Zeitungen mit Überschriften wie folgenden empfingen: »Die schwarze pädagogische Gefahr aus dem Süden« oder »Die pädagogische K- und K-Stahlhelmfraktion«.

Es geht mir nicht um Rechthaberei, selbst wenn es durchaus schmeichelt, wenn mich ein amtierender Kultusminister als »Titan der Bildungspolitik«, ein ehemaliger Kultusminister als »einzige verbliebene Konstante deutscher Schulpolitik« bezeichnet hat, wenn Heike Schmoll mir in der »Frankfurter Allgemeinen« attestiert, dass ich »kein Blatt vor den Mund« nehme, wenn ich von Markus Lanz in seiner gleichnamigen ZDF-Sendung als »Deutschlands wichtigster Lehrer« bezeichnet werde oder wenn ich in der »Süddeutschen«, die mir nicht immer nur wohlwollend gegenüberstand, aus der Feder Johan Schloemanns über mich lesen konnte: »Er hat einen bayerischen Zungenschlag, ein liberalkonservatives Weltbild, ein kantiges Gesicht und ein ebenso kantiges Selbstbewusstsein. Das macht es Menschen, die anders sozialisiert und anders gestimmt sind, ziemlich leicht, Josef Kraus als einen gestrigen Talkshow-Humanisten aus der süddeutschen Provinz und als Hardliner abzuschreiben und sich auf diese Weise seinen Einsichten zu entziehen. Das Problem ist nur: Der Mann hat mit fast allem recht, was er über Schule und Erziehung sagt. Und er ist gar kein Hardliner, sondern er will, dass die Kinder erstens mit Liebe und zweitens mit klaren Regeln Selbstständigkeit gewinnen, ohne allzu viel hektisches Zutun, ohne eine panische Funktionalisierung aller Bildungsinhalte.«[12]

Warum mische ich mich ein? Warum schreibe ich Bücher? Warum habe ich mich als »außerparlamentarischer« Bildungspolitiker im Laufe der Jahre auf vermutlich 200 bis 300 Rundfunk- und Fernsehstreitgespräche eingelassen, eine vierstellige Zahl an Kurzinterviews nicht mitgerechnet? Warum setze ich mich in Talkshows zusammen mit Skandalrappern, mit Blödelentertainern, mit Autorinnen und Autoren schräger Bücher, mit einem durchgeknallten Europa-Abgeordneten? Wo ich doch am liebsten sagen würde: Ein Land, das mit solchen »Experten« Bildungspolitik diskutiert, braucht eigentlich keinen Pisa-Test mehr. Und wo die Erwartung mancher Talkshow-Redaktionen doch ist, dass ich gegen drei oder vier andere den bösen pädagogischen Buben geben soll, der am nachfolgenden Tag in den Blogs der Sender aber zumeist 80 Prozent zustimmende Einträge findet. Ja, darum geht es mir: Der schweigenden Mehrheit eine Stimme zu geben.

Vieles, was ich immer und immer wieder mitdiskutiert habe, meist in dreimal Ein-Minuten-Blöcken, bringe ich mit diesem Buch ausführlicher zur Sprache. Manches kommt aus Gründen des begrenzten Umfangs hier nicht zur Sprache. Meine Positionen dazu sind in meinen früheren Büchern oder im Internet zu finden. Zum Beispiel zu Themen wie: Flüchtlinge, Reformschulen, Lehrerbild und Lehrerbildung, »Gender«-Pädagogik, Islamunterricht, Burka in der Schule usw.

Mit diesem Buch geht es mir um Diagnosen und Analysen. Für abgehobene Visionen, die nicht schulreif sind und es nicht werden können, bin ich nicht zu haben. Auch deshalb nicht, weil Visionen mit ihren Perfektionismusvorstellungen etwas Destruktives an sich haben; sie verhindern nämlich, dass das real (!) Beste aus einer Situation gemacht wird.

Diagnosen und ehrliche Analysen sind der erste und wichtigste Schritt zur Besserung. Dabei befleißige ich mich da und dort einer durchaus kräftigen Rhetorik. Es geht mir ferner darum, Misstrauen zu säen gegenüber vermeintlichen bildungspolitischen Göttern. Die wollen ihr Ding drehen, und sie scheren sich nicht um den Willen des Volkes. Sie mögen Runde Tische einbestellen. Aber es ist oft nur eine Inszenierung, die nach Demokratie ausschauen soll. Zu oft habe ich es selbst erlebt, dass Minister zu solchen Tischen eingeladen haben, »ergebnisoffen«, wie es heißt, aber bereits vor Beginn einer solchen Zusammenkunft die Ergebnisse in Kameras und Mikrophone sprachen.

Das muss man sich nicht gefallen lassen. Deshalb ist es mein größter bildungspolitischer Wunsch, dass wir für ordentliche Bildung eine bürgerliche Revolte hinkriegen. Dass so etwas gelingen kann, hat die Initiative »Wir wollen lernen« des Rechtsanwalts Walter Scheuerl und vieler seiner Mitstreiter gezeigt. Dort hat man per Volksentscheid am 18. Juli 2010 die Pläne der schwarz-grünen Regierung Hamburgs zur Verlängerung der Grundschule von vier auf sechs Jahre vom Tisch gewischt. Das war nicht nur das Ende eines Gesetzentwurfes, sondern einer ganzen Landesregierung. Dergleichen sollte sich wiederholen.

Den Mut aufzubegehren wünsche ich all denen, die sich um diese Bildungsnation sorgen. Denn die Bildungspolitik benimmt sich teilweise wie ein trotziges Kind, das keine Verfehlungen einräumen oder wenigstens abstellen will. Diesen Trotz zu brechen, das ist das Recht, ja die Aufgabe des Souveräns, des Volkes. Dazu bedarf es des Mutes, der Courage, wie dies schon vor zweieinhalb Jahrtausenden Perikles (ca. 490–429 vor Christus) gesagt hat: »Zum Glück brauchst du Freiheit, zur Freiheit brauchst du Mut.«

KAPITEL 1
Falsche Strukturen

Wohin man schaut: Wohlfühl-Pädagogik!

Gemeinsames Merkmal progressiver Pädagogik scheint ihre Abräumlaune zu sein. Beispiele gefällig? Gymnasium? Elitär, weg damit! Hauptschule? Restschule, weg damit! Förderschule? Diskriminierend, weg damit! Berufliche Bildung »qualified in Germany«? Gibt's doch sonst auf der Welt nicht, weg damit! Literaturkanon? Bürgerlich, weg damit! Noten und Zeugnisse? Beleidigend, weg damit! Sitzenbleiben? Zeitverschwendung, weg damit! Hausaufgaben? Stressig, weg damit! Frontalunterricht? Mittelalterlich, weg damit! Auswendiglernen? Überflüssig in Zeiten von Google und Wikipedia, weg damit! Anstrengung? Spaßbremse, weg damit! Rechtschreibung? Herrschaftsinstrument, weg damit! Ein Wort von Karl Jaspers aus dem Jahr 1931 über die geistige Situation der Zeit liegt hier so nahe, als sei es heute erst geschrieben worden: »Symptom der Unruhe unserer Zeit um die Erziehung ist die Intensität pädagogischen Bemühens ohne Einheit einer Idee, die unabsehbare jährliche Literatur, die Steigerung didaktischer Kunst … Es werden Versuche gemacht und kurzatmig Inhalte, Ziele, Methoden gewechselt. Ein Zeitalter, das sich selbst nicht vertraut, kümmert sich um Erziehung, als ob hier aus dem Nichts wieder etwas werden könnte.«[13]

Wahrscheinlich berühren sich mit ihrer Abräumlaune sogar die Erbfeinde Kapitalismus und Sozialismus. Gemeinsam ist ihnen die Strategie der »schöpferischen Zerstörung«. Im Falle des Kapitalismus geht es um die Zerstörung von alten und die Schaffung von neuen Strukturen, die Marktanteile erobern und mehr Profit abwerfen lassen; im Sozialismus geht es um die Zerstörung von bürgerlichen Strukturen, insbesondere der Familie als Hort des Widerstandes gegen kollektivistische, staatliche Übergriffe.

Und alle mischen dabei mit: eine Kohorte von ständig wechselnden Ministern, Hunderte von »Bildungsforschern«, diverse Stiftungen und Wirtschaftsorganisationen, Journalisten, Interessensvertretungen von Eltern, Schülern und Lehrern, der berühmte Mann und die berühmte Frau von der Straße. Jeder kennt sich aus, weil er selbst einmal in der Schule war oder zumindest jemanden kennt, der ... Oder aber man hat mit den eigenen Kindern gewisse Erfahrungen mit der Schule und ihren Lehrern gemacht. Und so meint man zu wissen, was denn in der Schule so alles schiefläuft und was anders oder gar besser laufen sollte. Kommen dann noch die Meinungen von diversen »Experten« hinzu, ist man schnell bereit, die Schule alles über Bord werfen zu lassen, was Schule eigentlich ausmacht. Um das Gesamtergebnis vorwegzunehmen: Wenn man all das abgeschafft hat, was Schule bislang ausmachte, dann kann man Schule gleich ganz abschaffen. Die öffentliche Hand könnte sich damit viel Geld sparen, sie könnte die Steuerbelastung für jeden Bürger senken, es gäbe weniger Ärger in den Familien. Aber: Es gäbe dann niemanden mehr, der eines Tages mit qualifizierter Arbeit die Sozialsysteme garantierte, und es gäbe keine Einrichtung mehr, die den Eltern die Kinder wenigstens halbtags vom Leib hält. Trotzdem wird so ziemlich alles munter in Frage gestellt.

Schluss mit Leistung und Elite?
Die um sich greifende Wohlfühl-, Gute-Laune-, Spaß- und Gefälligkeitspädagogik schadet unseren Kindern. Je niedriger die Hürden in der Schule, desto schwerer fällt es den jungen Leuten, die Hürden im späteren Leben zu überwinden. Statt den Kindern wieder mehr zuzutrauen und auch mehr zuzumuten, greift in Deutschland indes seit einigen Jahrzehnten eine Erleichterungspädagogik um sich.[14] Begründet wird dies mit der Behauptung, dass Deutschlands Schüler doch sehr unter schulischer Belastung leiden würden. Das stimmt aber nicht, wenn man sich allein die Tatsache anschaut, dass viele Heranwachsende mehr Zeit vor irgendeinem Bildschirm als beim Lernen verbringen. Und es stimmt auch im internationalen Vergleich nicht: Unter den 11- bis 15-Jährigen fühlen sich in Deutschland 24 Prozent gestresst, in den USA 40 und in Finnland (!) 44 Prozent.[15]
Progressive Pädagogen und Bildungspolitiker tun trotzdem so, als müsste Bildung und Lernen in Deutschland mit noch weniger Anstrengung gehen. Dass diese pseudopädagogische Erleichterungsattitüde falsch ist, wussten Generationen von Eltern und Lehrern seit der Antike. Einer der großen Schriftsteller der Weltliteratur und gewiss einer der größten Analytiker menschlicher Psyche, Fjodor Michailowitsch Dostojewskij, schrieb dazu: »Es ist bedauerlich, dass man den Kindern heute alles erleichtern will ... Die ganze Pädagogik kennt jetzt nur noch die Sorge um die Erleichterung. Erleichterung ist aber keineswegs eine Förderung der Entwicklung, sondern im Gegenteil ein Verleiten zu Oberflächlichkeit.«

Moderne Pädagogik tut genau dies: Sie erzieht zur Oberflächlichkeit. Wenn etwas schwierig erscheint, dann denkt Pädagogik nicht darüber nach, wie man den Kindern das Schwierige erfolgversprechend beibringen könnte. Stattdessen schafft man schwierige Inhalte ab. Selbst ein Sigmund Freud, der bekanntermaßen vieles auf das Luststreben des Menschen zurückführte, war überzeugt: Leistung und Erfolg, ja das Erleben von Glück, setzen Bedürfnis- und Triebaufschub voraus. Trotzdem wurden Leistung und Anstrengung vor allem von einer 68er-geprägten Pädagogik zu Missgunst-Vokabeln. Wer aber das Leistungsprinzip bereits in der Schule untergräbt, setzt eines der revolutionärsten demokratischen Prinzipien außer Kraft. In unfreien Gesellschaften sind Geldbeutel, Geburtsadel, Gesinnung, Geschlecht Kriterien zur Positionierung eines Menschen in der Gesellschaft. Freie Gesellschaften haben an deren Stelle das Kriterium Leistung vor Erfolg und Aufstieg gesetzt. Das ist die große Chance zur Emanzipation für jeden Einzelnen. Ganz zu schweigen davon, dass der Sozialstaat nur dann funktioniert, wenn er von der Leistung von Millionen von Menschen getragen wird. Jeder soll seines Glückes Schmied sein können. Mit Ellenbogengesellschaft hat das nichts zu tun. Vielmehr ist auch der Sozialstaat zugunsten Benachteiligter, Kranker und Alter nur realisierbar mit der millionenfachen Leistung und Anstrengung der Leistungsfähigen. Auch Sozialstaatlichkeit ist nur mit dem Leistungsprinzip machbar. Deshalb kann das Sozialprinzip auch nicht über das Leistungsprinzip gestellt werden. Auch im internationalen, im globalen Wettbewerb geht es nicht ohne Leistung. Wir sollten froh sein, wenn wir leistungshungrige Spitzenschüler für zukünftige Eliten haben.

Schluss mit dem gegliederten Schulwesen?
Die Gesamtschule hat in Deutschland Jahrzehnte durchschlagender Erfolglosigkeit hinter sich.[16] Deshalb gibt es keinen Grund, sie im Gewande der Gemeinschaftsschule neu aufzulegen. Seit den 1970/80er Jahren hat diese Schulform in allen Studien schlecht abgeschnitten. Besonders eindrucksvoll ist die Studie »Bildungsverläufe und psychosoziale Entwicklung im Jugendalter« (BIJU) des Max-Planck-Instituts für Bildungsforschung (MPIB). Für NRW etwa wird als Hauptergebnis festgehalten: Am Ende der 10. Klasse liegen Gesamtschüler in Mathematik im Vergleich mit Realschülern um zwei, im Vergleich mit Gymnasiasten um mehr als zwei Jahre zurück – und dies trotz einer Schülerklientel, die sich von der Schülerklientel der Realschule weder hinsichtlich sozialer Herkunft noch hinsichtlich intellektueller Fähigkeiten unterscheidet. Zugleich sind es die Länder Bayern und Sachsen, die bei Pisa eben ohne Gesamtschulen ganz nahe an die internationalen Spitzenwerte herankommen. Im internationalen Vergleich möge man außerdem beachten, dass ein Einheitsschulsystem etwa im angloamerikanischen Bereich, in Frankreich oder in Japan sozial in hohem Maße selektiv ist. Dort bekommt für seine Kinder nur der eine anspruchsvolle Bildung, der dafür jährlich umgerechnet 30 000 Euro für den Besuch einer privaten Schule aufbringen kann. Es ist auch keineswegs jede öffentlich hochgejubelte oder gar preisgekrönte Gesamtschule die »beste Schule Deutschlands«. Allein die Tatsache, dass es eine Inflation an Schulpreisen gibt, an denen sich in der Regel jeweils kaum mehr als hundert der 42 000 Schulen in Deutschland beteiligen, macht das deutlich.

Schluss mit »Frontalunterricht«?

Seit bald schon einem halben Jahrhundert kursiert die Kampfvokabel vom »Frontalunterricht«, den es endlich abzuschaffen gelte. Es mag ja Lehrer gegeben haben oder vereinzelt auch noch geben, die in die Klasse kamen und die pro forma ein Buch aufschlagen ließen, um die Schüler dann mit Monologen zuzuschütten. Aber diese Art von Unterricht ist vorbei. Längst öffnete sich der Unterricht, er wurde anschaulicher, er wurde nach und nach diskursiv, Schüler wurden zu aktiven Mitgestaltern, die Lehrer nahmen sich zurück. Von Frontalunterricht im Sinne der polemischen Nutzung dieses Begriffs kann schon lange nicht mehr die Rede sein.

Dann kam die Wende, und das Kind wurde mit dem Bade ausgeschüttet. »Neue Formen« des Lernens wurden angesagt. Der Lehrer sollte zum Edutainer und Animateur werden. Er sollte nur noch dafür da sein, die Lern-»Stationen« oder das Arbeitsmaterial vorzugeben: als »Moderator«, als Lern- und Projekt-»Manager«, als »Lernprozessorganisator«. Die Schüler sollten die Stationen und das Material auswählen, und sie sollten entscheiden, in welcher Sozialform (Einzel-, Partner-, Gruppenarbeit) sie arbeiten wollten.

Eine Evaluation haben diese Formen des Unterrichts nie über sich ergehen lassen müssen. Im Gegenteil: Alles, was empirisch über effizienten und effektiven Unterricht eruiert wurde, wird verdrängt, um schnell wieder in die Aversion gegen »Frontalunterricht« einzumünden. Dabei widerlegten mehrere namhafte Studien schon in den 1990er Jahren die reformpädagogischen Erwartungen an einen hauptsächlich schülerzentrierten Unterricht. »Demnach ist ein besonders leistungsförderlicher Unterricht dadurch charakterisiert, dass der Lehrer hohe Anforderungen stellt, die Schüler auch individuell intensiv berät und unterstützt, einen klaren und verständlichen Unterricht abhält und wenig Zeit in nicht-fachliche Aktivitäten investiert, Geduld bei Langsamkeit von Schülern hat und die Klasse effizient führt, so dass nur wenige Störungen und Unterbrechungen resultieren.«[17]

Und an anderer Stelle heißt es: »Zum Entsetzen vieler Reformpädagogen erwies sich in den meisten seriösen Studien eine Lehrform als überdurchschnittlich effektiv, die gelegentlich als ›direkte Instruktion‹ bezeichnet wird ... Direkte Instruktion verbessert die Leistungen fast aller Schüler, erhöht deren Selbstvertrauen in die eigene Tüchtigkeit und reduziert ihre Leistungsängstlichkeit ... Allerdings dominiert in vielen einschlägigen Arbeiten oft eine sehr einseitige Betrachtungsweise, so dass die attraktive Vorstellung vom Schüler, der zugleich lehrt und lernt, nicht als wichtiges Ziel, sondern fälschlicherweise als gegebene Voraussetzung dieses Forschungsprogramms angesehen wird.«[18]

Bei einem guten Lehrer handelt es sich dementsprechend um einen Lehrer »mit geschickter Fragetechnik und hoher Leistungserwartung, der einen wohlgeplanten und streng organisierten Unterricht hält, das aufgabenbezogene Verhalten der Schüler sicherstellt, viel bekräftigt, das zielerreichende Lernen betont, tutorielle Hilfen gibt und diagnostisches Feedback anbietet ... Bemerkenswert ist schließlich, dass die pädagogischen Vorzüge guter Lehrer nach unseren Befunden eher in kognitiven als in sozio-emotionalen Aspekten der Unterrichtsgestaltung liegen.«[19] Sogar die TIMSS-Studie warnte 1997 davor, dass »die in Deutschland vor allem in der allgemeinen Didaktik, weniger in der

Fachdidaktik verfolgte Strategie, die Struktur des lehrergeleiteten Fachunterrichts grundsätzlich in Frage zu stellen, möglicherweise zur Kumulation von Problemen führt.«[20] Sind all diese Erkenntnisse Schnee von gestern? Nein! John Hattie mit seiner monumentalen, 380 Seiten starken Metastudie »Visible Learning« (dt.: »Lernen sichtbar machen«[21]) hat 138 Faktoren identifiziert, die – kategorisiert in sechs Gruppen – einen Effekt auf das schulische Lernen ausüben: Lernende, Elternhaus, Schule, Curriculum, Lehrer und Unterricht. Unter anderem kommt er zum Ergebnis, dass die höchsten Effektstärken zwei Schüler-Faktoren haben: deren Selbsteinschätzung und deren kognitive Entwicklungsstufe. Zu den Faktoren Lehrer und Unterricht stellt Hattie fest: Hohe Effektstärken haben Micro-Teaching, Klarheit der Lehrperson, Lehrer-Schülerbeziehung. Und: Geringe Effektstärken haben vor allem Freiarbeit und webbasiertes Lernen. Alles recht und schön. Und – siehe oben – in nichts neu!

Und noch etwas: Unterricht kann auch nicht zur Info- und Edutainment-Veranstaltung werden, wie es sich etwa der Moderator Ranga Yogeshwar vorstellt. Die Filme, die er über Naturphänomene produziert, sind durchaus sehenswert und attraktiv. Aber zu meinen, schulischer Unterricht solle so inszeniert werden, wie er es in den Filmen tut, ist nicht von dieser Welt. In der ARD-Talkrunde »Hart aber fair« mit dem Titel »Armutszeugnis für die Schule – Sparen wir die Zukunft unserer Kinder kaputt?« hat er dies im August 2008 so suggeriert. Ich habe ihm daraufhin in der Sendung einen sofortigen Lehrervertrag an meiner Schule angeboten, wenn er es schaffe, in jeder Woche 25 Stunden Unterricht in der Art seiner Filme zu halten – und zwar ohne gigantisches Redaktions- und Technikteam.

Übrigens: Gerade leistungsschwächere und jüngere Kinder profitieren von einem klar strukturierten Unterricht. Gerhard Roth, einer der führenden deutschen Hirnforscher, bestätigt dies 2011 eindrucksvoll. Laut Roth ist eine »demokratische« Schule des »selbstbestimmten« Lernens nur für eine »sehr kleine Gruppe hochbegabter Schüler sinnvoll, aber nicht für die Mehrzahl der Schülerinnen und Schüler«. Über den in gewissen Kreisen polemisch diskreditierten »Frontalunterricht« schreibt Roth: »Der Frontalunterricht eines kompetenten, einfühlsamen und begeisternden Lehrers ist allemal wirksamer als eine wenig strukturierte Gruppenarbeit und ein nicht überwachtes Einzellernen.«[22] Das ist richtig, und jeder Schulerfahrene weiß: Kinder ziehen begeistert mit und lassen jede Animation beiseite liegen, wenn ein Lehrer von einer Sache spannend und mitreißend zu erzählen weiß.

Und was ist mit der romantischen Vorstellung von »innerer Differenzierung« im Unterricht? Das Fazit der empirischen Unterrichtsforschung (so Rainer Dollase am 27.11.2015 bei einer Anhörung der Enquete-Kommission Bildung des hessischen Landtages) kann nur lauten, dass die individualisierte Instruktion keine sonderlich positiven Effekte hat. Das kann daran liegen, dass man in einem Unterricht mit der gesamten Klasse alle Erklärungen des Lehrers und alle Verständnisprobleme von Schülern erfahren kann. Im individualisierten, binnendifferenzierten Unterricht erfahren alle Schüler nicht dasselbe, sondern nur Partielles. Nur im lehrerzentrierten Klassenunterricht erfahren potenziell alle alles.[23] Durch die Aufhebung einer äußeren Differenzierung der Schülerschaft durch unterschiedliche Schulformen verlagert sich nun die Differenzierung in eine Schulklasse hinein. Aus einer äußeren

Differenzierung wird eine innere Differenzierung. Das heißt aber auch: Aus der äußeren Diskriminierung wird eine innere Diskriminierung.

Im Zusammenhang mit Frontalunterricht ist es zudem interessant, den Absturz Finnlands bei den Pisa-Testungen ab 2009 näher zu betrachten. Der Vorsprung Finnlands vor Deutschland hat sich – je nach Testbereich – nämlich von rund 55 Pisa-Punkten bei der Testung im Jahr 2000 auf rund 15 Pisa-Punkte bei der Testung 2012 reduziert.[24] Manche führen den Rückgang der finnischen Pisa-Werte auf Sparmaßnahmen und auf einen wachsenden Migrantenanteil zurück. Wahrscheinlicher ist etwas anderes: Bei den ersten Pisa-Testungen zehrte Finnland vom strengen Frontalunterricht. So im Wesentlichen das Ergebnis einer Untersuchung der London School of Economics vom April 2015 mit dem Titel »Real Finnish Lessons – The true story of an education superpower«. So schreibt denn auch Die *Welt* am 7. Juli 2015: »Finnlands Pisa-Wunder entpuppt sich als Irrtum«. Als Gründe sieht die *Welt*: Finnland habe anfangs von Früchten gezehrt, die lange zuvor gesät wurden: vom Frontalunterricht und von der Autorität des Lehrers (wie in Asien). Kein deutscher Referendar könnte mit solcher Methodik in einer Lehrprobe bestehen. Finnlands Lehrer waren noch nicht zu »Lernbegleitern« degradiert. Zwei Tage später, ebenfalls in der *Welt*, 9. Juli 2015, schrieb Chefkorrespondent Alan Posener einen Artikel mit der Überschrift: »Finnische Pisa-Entzauberung«. Er bemüht Kritiker der Gesamtschule, wenn er schreibt: »Das scheinbar schülerfreundliche Gesamtschulsystem schade genau jenen, denen es helfen soll.«

Weg mit Noten und Zeugnissen?
Regelmäßiger als Weihnachten kommen aus progressiven
Kreisen Aufschreie gegen Zeugnisse und Noten. Schier
ein Werk des Teufels seien diese Instrumente. Da heißt es
dann: »Schicksalsziffern« seien die Noten, und überhaupt
stelle sich das Schulsystem mit seiner Notenpraxis ein »Armutszeugnis« aus. Schließlich hätten Noten ja nur einen
einzigen Effekt, den der Demütigung und Sortierung von
Schülern.

Aus dem Glaubenskrieg um Schulnoten wurde ein Po-
litikum. Die mit der Abschaffung von Noten verbundene
Hoffnung aber, damit zugleich schlechte Schulleistungen
abschaffen zu können, wäre schließlich kaum etwas anderes als das Bemühen, das Fieber aus der Welt zu ban-
nen, indem man alle Fieberthermometer verbietet. Schule
kann aber nicht auf Elfenbeinturm-Attitüde machen oder
zur leistungsfeindlichen Spielwiese werden. Schule ist So-
zialisationsvehikel, das mit gängigen Werten und Normen
vertraut zu machen und diese – mit der gebotenen Sensibilität und altersspezifisch angemessen – einzuüben hat.
Erziehung zur Leistung impliziert Leistungsbewertung.
Wer an diesem Prinzip festhalten will, der darf nicht via
Schule – also via Geringschätzung einer klaren, individuellen Leistungsanalyse – an einem maßgeblichen Eckpfei-
ler dieser Gesellschaft sägen, es sei denn, er will via noten-
freie Schule eine vereinheitlichende Schule und damit ein
Stück entindividualisierte Gesellschaft. Ansonsten gibt es
sehr wohl pädagogische Gründe für klare schulische Leistungsbewertung. Notenzeugnisse, so unvollkommen sie
sein mögen, geben eindeutig Rückmeldung über Gelern-
tes; sie signalisieren zusätzlichen Förderbedarf; sie erleichtern eine individuell optimale Wahl der Schullaufbahn,

und sie sind Anreiz zu unverminderter oder vermehrter Anstrengung.

Mehr als dreißig Jahre pädagogische »Forschung« um schulische Leistungsbewertung haben jedenfalls Zeugnisse und Noten nicht obsolet werden lassen. Aber die für einen Laien in fast undurchdringbarem Fachchinesisch geführte Diskussion um »Rasterzeugnisse«, »Bausteinzeugnisse«, »Berichtszeugnisse«, »Briefzeugnisse«, »Zeugnisbriefe«, »lehrplanbezogene Bewertungsmaßstäbe«, »schülerbezogene Bezugsnormen«, »kriteriumsorientierte Leistungstests«, »zuwachsorientierte Leistungsmessung«, »Maßstäbe eines zielerreichenden Lernens«, »standardisierte und normorientierte Tests«, »relative Notengebung«, »intraindividuelle und interindividuelle Bezugsnormen«, »Objektivitäts-, Reliabilitäts- und Validitätswerte«, »kriteriale und curriculare Normen« – diese Diskussion konnte nicht verbergen, dass all dies Zeugnisattrappen sind. Nicht selten sind es »schöne« Zeugnisse, die, weil die Lehrer die Wahrheit nicht schreiben wollen, nichts aussagen. Oft befleißigen sie sich einer Semantik, die kein Elternpaar, geschweige denn ein Schüler versteht. Häufig sind sie so verklausuliert, dass Eltern ohnehin nachfragen, welcher Ziffernnote das Worturteil denn nun entspricht. Bisweilen sind diese Wortzeugnisse wegen des enormen Formulierungsaufwandes gebrauchsfreundlich und floskelhaft mit dem PC produziert. Und manchmal bewerten sie einen Schüler in seiner Gesamtpersönlichkeit, was noch viel verletzender als eine Ziffern-Fünf sein kann.

Zum Popanz wird die Note dann, wenn Eltern Liebe gegen Noten handeln oder wenn für die gute Einzelnote reichlich materielle Belohnung bis hin zum Hunderteuroschein »rüberwächst«. Bei etwas mehr Gelassenheit hätten die Kinder auch weniger Nöte mit ihren Erziehern, denn mit den Noten gehen sie ohnehin viel unbefangener um als ihre »Alten«. Und zum ungedeckten Scheck werden Noten und Zeugnis, wenn es nur noch Bestnoten gibt. Eine solche Noteninflation kommt in ihrer Wirkung geradezu einer Abschaffung von Zeugnissen und Noten gleich. Und wie denkt die breite Bevölkerung darüber? Laut einer YouGov-Umfrage vom Juli 2016 halten 75 Prozent der 1024 Befragten Noten für sinnvoll – und zwar nahezu unabhängig vom Alter der Befragten.

Schluss mit Sitzenbleiben?
Für viele Generationen waren Wiederholer wie selbstverständlich Teil schulischer Realität. Dann, in den 1970er Jahren, wurden sie zum Streitthema. Mit der Gesamtschule wurde damals eine Schulform erfunden, in der es kein Sitzenbleiben mehr geben sollte. Die öffentliche Debatte darum blieb erhitzt. Das Versagen von Schülern sei ein Versagen des ganzen Schulsystems, so heißt es noch heute, denn Letzteres produziere geradezu »Absteiger«, »dropouts«. Besonders Beflissene instrumentalisieren schon auch einmal Gewaltvorfälle bis hin zum Massaker vom 26. April 2002 in Erfurt für ihre Forderung nach Abschaffung des Sitzenbleibens. Zumindest aber wird gerne behauptet, das Wiederholen einer Klasse bringe nichts.
Angesichts von so viel Herzblut ist etwas mehr Realitätssinn vonnöten. Die Fakten in Sachen Sitzenbleiben geben keine schulpolitische Generaldebatte her. Das gilt bereits für die Zahlen: Alarmisten sprechen von 200 000 Schülern pro Jahr, die »durchfallen«. Das bringt Schlagzeilen. Diese Zahl schrumpft aber in der Relation zur Schülerzahl auf einen lächerlichen Anteil zusammen. Dann sind es von elf

Millionen Schülern gerade noch 1,8 Prozent, die sitzenbleiben.

Aber helfen solche Zahlenspiele weiter? Nein, denn ginge es nur um Zahlen, dann könnten sich die Deutschen etwa im Vergleich mit ihren westlichen Nachbarn, mit den Franzosen, ruhig zurücklehnen. In Frankreich nämlich drehen etwa zwei Drittel aller Schüler irgendwann eine »Ehrenrunde«. Untauglich ist die Durchfallerstatistik auch für die Berechnung von angeblichen Einspareffekten, die man hätte, wenn es keine Sitzenbleiber gäbe. Es mag ja sein, dass der Durchschnittsschüler pro Jahr etwa 4500 Euro kostet, man laut Milchmädchenrechnung also pro Wiederholerjahr ebendiesen Betrag einsparen könnte. Aber das stimmt schon bei vielen gymnasialen Sitzenbleibern deshalb nicht, weil sie über kurz oder lang in einem nach Jahren erheblich kürzeren – und damit kostengünstigeren – Bildungsgang landen.

Viel wichtiger wäre eine Analyse der Gründe für das Sitzenbleiben. Geht man dieser Frage nach, dann lassen sich vier Typen erkennen. Jeder dieser Typen hat eine eigene Lern- und Schulgeschichte; und für jeden dieser Typen stellt sich die Frage nach dem Für und Wider des Wiederholens einer Klasse anders.

Typ 1 sind die »Fähigen, aber allzu Coolen«. Sie könnten, aber wollen nicht. Die Gründe dafür sind keine psycho- oder familientherapeutisch relevanten. Diesen Schülern (überwiegend männlich) ist die Schule eine Zeit lang schnuppe, alles andere – von den Medien bis zum anderen Geschlecht – ist wichtiger. Sie erleben das Durchfallen nicht als narzisstische Kränkung, eher ist es eine sportliche Niederlage.

Die Sitzenbleiberquote dieses Typs zu reduzieren dürfte

schwer sein: Ihm helfen keine liberalen Regeln, weil er diese für sich dann noch weiter ausdehnt; es hilft ihm auch kein Schulwechsel an eine andere Schulform, weil er sich dort womöglich noch mehr ausruht; und es helfen ihm keine zusätzlichen Förderkurse, weil er in diese cool wie eh und je startet. Helfen kann hier eine Klugheit, die aus durchaus leidvoller Erfahrung kommt.

Typ 2 sind die »Fähigen, aber Blockierten«. Sie könnten, möchten auch, aber psychische oder gesundheitliche Probleme, besondere Lebensumstände, etwa die Scheidung der Eltern, der Tod eines Familienmitglieds oder ein Umzug zwischen zwei Bundesländern, hindern sie daran, in der Schule besser zu sein. Das Durchfallen ist für diese Schüler oft eine Niederlage, die als Ungerechtigkeit empfunden wird. Schülern mit solchem Hintergrund wird man seitens der Schulen das Vorrücken auf Probe zugestehen können, falls die Noten nicht zugleich in mehreren Kernfächern ins Bodenlose gefallen sind. Hier wäre mehr möglich, wenn die Schulen solchen Schülern mit zusätzlichen Kursen unter die Arme greifen könnten.

Typ 3 sind die »Spätstarter«. Schülern dieser Kategorie wird man seitens der Schule im Falle des Sitzenbleibens das Wiederholen einer Klasse empfehlen, nicht aber den Wechsel an eine andere Schulform. Im Falle eines nur knappen Bestehens einer Klasse wird man ihnen im Einzelfall sogar das freiwillige Wiederholen nahelegen. Im Wiederholen liegt für sie eine Chance; ein Hinauf-Puschen in die nächste Klasse bringt hier wenig, denn die Rückstände kumulieren dann.

Typ 4 sind die »Überforderten«. Sie haben mehrere Fünfen und Sechsen in zentralen Fächern. Ihnen helfen keine noch so liberalen Versetzungsbestimmungen, auch keine noch so gut gemeinten Förderkurse. Ihnen hilft in den seltensten Fällen ein Wiederholen, weil die Schulprobleme spätestens nach einem Jahr wieder auftreten. Solche Schüler sind am besten aufgehoben an einer Schulform, die ihnen weniger Fremdsprachen oder eine weniger abstrakte Mathematik und Physik abverlangt. Dort angekommen, verbessern sie ihre Noten oft um zwei bis drei Stufen.

Ansonsten ist ein Sitzenbleiben kein Stigma, man kann es damit – wie Beispiele beweisen – in höchste Ränge der Politik, Wirtschaft und sogar Wissenschaft bringen. Und auch unterhalb dieser Promi-Schwelle mag das Wiederholen einer Klasse durchaus etwas bringen. Immerhin hat das Rheinisch-Westfälische Institut für Wirtschaftsforschung (RWI) in einer Untersuchung von 2500 ehemaligen Schülern der Geburtsjahrgänge 1961 bis 1973 festgestellt, dass die meisten Schüler von einer Ehrenrunde profitieren. Und wie denkt auch hier die breite Bevölkerung darüber? Laut einer YouGov-Umfrage vom Juli 2016 halten 81 Prozent der 1024 Befragten das Sitzenbleiben für »eher« oder »sehr sinnvoll« – und zwar unabhängig davon, ob sie selbst Erfahrung mit einem Sitzenbleiben gemacht haben oder nicht. Unter den Befragten mit Sitzenbleib-Erfahrung antworten 84 Prozent ebenso.

Weg mit den Hausaufgaben?
Immer wieder plädieren manche »Bildungsforscher« dafür, die Hausaufgaben abzuschaffen. Begründet wird diese Forderung mit einem Kranz an vermeintlichen Argumenten: Hausaufgaben brächten nichts; sie würden Unruhe in den Familienalltag bringen. Das mag ja da und dort so sein, aber grundsätzlich gilt etwas anderes: Hausaufgaben sind ein Teil der Erziehung zu Eigenverantwortung und Selbst-

ständigkeit. Dafür muss die Ausführung freilich richtig geplant und erledigt werden. Werden die Aufgaben von den Eltern erledigt oder nur schnell hingeschmiert, zwischen Abendessen und Zu-Bett-Gehen gequetscht oder im Schulbus oder in der Schulpause abgeschrieben, dann allerdings bringen sie wenig. Hausaufgaben sind darüber hinaus ein wichtiges Diagnostikum für die Lehrer. Sie zeigen den Lehrern, was Schüler verstanden oder nicht verstanden haben und wo noch unterrichtlicher Klärungs- und Übungsbedarf besteht. Die Voraussetzung dafür, dass der Lehrer diesen Erkenntnisstand ablesen kann, ist natürlich, dass die Schüler sich eigenständig mit den Hausaufgaben auseinandersetzen. Liest ein Lehrer aus Hausaufgaben im Wesentlichen aber das Ergebnis der Bemühungen der Eltern heraus, erhält er nicht die erforderliche Rückmeldung zum Verständnisstand der Klasse. Kinder sollen also nicht mit von den Eltern geschönten Hausaufgaben in die Schule kommen, sondern mit ehrlichen. Damit der Lehrer sieht: Viele Schüler in dieser Klasse machen immer den gleichen Fehler, da muss noch eine Erklärungsschleife eingebaut werden. Lehrer wollen nicht sehen, wie toll eine Mama einen Aufsatz schreiben oder ein Papa eine Mathematikaufgabe lösen kann. Hausaufgaben sollen auch nur mal vereinzelt im Team mit anderen Schülern erledigt werden. Dass Schüler sich untereinander den Lernstoff erklären, kann in Maßen durchaus sinnvoll sein. Allerdings verstecken sich erfahrungsgemäß gerade schwächere Schüler in solcher Teamarbeit gern hinter stärkeren Schülern. Müssen die Schüler dann in einer Prüfung zum Beispiel einen bestimmten Rechenweg ganz alleine anwenden, ist das zu spät.

Helden der Abschafferitis

Während in Deutschlands 42 000 Schulen fast 800 000 Lehrer tagtäglich ihren Aufgaben in der Bildung und Erziehung von rund elf Millionen Schülern mal mehr, mal weniger erfolgreich nachgehen, dabei täglich an die vier Millionen Stunden unterrichten und damit stofflich sowie erzieherisch nicht selten dicke Bretter zu bohren haben, wissen so manche »Experten« oft nichts Besseres, als Klischees über Schule zu verbreiten. Und so vergeht kaum eine Woche, in der nicht über die öffentliche Meinung immer neue Diagnosen und Rezepte auf die Schulen herunterprasseln.

Das ist gut fürs Geschäft, vor allem, wenn man daraus Bücher macht, in denen seit Jahr und Tag immer das Gleiche steht. Wären es Dissertationen, so könnte man sie wenigstens des Plagiats überführen und aus dem Verkehr ziehen. So aber gelten »Bildungsexperten« in dem Moment schon als wegweisend und als sakrosankt, wenn sie nur meinen, »so« könne es mit Schule nicht weitergehen, es müsse alles anders werden und deshalb müssten endlich, endlich, endlich »alte Zöpfe« abgeschnitten werden. Schule soll offenbar aufgehen in einem kollektiven Ponyhof, auf dem es nur noch unterhaltsam, spaßhaft und »easy« zugeht. Dass freilich Schule und schließlich das Leben ohne Regeln, ohne Anstrengung, ohne Durchhaltevermögen, ohne Frustrationstoleranz, ohne Bilanzen nicht zu haben sind, will gewissen pädagogischen »Vordenkern« nicht in den Kopf. Und so wird locker drauflos die Abrissbirne geschwungen. Manche Wortmeldung muss man da gar nicht ernst nehmen, weil es allenfalls zum Schmunzeln ist. Zum Beispiel wenn stets neue Unterrichtsfächer gefordert werden: Konsumerziehung, Freizeiterziehung, Umwelterziehung, Gesundheitserziehung, »Glück«, Kochen, Boxen (Vorschlag der SPD in Hamburg im April 2007). Oder wenn im September 2009 ein Chemieprofessor der TU München vorschlägt, die Klassenzimmer zu parfümieren. Grapefruitduft würde nämlich die Schüler aktivieren, und Zitronenduft könne die Rechtschreibfehler senken. Oder wenn in jährlicher Frequenz die Einführung von Schuluniformen mit der Begründung vorgeschlagen wird, dass damit mehr Zusammenhalt in die Schule komme und die Leistungen besser würden.[25] Oder wenn im Juli 2015 eine dreifache Mutter die Abschaffung der Bundesjugendspiele fordert, weil dadurch sportlich Schwächere diskriminiert würden. Oder wenn die Popsängerin Nena im Frühjahr 2007 ihre »Neue Schule Hamburg« als Schule ohne Klingelton sowie mit Noten und Unterricht nur nach Bedarf, vor allem aber eine Schule mit »viel Demokratie« gründet. Oder wenn sich Anfang 2016 ein »Professor« der »Kühne Logistics University« in Hamburg mit dem Vorschlag in Szene setzt, alle Schüler (wohlgemerkt in Deutschland) müssten jetzt Arabisch lernen. Oder wenn im Januar 2015 eine 17-jährige Schülerin aus Köln mit einem Tweet Furore macht. Über Twitter verbreitet sie: »Ich bin fast 18 und hab keine Ahnung von Steuern, Miete oder Versicherungen. Aber ich kann 'ne Gedichtanalyse schreiben. In vier Sprachen.« Sie fährt damit Zehntausende an »Followern« ein. Ihre Thesen schaffen es in Talkshows. Aber kaum jemand fragt, ob das mit den vier Sprachen wirklich stimmt, ob sie nicht viele Unterrichtsstunden verschlafen hat, was sie denn von den Eltern hätte lernen können und ob sie denn angesichts ihrer medialen Kompetenzen ihre Fragen zu Steuern, Miete und Versicherungen als Netzkundige nicht auch googeln könnte.

Oder wenn Schlafforscher (!), Anfang 2006 schon auch mal unterstützt vom damaligen Ministerpräsidenten Baden-Württembergs, Günther Oettinger, fordern, Schule solle doch erst um 9 Uhr beginnen. Allein dieses Beispiel zeigt, wie wirklichkeitsfremd so manche vermeintlich notwendige Innovation ist.

Diese Idee wäre nämlich nur umsetzbar, wenn die Schulträger deutschlandweit mindestens 30 Milliarden Euro für schulische Mittagsbetreuung investierten. So viel Geld kostet es nämlich, alle Schulen zur mittäglichen Essensausgabe zu befähigen; Letztere wäre an 42 000 deutschen Schulen notwendig, denn ein am Morgen um eine Stunde verzögerter Unterrichtsbeginn verlängert den Schultag der Kinder um zwei Stunden in den Nachmittag hinein – es sei denn, man macht ohne Mittagessen durch. Ansonsten ist es naive Familienromantik, wenn jemand glaubt, mit einem späteren Schulbeginn würden mehr Eltern als zuvor mit ihren Kindern frühstücken. Nein, die Zahl der Eltern, die ihre Kinder mit nichts als Cola im Bauch in die Schule schicken, wird sich nicht verringern. Im Übrigen gibt es genug Eltern, die sich selbst um 6 oder 7 Uhr auf den Weg zur Arbeit machen müssen und deshalb ihre Kinder gerne ab 7 Uhr auf dem Schulweg wissen. Allerdings sollte man angesichts einzelner am Morgen gähnender Schülergesichter doch auch die Frage stellen dürfen, ob diese Kinder von ihren Eltern rechtzeitig ins Bett geschickt wurden.

Personifizierte Schnapsideen

Getoppt, systematisiert und visionär überhöht werden all diese Schnapsideen von so manchem Apokalyptiker und Wichtigtuer mit medialem Promi-Faktor. Richard David Precht ist so einer. Er nennt sich Honorarprofessor, und er ist Vielschreiber, gelegentlich auch ZDF-Fernsehmoderator. Weil er kein Thema auslässt, gilt er als Deutschlands Philosoph schlechthin. So richtig spannend wird es, wenn sich Precht über Schule auslässt. Das klingt dann in einem Interview mit DRadio vom 23. April 2013 so: »Wir brauchen gar keine Fächer in der Schule, wir können alles durch individuelles Lernen auf der einen Seite und durch Projekte auf der anderen Seite machen.« Kurz zuvor hatte Precht ein angeblich viel beachtetes Buch veröffentlicht mit dem Titel »Anna, die Schule und der liebe Gott«. Was treibt Precht um? Dass das deutsche Schulwesen Kinder zu langweiligen Anpassern dressiere, dass unsere Schulen mehr individuelles Lernen im »Lernhaus« einer integrativen Schule zulassen müssten, und zwar ohne Noten, ohne Sitzenbleiben, ohne Frontalunterricht, ohne Hausaufgaben, ohne Klassenarbeiten, ohne Einteilung in Jahrgangsstufen, dafür offene Lernarchitektur und Teamunterricht. Und dazwischen als 8. Schuljahr ein »Abenteuerprojektjahr«. Die überregionale Presse jedenfalls hatte – ausnahmsweise und gottlob einmal – kein Verständnis für Precht. Die *FAZ* schrieb vom »Lifestyle-Philosophen«, sie meinte »Vergesst Precht!«, und sie charakterisierte ihn mit »high in personality, but low in information«. Die *Welt* nannte ihn »Deutschlands Bescheidwisser vom Dienst« und sein »Anna«-Buch ein »restlos überflüssiges Buch«. Der *Stern* schrieb »Unser Lehrer Doktor Precht«. Das Magazin spielte damit auf den »Lehrer Dr. Specht« an, der als pädagogischer ZDF-Serien-Tausendsassa von 1991 bis 1999 in 70 Folgen deutsche Schulen auf Vordermann brachte.

Gleichwohl kann Precht sechsmal im Jahr als Moderator einer ZDF-Sendung mit seinem Namen weiter Zerrbilder verbreiten. Seine Sendung startete denn auch im September 2012 mit dem Thema »Macht Lernen dumm?«. Sein Premierengast war Gerald Hüther. Über ihn gleich anschließend mehr! Die *Weltwoche* schrieb über die Sendung zu Recht: »Schönschwätzer Precht macht dumm«, und er kreiert sich ein schulisches »Reformsüppchen aus sozialdemokratischer Küche«.

Dann Gerald Hüther: Er wurde von der *WAZ* vom 3. September 2012 anlässlich der genannten ZDF-Sendung als Prechts »Bauchrednerpuppe« apostrophiert. Denn Precht und Hüther hätten – so die *WAZ* – in dieser Sendung kaum anderes als »Aphorismen-Pingpong« betrieben. »Klischee-Pingpong« wäre wohl noch treffender gewesen. Precht und Hüther beweihräucherten sich jedenfalls gegenseitig, zum Beispiel mit dem alten Kalauer: »Kinder wollen lernen, aber die Schule hindert sie daran.« Deshalb wünschten sich Precht und Hüther statt Lehrern »Potenzialentfaltungscoaches«. Zudem meinte Hüther zu wissen, dass es in sechs Jahren »Schule, so wie wir sie kennen, nicht mehr geben wird«. Das war im Herbst 2012. Zum Zeitpunkt des Erscheinens des vorliegenden Buches bleibt also nur rund ein Jahr Zeit für das Verschwinden dieser Schulen bzw. für deren Neuorientierung à la Hüther bzw. im Sinne des von ihm begründeten Netzwerkes »Schule im Aufbruch«. Die Überschrift von Martin Spiewak über seinem Artikel in der *ZEIT* vom 29. August 2013 über den »Bildungsguru« Hüther passt jedenfalls: »Die Stunde der Propheten«.

Hüther nennt sich Professor, er hat aber nie einen Lehrstuhl gehabt; vielmehr ist er als (außerplanmäßiger) Professor einer von 30 »Mitarbeitern« an der Klinik für Psychiatrie und Psychotherapie der Universität Göttingen. Was die Schule betrifft, so hat er nie empirisch gearbeitet. Seine einzigen empirischen Studien machte er mit Ratten. Anhand von Rattenversuchen meinte er behaupten zu können, Ritalin führe später zur Parkinson-Erkrankung. In Fachkreisen wertete man dieses »Ergebnis« als unhaltbar. Damit war übrigens auch Hüthers Publikationstätigkeit in seriösen Fachorganen zu Ende. Aber er fand andere Organe, zum Beispiel schrieb er auch in der »Gralswelt«. Phasenweise hatte Hüther als »Professor für Holistic Transformative Sciences und Chairman des wissenschaftlichen Beirates der Hauensteinschen Multiversity« firmiert. Besonders umstritten war Hüthers »Sinn-Stiftung«. Allerdings trennt er sich im Mai 2013 von ihr, unter anderem weil gegen diese Stiftung mit dem umstrittenen Projekt »Alm-Projekt«, einem Projekt gegen ADHS, im Frühjahr Vorwürfe des Missbrauchs von Kindern laut wurden. Sehr intensiv hat sich mit dieser »Sinn-Stiftung« der Fachbereich Weltanschauungsfragen der Erzdiözese München und Freising befasst und im Ergebnis allen Einrichtungen des Bistums jede Kooperation mit der Sinn-Stiftung untersagt.[26]

All diese Kritik hindert Hüther nicht daran, sich als einer der führenden deutschen Hirnforscher darzustellen und Schule zu belehren. Bei manchen Eltern, zum Beispiel Helikoptereltern[27], kommt er gut an, wenn er etwa ein Buch mit dem Titel »Jedes Kind ist hochbegabt« schreibt. Ich habe ihm deshalb wiederholt vorgehalten: Wenn jedes Kind hochbegabt sei, dann sei kein Kind hochbegabt. In einem Interview in der *Welt* vom August 2013 wurde er darauf angesprochen. Seine Antwort war: »Dann hat Herr Kraus nicht verstanden, was eine Begabung ist. Jedes Kind ist auf eine andere Weise hochbegabt. Manche haben eine analytische Begabung, andere eine für Sensibilität oder die Gestaltung zwischenmenschlicher Beziehungen, für Kirschkernspucken oder Bäumeklettern.«

Während Precht und Hüther nach wie vor »in« zu sein scheinen, ist der Stern des finanzencleveren, aber in Sachen Bildungsqualität nicht gerade erfolgreichen Bildungsunternehmers Peter Fratton aus der Schweiz zumindest vorübergehend gesunken. Von 2011 bis 2013 war er, ehe man ihn schasste, offizieller Berater von Gabriele Warminski-Leitheußer, der damaligen, nur knapp zwei Jahre amtierenden SPD-Kultusministerin Baden-Württembergs. Für Warminski-Leitheußer war Fratton Hoffnungsträger auf ihrem Weg zur Einführung der Gemeinschaftsschule. Gelegentliche Verbindungen hatte Fratton freilich schon zuvor zu Baden-Württemberg. Immerhin hatten ihn die damalige Kultusministerin Annette Schavan und ihr damaliger Staatssekretär und späterer Nachfolger Helmut Rau (beide CDU) 2003 in einer seiner Schulen besucht.

Ob diese regierungsamtlichen Hochkaräter um die pädagogischen Prinzipien Frattons wussten oder nicht wussten, ob sie ihn deshalb oder trotzdem holten, ist nicht bekannt. Diese Prinzipien hätten jedenfalls bekannt sein müssen. Die vier Urbitten, die Fratton Kindern suggerierte und die er zum Maßstab für das Handeln von Lehrern machen wollte, hießen nämlich: »Bringe mir nichts bei«, »Erkläre mir nicht«, »Erziehe mich nicht« und »Motiviere mich nicht«. Ob Fratton jemals mit einem neugierigen, wissbegierigen Kind zu tun gehabt oder ob er dabei nur den Song *We don't need no education* von Pink Floyd aus dem Jahr 1979 im Sinn hatte, sei dahingestellt. Wahrscheinlich wusste er es selbst nicht. Immerhin hat er in einer Landtagsanhörung in Stuttgart auf die Frage, was bei seiner Pädagogik bzw. bei der Beratung der Ministerin durch ihn herauskomme, geantwortet, er habe keine Ahnung, was dabei herauskomme, aber schön falsch sei auch schön.

Immerhin hat Fratton zwei Feindbilder parat, wegen der man ihn nach Baden-Württemberg geholt und wegen der man ihn auf öffentlichen Druck und auf Druck aus der grün-roten Landesregierung dann doch wieder nach Hause geschickt hat: das »gegliederte Schulwesen« und »Frontalunterricht«. Beides verteufelt er als »7-G-Unterricht«: »Alle gleichaltrigen Kinder sollen beim gleichen Lehrer mit dem gleichen Lehrmittel im gleichen Tempo das gleiche Ziel zur gleichen Zeit gleich gut erreichen.« Dagegen setzt Fratton das individuelle Lernen mit »V-8-Begleitung«: »Auf vielfältigen Wegen mit vielfältigen Menschen an vielfältigen Orten zu vielfältigsten Zeiten mit vielfältigen Materialien in vielfältigen Schritten mit vielfältigen Ideen in vielfältigen Rhythmen zu gemeinsamen Zielen.« Sancta Simplicitas! Oder versteckt sich dahinter doch eine nicht einmal von Fratton selbst erkannte Absage an Gesamtschule? Erfolge jedenfalls hat Fratton mit seinen Schulen in der Schweiz nicht aufzuweisen. 40 Prozent der Absolventen des von Fratton gegründeten Euregio-Gymnasiums Romanshorn bestanden die Matura-Prüfung nicht, und die 24 Absolviakandidaten seines privaten Touristik-Colleges in Romanshorn fielen zur Hälfte durch, und das bei Schulgeld von 4000 SFr pro Quartal. Wie sagte er doch: »Aber schön falsch ist auch schön.«

Andreas Schleicher: Er ist Pisa-Frontmann der OECD. Er produziert gerne Schlagzeilen, die Deutschlands Bildungswesen in schlechtes Licht rücken: Deutschland falle wegen seines Bildungssystems immer weiter zurück, es habe zu wenig Abiturienten und Akademiker, es »selektiere« schulisch zu früh etc. etc. Der eine oder andere Journalist machte und macht ihm den Hof. Im Frühjahr 2003 bekam Schleicher für seine Zerrbilder über das deutsche Schulwesen den Theodor-Heuss-Preis. Festrednerin war die damalige Bundesbildungsministerin Bulmahn (SPD). Schade nur, dass der Jury nicht wenigstens beim Namen »Heuss«, dieses hochkultivierten ersten deutschen Bundespräsidenten, die Frage eingefallen ist, was die OECD eigentlich mit Bildung zu tun hat. Die Gesamtschulgemeinde war von diesem Ereignis jedenfalls begeistert. Auf der Website der GGG Hamburg (GGG = Gemeinnützige Gesellschaft Gesamtschule) schrieb ein Jürgen Riekmann einen Jubelbericht über die Preisverleihung. Riekmann war damals schon pensionierter Leiter der Abteilung Gesamtschulen der Schulbehörde Hamburg. Sein Bericht endete mit dem überschwänglichen Passus: »Wir können die Theodor-Heuss-Stiftung und Andreas Schleicher zu unseren Verbündeten zählen in der Auseinandersetzung, aus einer Minderheitenmeinung schrittweise eine Mehrheitsmeinung werden zu lassen.«

Gottlob gab und gibt es zur OECD und zu Schleicher öffentlich auch andere Töne. In der *Welt* vom 19. April 2006 mutmaßte man am Beispiel Schleichers, dass gerade im Bildungswesen man gern »den Panscher zum Experten ernennt«- Die *FAZ* überschrieb am 15. September 2004 zu Schleicher eine Portraitspalte mit »Miesmacher«, nannte ihn darin den »selbsternannten Superminister« und qualifizierte ihn in der Ausgabe vom 8. Dezember 2004 als »Andreas Schleicher aus dem Statistikbüro«. Zugleich ließ die »Zeitung für Deutschland« im Portrait anklingen, dass es Schleicher mit seinen Attacken gegen das gegliederte Schulwesen darum gehen könnte, ein Trauma zu bearbeiten, das er erlebte, als er im Grundschulzeugnis 1974 »ungeeignet fürs Gymnasium« attestiert bekam und dann an eine Waldorfschule gehen musste.

Gelegentlich platzte Bildungspolitikern der Kragen. Gabriele Behler (SPD) etwa, von 1995 bis 2002 NRW-Schulministerin, forderte in der *FAZ* vom 9. Dezember 2004 »mehr Redlichkeit« im Umgang mit Pisa. Sie kritisierte die schulpolitischen Heilsbringer mit ihrem »festen Glauben«, eine »Schule für alle Kinder, Gesamtschule, Gemeinschaftsschule oder Einheitsschule« ließe die Leistungsergebnisse nach oben schnellen. Den OECD-Statistiker Schleicher kritisiert sie, weil bei ihm die »Grenze zwischen dem konzeptionellen Gestalter eines wichtigen internationalen Leistungsvergleichs und dem missionarisch agierenden Politiker überschritten« sei.

Was schließlich die OECD-Studien generell betrifft, so war jedenfalls irgendwann ernsthaft zu fragen gewesen, ob die Deutschen dieses Agi(ti)eren zukünftig überhaupt noch mitmachen und mitfinanzieren sollen. Hessens damalige Kultusministerin Karin Wolff (CDU) wurde hier sehr deutlich. Am 14. September 2004 ließ sie per Presseerklärung über OECD-Mann Schleicher verbreiten: »Wer unsere Bildungsreformen nicht zur Kenntnis nehmen will, der muss sich fragen, für welche Fachkompetenz er eigentlich bezahlt wird.« Im März 2005 wurde bekannt, dass Baden-Württembergs damaliger Ministerpräsident Erwin Teufel (CDU) die Spitze der OECD aufgefordert hatte, im Zusammenhang mit Pisa »mehr Zurückhaltung bei politischen Bewertungen« zu üben. Hat es geholfen? Nein und ja! Schleicher ist immer noch »Mr. Pisa«. Allerdings versäumte er es ab 2012 wenigstens nicht mehr, die Leistungen des beruflichen Bildungswesens in Deutschland zumindest halbherzig hervorzuheben.

Jörg Dräger schließlich: Er ist Vorstand der Bertelsmann Stiftung. Von 2001 bis 2008 war er Wissenschaftssenator in der schwarz-grünen Stadtregierung von Hamburg unter Ole von Beust. Er gehört an vorderster medialer Stelle zu denen, die kein gutes Haar am deutschen Schulwesen lassen. Für seine Rundumschläge hat er mit der Bertelsmann AG eine Plattform. Dräger setzt sich nahezu wöchentlich nicht nur mit der Bekanntgabe irgendwelcher »Bertelsmann-Studien« in Szene, er mischt sich auch gerne selbst als Autor ein. Zusammen mit Klaus von Dohnanyi hat er 2012 den Band herausgebracht »Dichter, Denker, Schulversager: Gute Schulen sind machbar – Wege aus der Bildungskrise«. Er will im deutschen Schulwesen keinen Stein auf dem anderen lassen und mit Hilfe von »Magnetschulen« – was immer das ist – Deutschland voranbringen. Auch sonst ist Dräger für eine politisch korrekte Provokation immer gut. In der WDR-Sendung »Westpol« bezeichnete er etwa das von der Bundesregierung gezahlte Betreuungsgeld für die Erziehung der Kinder zu Hause als »Verdummungsprämie«.

Machtspiele: Eine Stiftung hält die Fäden in der Hand

»Wir brauchen Sendboten überall, die unsere Gedanken verbreiten. Es wäre schön, wenn einer vorangehen könnte wie einst Christus. Der hatte ja in relativ kurzer Zeit einen enormen Reformerfolg. Aber die Propheten haben es heute nicht mehr so leicht.« Mit dieser Botschaft wird der Bertelsmann-Patriarch Reinhard Mohn in der Wochenzeitung *DIE ZEIT* vom 15. April 1999 zitiert. Damit ist im Kern schon alles gesagt über den missionarischen Eifer der schier sektenmäßig aufgestellten »Bertelsmänner«: Denn sie verstehen sich ganz offenbar als solche Sendboten, die die Welt braucht.

Das dafür notwendige PR-Handwerk versteht vor allem die Bertelsmann Stiftung hervorragend: in der Kommunalpolitik, Außenpolitik, Europapolitik, Wirtschaftspolitik, Steuerpolitik, Sozialpolitik, Gesundheitspolitik usw. Es gibt keinen Bereich, in den sich die Bertelsmann Stiftung nicht einmischt. Sie tut dies übrigens nicht nur in Deutschland, sondern auch mit Projekten zum Beispiel in Ägypten, Israel, Polen, Spanien usw. Hier eine kleine Auswahl von Titeln und Projekten: Gesundheitsmonitor, Gesundheitskarte für Flüchtlinge, demographischer Wandel, junge Familie, Generationengerechtigkeit, Stadt-Land-Gefälle, Kita-Qualität, Vorteile Deutschlands durch die Währungsunion, TTIP, Bürgerbeteiligung, Brexit, Schengen, Libanon, Syrien, Türkei …

Bertelsmann – das Medienmonster

Die mediale und die politische Wirkung von Bertelsmann bzw. der Familie Mohn hat mit dem Bertelsmann-Medienkonzern und dessen schier endlosen finanziellen, media-

len und politischen Möglichkeiten zu tun. Der Medienkonzern Bertelsmann SE & Co. KGaA ist immerhin mit
rund 80 000 Beschäftigten in rund 50 Ländern der Welt aktiv. Zum Konzernverbund gehören die Fernsehgruppe RTL
Group samt RTL, RTL 2, Super RTL, Vox, n-tv, ferner die
Verlagsgruppe Penguin Random House mit mehr als 120
Einzelverlagen, die jährlich rund 11 000 Neuerscheinun-
gen veröffentlichen und jährlich mehr als 500 Millionen
Bücher verkaufen. Dazu gehören in Deutschland neben
den unter dem Namen Bertelsmann erscheinenden Verla-
gen etwa die Deutsche Verlags-Anstalt, der Heyne Verlag,
der Luchterhand Literaturverlag, Goldmann, Kösel, Sied-
ler, ferner der Zeitschriftenverlag Gruner + Jahr mit rund
300 Magazintiteln, zum Beispiel art, Brigitte, Capital, Eltern, Gala, die Geo-Magazine, PM, Schöner wohnen, Stern
u. v. a. m. Zu Gruner + Jahr gehört auch der Vertrieb der
Wochenzeitung *DIE ZEIT*. Ferner gehören zu Bertelsmann
das Musikunternehmen BMG, die Bertelsmann Printing
Group, die Bertelsmann Education Group sowie das internationale Fonds-Netzwerk Bertelsmann Investments.
Eine zentrale Position innerhalb des Konzerns nimmt die
»arvato AG« ein. Sie ist eine hundertprozentige Tochter der
Bertelsmann SE & Co. KGaA; mit ihren mehr als 70 000
Mitarbeitern in über 40 Ländern versteht sie sich als international tätiger Dienstleister im Bereich Outsourcing, das
heißt im Bereich »Government Services«. Zu dem breiten
Spektrum an Dienstleistungen zählen Datenmanagement,
Kundenservice, Dienstleistungen im Rahmen von Kun-
denbeziehungen, Management von Versorgungsketten, digitale Auslieferung, Finanzdienstleistungen sowie qualifizierte und individualisierte IT-Services. Das Land NRW
etwa hat für arvato direct services GmbH von 1. Juli 2009

bis 6. April 2016 übrigens 6,68 Millionen Euro aufgewendet.[28] Mit 117 000 Mitarbeitern erzielte das Unternehmen 2015 einen Umsatz von 17,1 Mrd. Euro.

Die Bertelsmann Stiftung weiß sich als selbst ernannte »Reformwerkstatt« und »Denkfabrik« zu inszenieren. 1977 gegründet, hält sie seit 1993 rund 77 Prozent der Aktien der Bertelsmann SE & Co. KGaA. Das erlaubt ihr nicht nur die Beschäftigung von Hunderten Mitarbeitern, sondern größte mediale Verbreitung über die in der Hand der Mohn-Familie befindlichen Sender und Printmedien. Mit der Übertragung von mehr als drei Vierteln der Konzernaktien sparte man obendrein vermutlich gut zwei Milliarden Erbschafts- und Schenkungssteuer. Die Bertelsmann Stiftung mit ihrem Jahresetat von rund – so die Jahre 2015 und 2016 – 70 Millionen Euro und mit einem Gesamtvolumen aller ihrer Projekte von 1977 bis 2015 in der Höhe von 1,27 Mrd. Euro arbeitet also de facto mit öffentlichem Geld. Dabei vergibt die Stiftung keine Fördergelder, sondern ist nur selbstoperativ tätig. Die Grenzen zwischen Gemeinwohlorientierung und Profitinteressen erscheinen hier als fließend.

Thomas Schuler schreibt dazu bei *Telepolis* am 30. August 2010 über die »Bertelsmänner«: »So gesehen, stehen sie immer noch in der Schuld der Allgemeinheit.«[29] Anders ausgedrückt: Verlöre die Stiftung die Gemeinnützigkeit, könnte die öffentliche Hand mit den Steuermehreinnahmen die Wohltaten der Stiftung selbst finanzieren. Nur am Rande: In den USA wäre eine solche Bündelung von Konzern- und Stiftungsmacht nicht möglich. Dort dürfen steuerbegünstigte Stiftungen nur 20 Prozent Anteile an einem Unternehmen haben. Bei der Bertelsmann Stiftung sind es 77 Prozent.

Methode Bertelsmann

Man sagt der Bertelsmann Stiftung nach, sie sei eine »Krake«, eine »Macht ohne Mandat«, die »Nebenregierung in Gütersloh« und ein »Heimliches Bildungsministerium«. Dabei bauen die Impulse der Stiftung fast immer auf einer Skandalisierung vermeintlicher Missstände auf. Dazu werden (Pseudo-)Diagnosen und Begriffe unters Volk gebracht – mal sanft suggeriert, mal eingehämmert. Dann startet man eine »Studie«, um den Leuten zu bestätigen, dass diese alles genau so sehen wie vorgegeben.[30]

Ohne es so zu bezeichnen, betreibt Bertelsmann damit die Methode »nudge«, wie sie von den US-amerikanischen Professoren Richard Thaler und Cass Sunstein in ihrem 2008 erschienenen Buch »Nudge. Improving Decisions About Health, Wealth, and Happiness« geprägt wurde. (Auf Deutsch ist das Buch im gleichen Jahr unter dem Titel erschienen: *Nudge: Wie man kluge Entscheidungen anstößt*)[31]. »nudge« bedeutet: Schubs, Stupsen. »nudge« ist zu verstehen als ein medial und politisch permanent multiplizierter Anstoß oder als permanent suggestive Warnung an die Menschen, zum Beispiel umweltbewusst zu leben, sich gesund zu ernähren, einen Organspendeausweis mit sich zu tragen oder bestimmte Impfungen vorzunehmen.

Nach dieser Methode werden die »Menschen draußen« von den Regierenden oder von anderen meinungsbildenden Mächten als überwiegend irrational handelnde angesehen; sie sollen am Ende glauben, was ihnen als »nudge« vorgesetzt wird. Burrhus F. Skinner, einer der prominentesten Vertreter des Behaviorismus, lässt grüßen. Oder gar Pawlow? Dieser hatte ja mit künstlichen Stimuli Hunde darauf konditioniert, bestimmte Reflexe zu zeigen. Ist Politik mit »Nudge« also auf den Hund gekommen?

US-Präsident Obama ließ sich vom Nudge-Prinzip inspirieren. Außerdem schafften es Thaler und Sunstein mit ihrer Theorie 2010 bis in britische Regierungskreise sowie 2014 in eine *Nudge*-Unit der Regierung Barack Obama und ins deutsche Kanzleramt. In Letzterem wurden 2014 drei »Verhaltensökonomen« eingestellt. »Behavioral Economics Teams« nennt man diese Leute. Damit wird der Weg zur Meinungsbildung mittels Propaganda mehr und mehr frei. Und es wird der Weg frei zur Übernahme der Bildungspolitik durch die Ökonomik.

Für den Bildungsbereich sind es die Endlosleiern der »Erziehungsmacht OECD«[32] (Frank-Olaf Radtke) und eben der mit ihr ideologisch wesensverwandten Bertelsmann Stiftung, die da lauten: Deutschlands Schulwesen sei sozial ungerecht; Deutschlands Schulen würden die Digitalisierung verschlafen; Deutschland werde abgehängt, weil es zu wenig Abiturienten, Studenten und Akademiker habe. Oder ein anderes simples Beispiel aus dem Bildungsbereich: Unmittelbar nach der ersten Pisa-Studie von 2000 behauptete die Bertelsmann Stiftung völlig wahrheitswidrig, Deutschland sei auf »hinteren Plätze« zusammen mit »Klassenkameraden aus Mexiko und Brasilien« gelandet. Um dann fortzufahren: »Nicht zuletzt haben Einrichtungen wie die Bertelsmann Stiftung durch ihre vielfältigen Aktivitäten dazu beigetragen, dass auch in Deutschland neue, innovative Schulkonzepte eine Chance bekommen.« Und dann folgt Studie auf Studie, mit denen man genau die eigenen Diagnosen abfragt und die Zustimmung der Bevölkerung dazu erwartet. Zirkelschlüsse kommen am Ende heraus. Vor allem aber hat eine Stiftung wie die Bertelsmann Stiftung dann wieder einmal »agenda setting« betrieben, also die Tagesordnung, ja ganze Kongressberichte diktiert und fleißig an sich selbst erfüllenden Prophezeiungen gearbeitet.

Bezeichnend für diese Methode ist ein Strategieentwurf aus dem Hause Bertelsmann aus dem Jahr 2009. Friedbert Rüb, Karen Alnor und Florian Spohr haben das Politikverständnis der Bertelsmann Stiftung in einem Beitrag folgenden Titels skizziert: »Die Kunst des Reformierens: konzeptionelle Überlegungen zu einer erfolgreichen Regierungsstrategie. Zukunft Regieren: Beiträge für eine gestaltungsfähige Politik« (Heft 3/2009, Gütersloh) Es ist ein verräterischer, ja erschreckender Text, der wohl deshalb im Netz nicht mehr zu finden ist. Die Strategie der »Bertelsmänner« gibt er gleichwohl markant wieder. Der »Beitrag« ist eine Art Vademecum für die Durchsetzung von Reformen gegen den Willen der Bürger und zur Ausschaltung von »Vetospielern«. Um diese Ausschaltung zu erreichen, so die Empfehlungen, seien Reformziele »unter Reduktion der Beteiligten von Interessengruppen« zu empfehlen. Diese seien zwar anzuhören, nicht aber, um die Pläne zu diskutieren, sondern um die »Legitimität der Reform« zu steigern und »Widerstände« zu mindern (S. 7). Dafür bedürfe es unter anderem einer Schwächung des »Widerstandspotenzials« und dessen Aufbrechen mittels eines »geschickten Partizipationsstils«. Vor allem gehe es darum, eine »potenzielle geschlossene Abwehrfront zu verhindern« (S. 40). Wörtlich: »Durch eine selektive Partizipation während der Entscheidungsphase können Vetospieler in ihrer Kohärenz geschwächt, sozusagen ›gesplittet‹, und die Protestfähigkeit bestimmter Interessengruppen gemindert werden.« Und weiter: »Um ihrer politischen Verantwortung gerecht zu werden, muss eine Regierung sich im Zweifelsfall auch gegen den empirischen und kontingenten Volkswillen durchsetzen. Politische Entscheidungen, die der gegebenen Mehrheitsmeinung entgegenstehen, sind nur auf den ersten Blick demokratietheoretisch bedenklich.« (S. 41) Und noch ein weiteres Zitat: »Reformen können auch so konzipiert werden, dass sie manche Interessengruppen begünstigen und andere benachteiligen, um so eine potenziell geschlossene Abwehrfront zu verhindern.« (S. 40)

Wie man das im Detail macht und vor allem wie man Widerstände ausschaltet, beschreiben die beiden 2014 von der Stiftung konzipierten Broschüren »ReformKompass I. – Das Strategieinstrument für politische Reformprozesse« und »ReformKompass II – Das Strategieinstrument für organisatorische Reformprozesse«. Hier finden sich Sätze wie der folgende: Es gelte, »die eigene Politik gegenüber politischen Gegnern durchzusetzen und gegenüber all denjenigen, die dadurch etwas zu verlieren haben«. Zudem sollen sich entschlossene Reformer immer wieder unter anderem folgende Fragen stellen: »Wo liegen die Schmerzgrenzen der eigenen Kompromissbereitschaft? Welche Möglichkeiten haben die potenziellen Gegner, die Reform zu torpedieren? Gibt es formale Vetorechte? Wie könnte es den Gegnern gelingen, die Öffentlichkeit gegen die Reform zu mobilisieren? Welche Bündnisse kann und muss ich eingehen, um einen (Teil-)Erfolg zu haben, und welche Zeitabfolge (Sequenzierung) von Reformschritten ist notwendig, um die Verhandlungskorridore zu erweitern?«[33]

In anderen Ländern der Welt heißt so etwas »lupenreine Demokratie« oder »gelenkte Demokratie«. Jedenfalls gerät dieses Bertelsmann-Papier sehr in die Nähe der Geheimdienst-Richtlinie 1/76 des Staatssicherheitsdienstes der DDR zur Zersetzungsarbeit gegen oppositionelle Gruppen. Dort heißt es: »Maßnahmen der Zersetzung sind auf das Hervor-rufen sowie die Ausnutzung und Verstärkung solcher Wi-dersprüche und Differenzen zwischen feindlich-negativen Kräften zu richten, durch die sie zersplittert, gelähmt, des-organisiert und isoliert und ihre feindlich-negativen Hand-lungen einschließlich deren Auswirkungen vorbeugend verhindert, wesentlich eingeschränkt oder gänzlich unter-bunden werden.«

Dass sich führende Exponenten von Bertelsmann ger-ne und erfolgreich an diese Strategieempfehlungen hiel-ten, sprach Detlef Müller-Böling, von 1994 bis 2008 Chef des »Centrums für Hochschulentwicklung« (CHE) und von 2008 bis 2012 Hauptgesellschafter der CHE Consult GmbH, in einem Interview im Jahr 2010 unverstellt aus: »Man darf Frösche nicht fragen, wenn man ihren Teich trockenlegen will ... Ich habe nie gedacht, dass man mit dreißig Leuten Dinge direkt durchsetzen kann ... Im CHE standen dreißig Leute 36 000 Professoren und zwei Millio-nen Studenten an achtzig bis hundert Universitäten und rund 260 Fachhochschulen gegenüber, außerdem 16 Lan-desministerien mit jeweils 300 Mitarbeitern.«[34]

Da mag Liz Mohn, nach dem Tod ihres Mannes Reinhard Mohn (1921–2009) mit Sonderrechten ausgestattete star-ke Frau im Konzern und in der Stiftung, noch so die Hu-manitätsanwältin geben und die Frage stellen: »Kann die Menschheit ohne Liebe überleben?«: Ihr schlaues Bänd-chen aus dem Jahr 2001 mit dem Titel »Liebe öffnet Her-zen« dürfte nichts anderes als Camouflage sein, selbst wenn es im Klappentext heißt: »Ob als Frau, Mutter oder Managerin – Liz Mohn engagiert sich warmherzig für den Dienst am Nächsten, schafft Nähe und Vertrauen, nimmt Anteil. Sie versucht, andere Menschen für ihre Ideale zu begeistern und zu gewinnen – auch in diesem Sinne ist sie ein Vorbild.«

Drehtüren zwischen Politik und Stiftung
Zwischen Bertelsmann und der Politik gibt es offenbar mehrere Drehtüren. Man adelt und protegiert sich gegenseitig. Die Liste der Personen, mit denen Bertelsmann in enger Verbindung steht, liest sich wie ein »Who is Who« deutscher und internationaler Politik. So holte sich Bertelsmann für die Jahre 1991 und 1992 mit Horst Teltschik einen der engsten Berater von Helmut Kohl als Geschäftsführer in die Stiftung. Die Stiftung eröffnete sich damit einen Zugang in engere Kreise um Kohl und über die Bundesrepublik hinaus, zum Beispiel zum Ehepaar Gorbatschow. Thomas Schuler schreibt dazu: »Ein großes Verdienst von Teltschik ist, dass er die bis dahin unbekannte Stiftung zu einem Namen in der Politik gemacht hat. Er nutzte seine Kontakte und versammelte führende Politiker vom 3. bis zum 5. April 1992 zum ersten Bertelsmann Forum im Gästehaus der Bundesregierung auf dem Petersberg bei Bonn.«[35]
Ein anderer in der Drehtür zwischen Politik und Bertelsmann ist bzw. war Werner Weidenfeld, 1987 bis 1999 Amerika-Koordinator der Bundesregierung und von 1992 bis 2007 Mitglied im Vorstand der Stiftung. Ihm war von der Stiftung 1995 das »Centrum für angewandte Politikforschung« (CAP) an der Ludwigs-Maximilians-Universität München gegründet und bis 2010 finanziert worden; Weidenfels war freilich 2007 wegen staatsanwaltschaftlicher Ermittlungen in Zusammenhang mit Spesenabrechnungen in Ungnade gefallen. Das CAP verstand und versteht sich laut CAP-Website (Abruf 1. August 2016) als »unabhängige

Denkfabrik«, als Einrichtung der »angewandten Politikforschung«.

Der Name Elmar Brok (CDU), seit 1980 ununterbrochen Mitglied des Europäischen Parlaments (MdEP), darf nicht fehlen. Von 1999 bis 2007 war er und seit 2012 ist er wieder Vorsitzender des Ausschusses für auswärtige Angelegenheiten des EU-Parlaments. Ab 1992 war er für die Bertelsmann-AG zunächst als Europa-Beauftragter des Vorstands, später bis 2011 als Senior Vice President Media Development mit einem Jahressalär von 60 000 Euro tätig. Innerhalb der EU galt er als »Mr. Bertelsmann« und damit als reinrassiger Lobbyist. Im Dezember 2011 erklärt der zwischenzeitlich 65-Jährige öffentlich: »Bertelsmann hat meinen Angestelltenvertrag einfach mit dem Erreichen der in Deutschland bisher üblichen Altersgrenze beendet.« Aber es geht in den Rängen der Politik noch weiter nach oben. Recht intensiv haben sich Frank Böckelmann und Hersch Fischler 2004 mit den personellen Verflechtungen der Bertelsmann-Konzern befasst. In ihrem Buch »Bertelsmann – Hinter der Fassade des Medienimperiums«[36] heißt es: Gerhard Schröders »Wahlsieg und die Agenda 2010 sind auf dem Terrain der Bertelsmann Medien und der Bertelsmann Stiftung gewachsen«. Zu allen Parteien und sogar Kirchen zieht die Stiftung ihre Fäden. Im Jahr 2007 hielt Bundeskanzlerin Angela Merkel anlässlich des Carl Bertelsmann-Preises am 6. September 2007 in Gütersloh die Festrede. Es gab ferner Grußadressen des Osnabrückers Bischofs Franz-Josef Bode, des damaligen Ratsvorsitzenden der EKD Bischof Wolfgang Huber, der vormaligen Bundestagspräsidentin Rita Süssmuth (sie war zeitweise Mitglied im Kuratorium der Stiftung) und diverser Bildungsminister. Ebenfalls im Jahr 2007 gaben Liz Mohn und die damalige Bundesfamilienministerin Ursula von der Leyen den Band »Familie gewinnt: Die Allianz und ihre Wirkungen für Unternehmen und Gesellschaft« heraus. Es war dies der Nachfolgeband von »Familie bringt Gewinn« aus dem Jahr 2004, damals herausgegeben von der damaligen Familienministerin Renate Schmidt und Liz Mohn. 2009 meinte der EKD-Vorsitzende Huber in einem Nachruf auf Reinhard Mohn, dieser sei »von christlichen Werten geleitet«. 2011 wurde erstmals der Reinhard Mohn Preis zum Thema »Demokratie vitalisieren – politische Teilhabe stärken« vergeben – im Beisein von Bundeskanzlerin Angela Merkel. 2012 »ergänzten« der Deutsche Volkshochschul-Verband e. V. und die Bertelsmann Stiftung den kurz zuvor gestarteten Bürgerdialog www.dialog-ueber-deutschland.de von Bundeskanzlerin Merkel mit lokalen Diskussionsforen. Dabei organisierten sich Bürgerforen in über 50 deutschen Städten, in denen die von der Kanzlerin zur Diskussion gestellten Fragen thematisiert wurden. 2013 überreichte Liz Mohn dem Friedensnobelpreisträger und ehemaligen Generalsekretär der Vereinten Nationen, Kofi Annan, den Reinhard Mohn Preis.

Wer nun meinte, wenigstens die »Öffentlich-Rechtlichen« würden sich beim Thema »Bertelsmann« abstinent verhalten, sieht sich getäuscht. Auch hier gibt und gab es zahlreiche Verflechtungen. In den www.nachdenkseiten.de/?p=5228 (Stand: 15. April 2010) wird ohne Widerspruch festgehalten: »Auch die öffentlich-rechtlichen Sender sind mit Bertelsmann verbandelt. So ist zum Beispiel der ehemalige stellvertretende Chefredakteur des ZDF und frühere Leiter der Hauptredaktion Aktuelles und spätere Leiter des Washingtoner ZDF-Studios, Klaus-Peter Siegloch, im Kuratorium der Bertelsmann Stiftung. Auch der frühere ZDF-Intendant Dieter Stolte, der z. B. 1999 eine kritische Reportage über die Rolle Bertelsmanns im Dritten Reich verhinderte, gehörte noch während seiner Amtszeit dem Kuratorium an. Der Nachfolger von Nikolaus Brender als Chefredakteur des ZDF, Peter Frey, ist ›Fellow‹ des von Bertelsmann getragenen ›Centrums für angewandte Politikforschung‹ (CAP).«

»Kompetent« im Vernebeln

So viel Politprominenz kann nicht vertuscht werden. Auf Landesebene und in den zweiten und dritten Reihen ist das anders. Man nehme die Antwort der NRW-Landesregierung auf eine Große Anfrage der Fraktion der PIRATEN – so der lange Titel – »zu Aktivitäten und politischen Initiativen der Landesregierung im mittelbaren und unmittelbaren Zusammenhang mit der Bertelsmann Stiftung, ihren Tochtergesellschaften, ihren Gesellschaftsanteilen und mit ihr verbundenen Initiativen, Einrichtungen und Personen sowie der Bertelsmann SE & Co. KGaA, ihren Tochtergesellschaften, ihren Gesellschaftsanteilen und mit ihr verbundenen Initiativen, Einrichtungen und Personen«.[37]
Eine der mehr als 40 Fragen, die die PIRATEN-Fraktion stellte, galt den Verflechtungen von Bertelsmann mit der Staatsverwaltung. Die Antworten der NRW-Regierung darauf zeichnen sich aus durch viel Vernebelung. Eine Antwort zum Beispiel lautete: »Inwieweit diese (gemeint sind Stiftungen; der Verf.) in Meinungsbildungsprozesse der Landesregierung und den ihr nachgeordneten Behörden einfließen, kann im Einzelnen nicht mit der für eine Beantwortung erforderlichen Schärfe abgegrenzt werden.« Auch über die angefragte Zahl und Art der Kontakte mit Bertelsmann gibt die NRW-Landesregierung nur vage Auskunft,

denn diese Kontakte seien »nicht aktenkundig«. Außerdem seien elektronische Kalender nach jedem Amtswechsel gelöscht worden.

Zu personellen Verflechtungen zwischen NRW und Bertelsmann heißt es in der Antwort der NRW-Landesregierung lapidar: »Konkrete Angaben zu einzelnen Beschäftigten können hierzu aus Gründen der Fürsorge und des Datenschutzes nicht gemacht werden.« Ohne »Anspruch auf Vollständigkeit« werden dann 177 Termine aufgelistet, bei denen sich von September 2005 bis Mai 2016 ranghöchste und ranghohe Vertreter des Landes mit Vertretern von Bertelsmann zusammensetzten; darunter finden sich zwischen Juli 2011 und Mai 2016 allein 65 Treffen im Zusammenhang mit dem Modellvorhaben »Kein Kind zurücklassen«.

Marktgesinnung statt Demokratie

Es ist schon abenteuerlich, wie sich hier ein Medienkonzern als Meinungs- und neoliberaler Gesinnungskonzern geriert. Es ist auch höchst fragwürdig, wenn sich Politik und Stiftung wechselseitig instrumentalisieren. Dass die Bertelsmänner nachweislich sogar auf Mediengesetzgebung Einfluss nahmen, ja gar die Entwürfe dazu lieferten; dass sich die Bertelsmann Stiftung jeder demokratischen Kontrolle entziehen kann, ist in hohem Maße bedenklich. Dass so etwas kommen würde, hat Günter Gaus bereits 1970 erahnt. Im *Spiegel* Nr. 11/1970 schrieb er schier prophetisch von einer »Totalität, mit der ein künftiger Informations-Konzern von Bertelsmann-Größe auf die Gesellschaft Einfluss nehmen wird«.

Eigentlich entspringt alles Wirken der Bertelsmann Stiftung einem neoliberalen Zeitgeist. Auch wenn sich die

Stiftung zivilgesellschaftlich gibt, übt sie doch in bedenklicher Weise Einfluss auf die Politik aus. Die Bertelsmann Stiftung bestätigt damit die Grundannahmen von Colin Crouch mit seiner Theorie der Postdemokratie.

Crouch sieht nämlich ein Gemeinwesen heraufdämmern, »in dem zwar nach wie vor Wahlen abgehalten werden, ... in dem allerdings konkurrierende Teams professioneller PR-Experten die öffentliche Debatte während der Wahlkämpfe so stark kontrollieren, dass sie zu einem reinen Spektakel verkommt, bei dem man nur über eine Reihe von Problemen diskutiert, die die Experten zuvor ausgewählt haben. Die Mehrheit der Bürger spielt dabei eine passive, schweigende, ja sogar apathische Rolle ... Im Schatten dieser politischen Inszenierung wird die reale Politik hinter verschlossenen Türen gemacht: von gewählten Regierungen und Eliten, die vor allem die Interessen der Wirtschaft vertreten.« An dieser Art von Neoliberalismus kritisiert Crouch: »Je mehr sich der Staat aus der Fürsorge für das Leben der normalen Menschen zurückzieht und zulässt, dass diese in politische Apathie versinken, desto leichter können Wirtschaftsverbände ihn – mehr oder minder unbemerkt – zu einem Selbstbedienungsladen machen.«[38]

»Governance«, »Outsourcing« und »Entstaatlichung«. Das ist das Credo der Stiftung. Ein Beispiel aus Dänemark: 1999 bekam Dänemark den mit 300 000 Mark dotierten und nach dem Begründer des Bertelsmann Verlages benannten Carl Bertelsmann-Preis der Bertelsmann Stiftung (ab 2009 umbenannt in Reinhard Mohn Preis). Man hatte »best-practice«-Beispiele in zwölf Regionen der Welt aus dem Bereich der beruflichen Bildung gesucht. Warum »best practice«? Weil die beruflichen Schulen in Dänemark 40 Prozent ihres Etats – ganz im Sinne der Entstaatlichungsideologie aus Gütersloh – selbst erwirtschaften müssen.

Ein weiteres Beispiel aus Dänemark: In den »Kommunalen Nachrichten aus der Bertelsmann Stiftung – Februar 2001« findet sich folgende Mitteilung: »Die dänische Kommune Farum macht nicht nur in Dänemark von sich reden. Mit unkonventionellen und teilweise provozierenden Ideen zeigte Bürgermeister Peter Brixtofte seinen Amtskollegen, wie man die bestgemanagte Stadt im Lande wird. Auf einem zweitägigen Workshop für deutsche Kommunalpolitiker und Verwaltungschefs stellte das Beratungsunternehmen PLS RAMBØLL Ende Januar die erfolgreichen Projekte der dänischen Kleinstadt in den Bereichen des Outsourcings, der Ausländerintegration sowie innovative Strategien bei Standortsicherung und Stadtmarketing vor.« So weit, so gut. Dass Bertelsmann solche Jubelarien anstimmte, war zu erwarten. Denn auf Entstaatlichung und Outsourcing war Bertelsmann schon seit Jahren getrimmt. Immerhin hatte Bertelsmann der Kleinstadt Farum mit ihren rund 18 000 Einwohnern im Jahr 1995 den Titel zuerkannt, eine der »zehn besten Gemeinden der Welt« zu sein. Farums ab 1986 amtierender Bürgermeister Peter Brixtofte wurde für Bertelsmann zum Star der Kommunalpolitik: Er verkaufte kommunales Eigentum und schenkte aus den Erlösen Schülern Laptops und Studienreisen; 1500 Senioren schickte er auf Kosten der Kommune auf Erholungsreisen. Peinlich nur: Im Mai 2002 wurde der Herr Bürgermeister abgesetzt, und der Staatsanwalt begann Ermittlungen wegen Veruntreuung und Amtsmissbrauch. Im April 2007 wurde der großzügige Herr, der sich selbst aus öffentlichen Kassen schon auch mal Rotweine im Wert von 94 000 Euro gönnte (*Spiegel* vom 20. Mai 2002), zu zwei Jahren Haft verurteilt. Und die Reaktion von Bertelsmann? Peinliches Schweigen – bis auf die »Kommunale Nachricht« des Hauses vom Juni 2002, dass Farum aus dem Bertelsmann-Netzwerk »Cities of Tomorrow« ausgeschlossen worden sei.

Aber hat man daraus gelernt? Nein, denn unbeirrt setzt die Bertelsmann Stiftung ihren Kurs in Richtung Governance, Outsourcing, Ökonomisierung und Entstaatlichung fort. Allein der neoliberale Neusprech ist bezeichnend: Es wimmelt nur so von Phrasen wie Deregulierung, Verschlankung, Liberalisierung, Profit, Rationalisierung, Bürokratieabbau, Wettbewerb, Rentabilität, Privatisierung, Wettbewerb, Markt … George Orwells Neusprech-Experten lassen grüßen!

Ingrid Lohmann schreibt 2010 von einer »Privatisierung des Politischen« und dass die »Grenzen zwischen dem Ökonomischen und dem Politischen verwischt« würden.[39] Ansonsten hält man sich Hofschreiber. Professor Klaus Klemm, vormals Professor für Bildungsforschung an der Universität Duisburg-Essen, gehört dazu. Von 2009 bis Mitte 2016 hat er mehr als zehn Studien »im Auftrag der Bertelsmann Stiftung« verfasst. Hofschreiber hat die Bertelsmann Stiftung sodann in Redaktionen, die zu ihren Blättern gehören. Andere gesellen sich gerne dazu. Sabine Etzold schwärmte in der Wochenzeitung *DIE ZEIT* am 15. April 1999: »Von der Lehranstalt zur Denkwerkstatt: Der heimliche Reformer«; »Menschlichkeit ist effizient«; »Reinhard Mohn krempelt das deutsche Bildungssystem um. Die Geschichte einer Passion«. Und: »Wo immer man nach neuen Ansätzen im Bildungsbereich sucht, Bertelsmann ist schon da.« Oder Reinhard Kahl, seines Zeichens »Bildungsjournalist«, Filmemacher und Gesamtschulbefürworter: In der *Welt* vom 16. September 1999 verfasst er mit Blick auf die Bertelsmann Stiftung die Überschrift: »Ins Gelingen verliebt sein«. Der Einleitungssatz danach ließ ebenfalls keinen Spielraum offen: »Man muss sie einfach loben, die Bertelsmann Stiftung.«

Bertelsmann, Konzern und Stiftung, lässt gerne und viel über sich schreiben. Wenn es denn nichts Kritisches ist. Weniger offensiv geht Bertelsmann mit seiner Vergangenheit in den Jahren 1933 bis 1945 um. Bertelsmann gehört in diesen Jahren nämlich keineswegs zu den Geschädigten, sondern zu den Kriegsgewinnlern. Der Verlag lieferte mehr als ein Viertel der gesamten Buchproduktion, die als Soldatenlektüre für die Wehrmacht bestimmt war. Der damalige Bertelsmann-Chef Carl Heinrich Mohn (1885–1955) war Mitglied der Bekennenden Kirche, aber zugleich seit 1921 »Förderndes Mitglied der SS«; er hatte an Jugend- und andere Organisationen des NS-Staates rund 15 000 Reichsmark gespendet.[40] 1946 bekam er die Lizenz für die Buchproduktion zurück. Seine Mitgliedschaften musste er ein Jahr später schließlich bekannt machen, freilich mit dem Zusatz: »Alle diesbezüglichen Unterlagen sind verbrannt.« 1999 wollte 3sat einen kritischen Bericht über die Vergangenheit des Bertelsmann-Verlages im Dritten Reich bringen. Der damalige ZDF-Intendant Dieter Stolte, während seiner Amtszeit Mitglied im Kuratorium der Bertelsmann Stiftung, hat daraufhin bei 3sat interveniert und den Beitrag verhindert.

Bildungsgouvernante

Wie sehr die Bertelsmann Stiftung auf bildungspolitischen Klavieren spielt, zeigen zahllose Aktivitäten. Führende Politiker waren und sind daran beteiligt. Beispielsweise hatte Nordrhein-Westfalens damaliger Ministerpräsident Johannes Rau Reinhard Mohn 1992 in seine Bildungskommission einbezogen. Das Ergebnis war 1995 eine Denkschrift mit dem Titel »Zukunft der Bildung, Schule der Zukunft« und mit der Vorstellung von einer »teilautonomen« Schule. Wer meinte, hier sei die Schule der Zukunft erfunden worden, sah sich rasch getäuscht. Im Grunde entsprachen die in der Denkschrift enthaltenen Kernforderungen einer uralten rot-grünen Schulpolitik, zum Beispiel mit der Forderung nach einer Verlängerung der Grundschulzeit von vier auf sechs Jahre, der Besetzung von Schulleiterpositionen auch mit Nicht-Lehrern oder der Entbeamtung von Lehrern. Ghostwriter und millionenschwerer Sponsor war denn auch die Bertelsmann Stiftung. Sie sorgte für die massenhafte Verbreitung der Denkschrift. Seitdem ist sie nicht müde geworden, in immer neuen Schriften die schulischen Visionen ihres Stifters Reinhard Mohn unters Volk zu bringen. Manche hielten dem Medienkonzern damals schon vor, dass er mit diesem Engagement und einem beachtlichen Millionen-Input sehr handfeste Eigeninteressen verfolge.[41]

1996 kam der Sonderpreis »Innovative Schulen« der Bertelsmann Stiftung. In der Folge beteiligten sich ab 1997 neunzig Schulen im Bereich Herford und Leverkusen an dem mit zunächst 5 Mio. D-Mark seitens der Bertelsmann Stiftung getragenen Projekt »Schule & Co«. Wenig später gab es von 1998 bis 2004 das »Netzwerk innovativer Schulen in Deutschland (NIS)«. Hier ging es vor allem um Ganztagsschule, Kooperatives Lernen, Unterrichtsentwicklung.

Dann folgten Bücher und Broschüren noch und noch (Umfang zwischen 120 und 330 Seiten, Preislage zwischen 20 und 29 Euro): »Prima Klima – Miteinander die gute gesunde Schule gestalten«; »Die gute gesunde Schule gestal-

ten – Stationen auf dem Weg der Schulprogrammentwick-
lung«; »Bessere Qualität in allen Schulen – Praxisleitfaden
zur Einführung des Selbstevaluationsinstruments SEIS in
Schulen«. Und ganz nebenbei kümmert sich die Bertelsmann Stiftung auch noch um Kampagnen wie »Notebooks
im Schulranzen«, »Wirtschaft in der Schule«, »Toolbox Bildung«.

Von 2004 bis 2008 betrieb die Bertelsmann Stiftung das
Programm »Selbstevaluation in Schulen (SEIS)« – ein soft-
waregestütztes und angeblich »wissenschaftlich geprüftes
und praxiserprobtes Selbstevaluationsinstrument«. Mit
SEIS sollten Schulen in die Lage versetzt werden, ihren
Schulentwicklungsprozess besser zu planen. SEIS stützt(e)
sich auf Befragungen von Schülern, Eltern, Lehrern, Aus-
bildern und nicht-pädagogischen Mitarbeitern. Zum
1. Oktober 2008 übertrug die Bertelsmann Stiftung das
Recht zur Nutzung und Weiterentwicklung des SEIS-In-
struments an das Länderkonsortium »SEIS Deutschland«,
bestehend aus den Ländern Baden-Württemberg, Brandenburg, Bremen, Niedersachsen, Nordrhein-Westfalen,
Rheinland-Pfalz, Sachsen-Anhalt und der Zentralstelle
für die deutschen Auslandsschulen. Den Vorsitz von »SEIS
Deutschland« hat das Land Niedersachsen übernommen.
Seit 2015 steht SEIS freilich nicht mehr zur Verfügung. Das
ist kein großer Verlust, denn methodisch war SEIS mehr
als simpel – allein schon in der Fragemethodik. Eine SEIS-
Frage lautete etwa: »Das Leistungsniveau der Schüler in
meiner Schule ist insgesamt hoch.« Als Antwortmöglich-
keiten standen zur Verfügung: »Stimme völlig / eher / eher
nicht / gar nicht zu / weiß nicht.« Eine andere Frage lautete: »In den folgenden Fächern lernen unsere Schüler / lernt
mein Kind so gut sie können / ich kann / es kann.« Eine

Basis für wissenschaftliche Empirie ist dies sicher nicht! Gleichwohl machte so manche Landesregierung zusätzliche Mittelzuweisungen davon abhängig, ob die Schule sich an Bertelsmann-Projekten beteiligte.

Ein regelrechtes Bombardement an »Sonderpublikationen« inszenierte die Bertelsmann Stiftung im Rahmen des Projekts »Monitor Lehrerbildung« zusammen mit seinem CHE (Centrum für Hochschulentwicklung) sowie dem Stifterverband und der Telekom Stiftung in Sachen Lehrerbildung. Die Titel dieser Sonderpublikationen lauten: »Mobilität in der Lehrerbildung – gewollt und nicht gekonnt?!« (April 2013); »Praxisbezug in der Lehrerbildung – je mehr, desto besser?!« (Oktober 2013); »Strategisches Recruitment von zukünftigen Lehrerinnen und Lehrern – sinnvoll und machbar?!« (April 2014); »Inklusionsorientierte Lehrerbildung – vom Schlagwort zur Realität?!« (April 2015); »Form follows function?! – Strukturen für eine professionelle Lehrerbildung« (Januar 2016); »Qualitätsoffensive Lehrerbildung – zielgerichtet und nachhaltig?!« (Mai 2016) Alles in allem soll hier wohl ein neues Lehrerbild geschaffen werden. Da ist es denn kein Wunder, dass NRW mit der Bertelsmann Stiftung 2012 einen Vertrag abgeschlossen hat, mit dem die Lehrerfortbildung konzeptuell der Stiftung übertragen wird.

Die Finger dicke im Spiel hatte Bertelsmann auch bei der Rechtschreibreform. Am 1. Juli 1996 war in Wien ein Abkommen der deutschsprachigen Staaten zur Neuregelung der Rechtschreibung unterzeichnet worden. Während der Duden-Verlag dann noch sechs Wochen brauchte, um dieses Abkommen in der 21. »Duden«-Ausgabe umzusetzen, konnte Bertelsmann exakt zum Termin der Vertragsunterzeichnung sein neues Rechtschreibwörterbuch auf den Markt bringen. Das Vorwort dazu schrieb Klaus Heller, Mitglied der für die Reform verantwortlichen Zwischenstaatlichen Kommission. Zufall? Oder auch nur Zufall, dass die Bertelsmann AG zwar von 1988 bis 1993 keine deklarierungspflichtigen Parteispenden geleistet hatte, in den Jahren 1994 und 1995 die CDU und die FDP aber mit insgesamt 211 000 DM bedachte? Ein Schelm, der Böses dabei denkt!

Ein nicht enden wollender Tsunami an »Studien«
Und dann folgt über die Jahre hinweg und ohne jede Spur von gelegentlicher Entrüstungsabstinenz ein Tsunami an »Studien« und »Stellungnahmen« der Bertelsmann Stiftung, die medial stets alarmistisch inszeniert werden.

Beispiel 1:
Unmittelbar nach Veröffentlichung der ersten Pisa-Studie schließt sich die Bertelsmann Stiftung Anfang 2002 dem hysterischen Chorgeheule an: »Wir brauchen eine andere Schule! Das deutsche Bildungssystem hält nicht, was es verspricht. Konsequenzen aus Pisa, Positionen der Bertelsmann Stiftung.« So lautet der Titel der Stellungnahme. Die Bertelsmann-Autoren fordern ein anderes Schulsystem, denn angeblich habe Pisa gezeigt, dass weder die frühe Aufteilung der Schüler auf verschiedene Schulformen noch die Homogenität Voraussetzungen für gute Schülerleistungen seien. Verbal bemüht man denn schon einmal Begriffe, die auf ganz anderen Feldern en vogue sind: Im Jahr 2006 beispielsweise lässt die Bertelsmann Stiftung eine Broschüre vom Stapel mit dem Titel: »Die Klimakonferenz – Auf dem Weg zum guten gesunden Schulklima«. Tatsächlich verbarg sich hinter dieser »Klimakonferenz«

keine Fortschreibung der UN-Klimarahmenkonvention von 1992 oder des Kyoto-Protokolls von 1997, sondern es verbargen sich dahinter schlichte »Prima-Klima-Module«, mit deren Hilfe die Kommunikation zwischen allen an Schule Beteiligten verbessert werden sollte.

Beispiel 2:

Im September 2009 gab es die Bertelsmann-»Studie« »Klassenwiederholungen – teuer und unwirksam«. Darin wird beklagt, dass das Sitzenbleiben in der Schule angeblich jedes Jahr 931 Millionen Euro koste. Dies hatte der Essener Bildungsforscher Klaus Klemm »berechnet«. Tatsächlich handelt es sich hier um statistisch keineswegs belastbare Daten. Die »Studie« ist nämlich ein Sammelreferat zu Sitzenbleiber-Studien überwiegend der Schuljahre zwischen 1962 und 1967. Zudem wird die durchaus relevante Frage, ob es denn nicht des Geldes wert sei, Sitzenbleibern ein Jahr zur Konsolidierung zu gönnen, gar nicht erst gestellt.

Beispiel 3:

Im November 2009 folgte die »Studie« »Was unzureichende Bildung kostet – Eine Berechnung der Folgekosten durch entgangenes Wirtschaftswachstum«. Autoren waren Prof. Dr. Ludger Wößmann und Marc Piopiunik. Diese »Studie« verdichtet sich auf die Aussage: »Die Tatsache, dass in Deutschland etwa jeder fünfte Jugendliche eine nur unzureichende Bildung erhält, zieht volkswirtschaftliche Kosten in Höhe von rund 2,8 Billionen Euro nach sich … Unter unzureichender Bildung wird dabei das Nicht-Erreichen eines Grundschulniveaus verstanden.« Und damit der Leser Bauklötze staunt, wird die Zahl von 2,8 Billionen ausgeschrieben: »2 800 000 000 000« Euro wird als Gewinn bis zum Jahr 2090 (sic!) »errechnet« – wenn denn Deutschland endlich reformwillig sei. Mit Grundschulniveau ist übrigens ein Pisa-Wert von 420 und weniger gemeint. Damit der Leser der Studie nicht jetzt schon zu ungeduldig auf sofortige Wirkungen wartet, wird er mit dem Satz immunisiert: »In den ersten beiden Jahrzehnten nach Reformbeginn sind die wirtschaftlichen Reformerträge hingegen noch relativ gering.« Hier sei es wie mit der Klimapolitik. Aber es kommt noch schöner: »Würde es hingegen gelingen, die deutschen Schüler im Durchschnitt auf das finnische Durchschnittsniveau anzuheben, so beliefen sich die Erträge dieser Reform sogar auf 9,6 Billionen Euro. Auch die Anhebung aller Bundesländer auf das derzeitige bayerische Durchschnittsniveau würde bereits 5,2 Billionen Euro an wirtschaftlichen Erträgen erbringen.« Da kann die OECD nicht zurückstehen. Laut Spiegel online vom 26. Januar 2010 rechnet sie vor: »Würde man es schaffen, alle Schüler in den kommenden 29 Jahren mindestens auf das Basiskompetenzniveau von 400 Pisa-Punkten zu bringen, könnte Deutschland zwischen 2010 und 2090 eine zusätzliche Wirtschaftsleistung von 12 000 Milliarden Dollar zu heutigen Preisen erwarten.« Das wären nach damaligem Wechselkurs rund 10 Billionen Euro gewesen (und das bereits bei Pisa-Mindestwerten von 400!). Schade nur, dass Bertelsmann- und OECD-Leute sich im Jahr 2090 nicht mehr nach ihren Prognosen befragen lassen können!

Beispiel 4:
»Unzureichende Bildung: Folgekosten durch Kriminalität« heißt eine »Studie« aus dem Jahr 2010. Autoren sind Prof. Dr. Horst Entorf und Philip Sieger. Für diese Studie wurden knapp 1200 Probanden mit und ohne kriminelle

Erfahrung herangezogen. Das Ergebnis dieser »Studie« lautet: Es gebe einen kausalen Zusammenhang zwischen unzureichender Bildung und kriminellem Verhalten. Die Autoren bemühen sich zwar, eine Korrelation dieser beiden Merkmale nicht als Kausalität zu interpretieren. Im Ergebnis aber vernachlässigen sie andere Einflussfaktoren (etwa familiäre) und tun am Ende doch so, als sei Kriminalität mit einem nicht erreichten Hauptschulabschluss monokausal erklärbar. Wörtlich schreiben sie: »Ein niedriger Anteil an Schulabgängern ohne Hauptschulabschluss reduziert die Delikte Mord und Totschlag, Raub und räuberische Erpressung sowie die Eigentumsdelikte (einfacher und schwerer Diebstahl) in signifikanter Weise.« Was die Autoren mit »signifikant« meinen, liest sich dann so: Bereits eine Verringerung des Anteils der Jugendlichen ohne Hauptschulabschluss um einen Prozentpunkt lasse die Zahl der begangenen Fälle von Raub und Erpressung um fast sieben Prozent reduzieren. Mehr noch: »Wäre es im Jahr 2009 gelungen, die unzureichende Bildung um 50 Prozent zu reduzieren, hätte es in Deutschland mindestens 416 Fälle von Mord und Totschlag, 13 415 Fälle von Raub und Erpressung sowie 318 307 Fälle von Diebstahl weniger gegeben. Dadurch hätten insgesamt 1,42 Milliarden Euro und differenziert nach Bundesländern und Einwohnern zwischen 35,11 Euro (Bremen) und 11,99 Euro (Saarland) an Kosten der Kriminalität eingespart werden können.« Aber damit ist der Zahlen nicht genug. Im April 2011 erscheint im Auftrag der Bertelsmann Stiftung die Studie: »Unzureichende Bildung: Folgekosten für die öffentlichen Haushalte«. Erarbeitet wurde die »Studie« vom Wissenschaftszentrum Berlin für Sozialforschung; Autoren sind Jutta Allmendinger, Johannes Giesecke und Dirk

Oberschachtsiek. Hier geht man von Folgekosten in der Größenordnung von 17 365 Euro (Thüringen) bis 23 079 (Nordrhein-Westfalen) pro Kopf aus, wenn jemand keinen Schulabschluss hat. Besonders auffällig freilich ist, welche Leier im Vorwort dieser »Studie« das Vorstandsmitglied der Bertelsmann Stiftung Jörg Dräger und Anette Stein, Programmdirektorin »Wirksame Bildungsinvestitionen«, intonieren. Dort findet sich das übliche Lamento über die ach so schlimme Schule: »Ein lehrerzentrierter Frontalunterricht vor einer vermeintlich homogenen Schülergruppe wird den Herausforderungen unserer Gesellschaft nicht mehr gerecht und eröffnet zu vielen Kindern zu wenig Chancen.« Aha, also sind es mal wieder die Schulen und die Lehrer!

Beispiel 5:

Im Januar 2010 präsentierte Bertelsmann eine »Studie« mit dem Titel »Ausgaben für Nachhilfe – teurer und unfairer Ausgleich für fehlende individuelle Förderung«. Autor der »Studie« war erneut Klaus Klemm. Angeblich wendeten Eltern damals im Jahr insgesamt 1,5 Milliarden Euro für Nachhilfe auf. Im Januar 2016 folgte – wieder vor allem aus der Feder von Klemm – eine Neuauflage der »Studie« unter dem Titel »Nachhilfeunterricht in Deutschland: Ausmaß – Wirkung – Kosten«. Die Kernaussage dieser »Studie« war ähnlich wie 2010: 13,5 Prozent der Kinder und Jugendlichen bekämen Nachhilfe; Eltern gäben dafür im Schnitt 87 Euro pro Monat bzw. pro Jahr etwas über 1000 Euro aus. Nicht gesagt wird: Die 87 Euro beziehen sich ausschließlich auf die Eltern, die überhaupt Nachhilfe inszenieren; es ist dies kein Durchschnittswert über alle Eltern hinweg. Das heißt: 86 Prozent der Eltern geben eben kein Geld für Nachhilfe aus. Insgesamt sollen es diesmal 1,27 Milliarden Euro gewesen sein, die pro Jahr in Deutschland auf Nachhilfe entfallen. Und dann folgt wieder viel Anklage gegen das deutsche Schulwesen. Unter den Tisch fiel jedoch, dass die Inanspruchnahme von Nachhilfe etwa im Fach Mathematik in den OECD-Ländern laut Pisa-2012-Studie im Durchschnitt 37,9 Prozent beträgt, während sie in Deutschland 28,6 Prozent, in Japan 69,8 Prozent und in Finnland 47,4 Prozent ausmacht. All dies ist kein Grund zur Panik. Man sollte die 1,5 bzw. 1,27 Milliarden einmal in Relation setzen zu den Kosten, die junge Leute für ihre Mobiltelefone ausgeben. Daraus, wie Bertelsmann dies tut, aber ein Versagen des Schulwesens konstruieren zu wollen, ist völlig daneben. Und weit hergeholt ist es auch, wenn die Stiftungsoberen diese »Studien« in die Forderung einmünden lassen: »Gute Ganztagsschulen mit entsprechenden Angeboten müssen weiter ausgebaut werden.«

Beispiel 6:
Im März 2012 legte die Bertelsmann Stiftung zusammen mit dem Institut für Schulentwicklungsforschung IFS der Universität Dortmund den »Chancenspiegel« vor. Der Untertitel lautete: »Zur Chancengerechtigkeit und Leistungsfähigkeit der deutschen Schulsysteme«. Allein der Titel ließ erahnen, was die Kernaussage sein sollte: Deutsche Schulen seien ungerecht. Aber auch diese »Studie« erfasste nicht, dass sich das deutsche Bildungswesen durch eine ausgesprochen vertikale Durchlässigkeit auszeichnet. Die »Studie« legte hier nämlich Pisa-Statistiken zugrunde. Mit Pisa aber wurden Fünfzehnjährige getestet und befragt; deren tatsächliche Bildungsabschlüsse einige Jahre später

kamen in der »Studie« somit nicht zum Tragen. Das Paradoxe am »Chancenspiegel« sei auch nicht verschwiegen: Hamburg wird für seine hohe Abiturientenquote und Berlin für sein angeblich besonders gerechtes Schulsystem gelobt. Nun, Hamburg hat 2016 eine Abiturientenquote von 58 Prozent erreicht. Und es wird die 60er-Marke in Kürze durchstoßen, denn die Abituransprüche werden nach und nach herunterfahren oder gerade außerhalb der Gymnasien, namentlich an den sogenannten Stadtteilschulen, trickreich umgangen. Zum Beispiel sind ab 2017 keine Zweitgutachten mehr bei der Abiturkorrektur notwendig. Und dass Berlins Schüler insgesamt sehr leistungsschwach und damit letztendlich sozial benachteiligt seien, wird dazu nicht in Beziehung gesetzt. Zum Beispiel erreichten beim Test VERA 2015 (VERA = Vergleichsarbeiten in Mathematik, Deutsch und Englisch) Berliner Achtklass-Oberschüler mit einem Anteil von 39 Prozent und Berliner Achtklass-Gesamtschüler mit einem Anteil von 25 Prozent beim Schreiben nicht den Mindeststandard.[42]

Beispiel 7:
Unter dem Titel »Schulformwechsel in Deutschland. Durchlässigkeit und Selektion in den 16 Schulsystemen der Bundesländer innerhalb der Sekundarstufe I« legte die Bertelsmann Stiftung Ende Oktober 2012 eine »Studie« auf, derzufolge es deutschlandweit jährlich 50 000 Bildungsabsteiger und 23 000 Bildungsaufsteiger gebe. Bertelsmann suggerierte damit, dass pro Jahr 50 000 Schüler in eine formal niedrigere Schulform »abgeschult« würden und nur 23 000 den »Aufstieg« in eine formal höhere Schulform schafften. Damit aber ignorierte die Bertelsmann Stiftung erneut, dass exakt das Gegenteil der Fall

ist: Laut Statistischem Bundesamt gab es in Deutschland (Stand: 2011) neben 324 711 Studierberechtigten aus allgemeinbildenden Schulen 181 319 Studierberechtigte, die ihre allgemeine bzw. fachgebundene oder ihre Fachhochschulreife über die beruflichen Schulen erwarben. Bezeichnend ist auch, dass Bertelsmann diese »Studie« von Leuten hat erstellen lassen, die mit der Gemeinschaftsschule dezidiert die Ideologie der Einheitsschule vertreten. Dies gilt insbesondere für die Leiterin der »Studie«, Professorin Gabriele Bellenberg (Universität Bochum). Gar nicht ins Konzept aber dürfte den Bertelsmännern gepasst haben, dass es ausgerechnet in Bayern mit seinem ach so »selektiven« Schulsystem mehr Bildungsaufsteiger als Bildungsabsteiger gibt.

Beispiel 8:
Aus dem Jahr 2016 datiert eine »Studie« mit dem Titel »Lehrerkooperation in Deutschland – Eine Studie zu kooperativen Arbeitsbeziehungen bei Lehrkräften der Sekundarstufe I«. Hier firmieren neben der Bertelsmann Stiftung als Auftraggeber die Robert Bosch Stiftung, die Stiftung Mercator und die Deutsche Telekom Stiftung. Als Autoren hatte man Dirk Richter und Hans Anand Pant gewonnen. Kern dieser »Studie« ist erneut eine Klage, nämlich dass sich die Kooperation der Lehrer auf den Austausch über Materialien und Schüler beschränke, dass aber mit nur 23 Prozent der Unterricht im Team, der doch ein Erfolgsfaktor für gute Schulen sei, und mit nur 9 Prozent das regelmäßige Hospitieren bei anderen Lehrern verbreitet seien. Und damit ein neues Lehrerbild wirklich angenommen werde, heißt es in der Presseerklärung zur »Studie«: Teamarbeit im Lehrerkollegium sei der Schlüssel dafür, mit der

wachsenden Vielfalt in den Schulklassen umzugehen und Schüler besser individuell zu fördern.

Fazit:

Acht »Studien« sind das; dabei ist dies nur eine Auswahl. Was aber ist der praktische Nährwert dieser Studien – außer für die Bertelsmann Stiftung und ihre öffentliche Inszenierung? Für die Schulen geht der Nährwert dieser Studien jedenfalls gegen null. Es ist deshalb überfällig, dass der Bertelsmann Stiftung der Heiligenschein des angeblich selbstlosen Impulsgebers genommen wird. Politik und Publizistik sollten gerade im Bereich Bildung die Glacéhandschuhe gegenüber Bertelsmann ablegen. Erstens nämlich frönt Bertelsmann einer fortschreitenden Ökonomisierung von Bildung. Bildung wird hier heruntergekliniert auf das, was sich in Zahlen pressen und in wirtschaftliche Vorteile ummünzen lässt. Zweitens läuft alle Bertelsmann-Politik im Kern auf eine mehr oder weniger versteckte Propaganda für ein einheitliches Schulwesen hinaus. Allein die Autoren, denen Bertelsmann Aufträge für »Studien« zukommen lässt, stehen dafür. Und vor allem: Die Bertelsmann-Politik mutet reichlich doppelbödig an: Hinter der sich bildungsbeflissen gebenden Stiftung steht nämlich ein Medienkonzern, der sich als Hauptanteilseigner gewisser privater Fernsehsender bislang nicht gerade als Förderer von Bildung profiliert hat.

Eine Anmerkung noch: Die Bertelsmann Stiftung ist nur ein Beispiel, wenn auch das prominenteste, dafür, dass unternehmensnahe Stiftungen die Bildungspolitik massiv beeinflussen. In einer Studie des Wissenschaftszentrums Berlin (WZB) vom Dezember 2016 werden in diesem Zusammenhang neben der Bertelsmann Stiftung unter anderem die Bosch Stiftung, die Vodafone Stiftung, die Mercator Stiftung (hinter der die Handelsfamilie Schmidt-Ruthenbeck steht) oder die Schwarz Stiftung (hinter der Lidl steht) genannt. Das WZB kritisiert, dass die 61 von ihm untersuchten Stiftungen ihre Satzung nur zu einem Drittel veröffentlicht haben, nur 34 Prozent regelmäßig einen Tätigkeitsbericht herausgeben und mehr als die Hälfte keine Angaben zu Stiftungsvermögen, Mittelherkunft und Mittelverwendung macht. Vor allem aber gilt die WZB-Kritik den Überschneidungen der Stiftungtätigkeit mit Geschäftsfeldern der Unternehmen. Hier nennt die WZB-Studie erneut das Beispiel Bertelsmann Stiftung, die etwa einerseits Studien zur Notwendigkeit der Digitalisierung im Bildungswesen in Auftrag gibt und veröffentlicht, während zugleich der Bertelsmann-Konzern die entsprechenden Produkte vertreibt.[43]

»Kompetenzen« – Lehrpläne oder Leerpläne?

Bildung hat einen zweifachen Auftrag: Sie hat Nützliches und sie hat Übernützliches zu vermitteln. Verwertungsdenken und Bildungsauftrag, Ökonomie und Kultur, Zielstrebigkeit und Entschleunigung sollten deshalb in der Bildung in einem jeweils ausgewogenen Verhältnis stehen. Während zumal gymnasiale Bildung in gewissen Phasen der Bildungsgeschichte durchaus in einem Elfenbeinturm stattfand, scheint die Bildung seit einigen Jahren nicht zuletzt unter dem Eindruck von Pisa-Ranglisten und OECD-Tabellen freilich unter dem Diktat eines Funktionalismus, eines Utilitarismus, eines Empirismus und eines Positivismus zu stehen. Mit anderen Worten: Pisa-Werte und OECD-Rangplätze sind zur neuen Bildungswährung geworden. Das Volk der Dichter, Denker und der großen Pädagogen droht damit aber zu vergessen, was wahre Bildung ist. Bildung gar als Ware? Jedenfalls fragt man sich, was wichtiger ist: Kompetent zu sein oder gebildet zu sein? Es scheint in deutscher Schulpolitik und Schulpädagogik nur noch um Kompetenzen zu gehen. »Kompetenz« – dieser Begriff macht ungebremst Karriere. Er löst nicht nur Begriffe wie »extrafunktionale Qualifikationen« oder »Schlüsselqualifikationen« ab. Nein: Kompetenzen stehen beim Bologna-Prozess im Zentrum, also bei den Bachelor- und Masterstudiengängen. Kompetenzen durchsetzen den »Gemeinsamen europäischen Referenzrahmen für Sprachen«. Kompetenzen besetzen die Berufsbildungsordnungen. Kompetenzen dominieren die Debatte um den Europäischen und den Deutschen Qualifikationsrahmen. Kompetenzen erobern die Curricula der Schulen. Die Bildungspolitik in Deutschland erweckt damit den

Eindruck, als müsse sie Wilhelm von Humboldt nun endgültig an den Kragen. Folge: Die Universitäten werden im Zuge von »Bologna« standardisiert; an die Stelle einer Orientierung an Wissenschaft tritt eine modulare *workload*- und *credit-point*-Orientierung an Bildungshäppchen. Zugleich werden die Schulen inkl. Gymnasien umdefiniert zu Anstalten, deren Zweck die rasche Abrichtung auf Beruf und Erwerb ist.

Die Kompetenzen-Logorrhoe

Schauen wir uns Kompetenzen-Kataloge an! Zum Beispiel – in beliebiger Reihenfolge und bei Weitem unvollständig – curricular verankerte Kompetenzen: Methoden-Kompetenz, Lern-Kompetenz, Medien-Kompetenz, Führungs-Kompetenz, professionelle Kompetenz, Umsetzungs-Kompetenz, Human-Kompetenz, Kritik-Kompetenz, mentale Kompetenz, Kern-Kompetenz, Frage-Kompetenz, Orientierungs-Kompetenz, Begriffs-Kompetenz, Strukturierungs-Kompetenz, Analyse-Kompetenz, Wahrnehmungs-Kompetenz, Urteils-Kompetenz, De-Konstruktions-Kompetenz, Re-Konstruktions-Kompetenz, Narrative Kompetenz. (Narrative Kompetenz hieß einmal Geschwätzigkeit.)

Dann immer wieder die Handlungs-Kompetenz (die boshafte Leute übersetzen mit »Dübeln statt Grübeln«) und die Selbst-Kompetenz, zum Beispiel in Form von Selbstentfaltung, Selbstevaluation, Selbstregulierung, Selbstverwirklichung, Selbstzentrierung. Nicht angesagt sind Selbstbeherrschung, Selbstdisziplin, Selbstironie, Selbstkritik, Selbstlosigkeit. Einmünden sollen all diese Kompetenzen – je nach Abstraktionsgrad – auf einer elaborierten, intermediären oder basalen Ebene in eine Sprach-,

Lern-, Sozial- und Personal-Kompetenz oder auch in Vertikal-, Horizontal- oder gar Meta-Kompetenzen. Manche teilen noch auf in Soft Skills (das sind die weitaus zahlreicheren, also so ziemlich alle Kompetenzen) und in Hard Skills (das sind die weitaus wenigeren, offenbar unwichtigeren, nämlich die fachlichen). Laut OECD gibt es drei Schlüsselkompetenzen: Interaktive Nutzung von Medien (tools), Handeln in sozial heterogenen Gruppen, Autonome Handlungsfähigkeit.[44] Kompetenzen sind also in aller Munde.

Was sind Kompetenzen überhaupt? Franz E. Weinert schreibt im Jahr 2001 die tausendfach zitierte Definition: Kompetenzen sind »die bei Individuen verfügbaren oder durch sie erlernbaren kognitiven Fähigkeiten und Fertigkeiten, um bestimmte Probleme zu lösen, sowie die damit verbundenen motivationalen, volitionalen und sozialen Bereitschaften und Fähigkeiten, um die Problemlösungen in variablen Situationen erfolgreich und verantwortungsvoll nutzen zu können«. Bei Eckhard Klieme liest sich das 2006 so: Kompetenzen sind kontextspezifische kognitive Leistungsdispositionen, die sich funktional auf Situationen und Anforderungen in bestimmten Domänen im Sinne von spezifischen Lern- und Handlungsbereichen beziehen. An anderer Stelle (2004) definiert Klieme übrigens »Kompetenz« als »Befähigung zur Bewältigung unterschiedlicher Situationen«.

Aus der Psychologie weiß man, dass man so ähnlich auch Intelligenz definieren kann: Intelligenz als die Fähigkeit, sich an veränderte Situationen anzupassen. Weil diese Definition aber weltweit nicht konsensfähig war, hat man sich geeinigt zu sagen: »Intelligenz ist das, was der Intelligenztest misst.« Analog dazu meinen viele heute: Bildung ist das, was der Pisa-Test misst. Aber die Frage, ob der Pisa-Test nicht einem Intelligenztest ohnehin näher ist als einem Schulleistungstest, soll an dieser Stelle nicht näher untersucht werden. Es scheint so zu sein, denn der Korrelationskoeffizient zwischen IQ-Werten und Pisa-Werten beträgt $r = 0{,}80$. Wenn man diesen Koeffizienten quadriert, dann kommt man auf einen Wert von 0,64; das heißt, IQ-Werte und Pisa-Werte haben zu rund zwei Dritteln eine gemeinsame Basis. Hält damit die in moderner Pädagogik ach so verpönte IQ-Messung wieder Einzug in den Schulen?

Die genannten Kompetenz-Definitionen haben ihren Niederschlag jedenfalls, bevor sie Lehrpläne infiltrierten, gefunden bei Pisa. Der Band »Pisa 2009 – Bilanz nach einem Jahrzehnt« hebt vor allem auf Sprachkompetenz ab. Für die Pisa-Konstrukteure geht es in der Bildung um die Fertigkeit, geschriebene Texte zu verstehen und zu nutzen. Das Ganze nennt sich »literacy«. Davon, dass man sich auch verständlich sprachlich ausdrücken können muss, ist in dieser Literacy-Konzeption nicht die Rede.

Kompetenzenpädagogik als Freibrief für Niveauabsenkung

Nun, wo von Kompetenzen gesprochen und geschrieben wird, ist der Begriff der »Bildungsstandards« nicht weit. Ein Greuel von Begriff, denn Bildung kann man nicht standardisieren, weil man Bildung nicht uniformieren kann. Es wäre deshalb überhaupt klüger gewesen, statt von Bildungsstandards von Lern- oder Leistungsstandards zu sprechen.

Dementsprechend muss man zum Beispiel die Bildungsstandards der KMK vom 18. Oktober 2012 für die Allgemeine Hochschulreife im Fach Deutsch für einen Schuss in den Ofen halten. Es werden dort sage und schreibe 94

Kompetenzen aufgelistet – alle verbal gigantisch überhöht. Unter »Lesen« heißt es unter anderem: »Die Schüler können Verstehensbarrieren identifizieren und sie zum Anlass eines textnahen Lesens nehmen; … die Einsicht in die Vorläufigkeit ihrer Verstehensentwürfe zur kontinuierlichen Überarbeitung ihrer Hypothesen nutzen.« Unter »Sprache reflektieren« heißt es unter anderem: »Die Schüler können in geeigneten Nutzungszusammenhängen mit grammatischen Kategorien argumentieren.« Man möge diese 94 Kompetenzen zu Beginn der gymnasialen Oberstufe einmal Schülern vortragen und ihnen ankündigen, dass sie diese Kompetenzen bis zum Abitur erwerben würden. Die Resonanz dürfte ernüchternd ausfallen.

Der Trend zu »Kompetenzen« hat nicht einmal vor dem (einst?) anspruchsvollsten deutschen Bildungsland, Bayern, haltgemacht. Dort gibt es seit Frühjahr 2016 zum Beispiel den »LehrplanPLUS« (plus, nicht minus!) für das Fach Deutsch an Gymnasien.[45] Sage und schreibe 44-mal findet sich dort im allgemeinen Teil der Begriff »Kompetenz«, im Lehrplan selbst gibt es ihn 171-mal (oft als wiederkehrende Überschriften). Die Anzahl der Einzelkompetenzen beträgt über alle acht Schuljahre hinweg übrigens 299. Im Kompetenzenkatalog für die 5. Jahrgangsstufe heißt es: »Schülerinnen und Schüler verwenden Methoden wie Brainstorming zur Ideenfindung und ordnen Informationen bzw. ihre Schreibideen nach konkreten Vorgaben und mithilfe eines Repertoires von Mitteln (z. B. Stichwortzettel, Cluster, Mindmap)«. Geht's noch? Man befindet sich im Fach Deutsch!

Hochtrabend, aber recht inhaltsleer wird an anderer Stelle auch die mathematische Kompetenz laut »Internationalem und nationalem Rahmenkonzept für die Erfassung von mathematischer Grundbildung in PISA [46] beschrieben (Mathematical Literacy). Sie wird definiert als »die Fähigkeit einer Person, die Rolle zu erkennen und zu verstehen, die Mathematik in der Welt spielt, fundierte mathematische Urteile abzugeben und sich auf eine Weise mit der Mathematik zu befassen, die den Anforderungen des gegenwärtigen und künftigen Lebens dieser Person als konstruktivem, engagiertem und reflektierendem Bürger entspricht.«

Oder man nehme als Beispiel, wie sogar ein »klassisches« Fach inhaltlich entleert wird, nämlich das Fach Latein. Im Kernlehrplan Latein für die Sekundarstufe II der Gymnasien/Gesamtschulen Nordrhein-Westfalens taucht der Begriff »Kompetenz« 202-mal auf. Dieser Lehrplan enthält aber nicht einen einzigen Namen eines römischen Autors oder den Titel eines lateinischen Werkes – keinen Seneca, Ovid oder Cicero.

Was bringt das für die Schule? Was bringt dieses inflationär gebrauchte Plastikwort »Kompetenz«, das übrigens in keinem der Pädagogischen Lexika des Herder-Verlages der Jahre 1913, 1930, 1952 und 1970 vorkommt, überhaupt? Man könnte auch sagen: »Kompetenz« ist ein pädagogisches Hochglanz-, ja ein Reklame-Wort. Um nicht zu sagen ein Wort der Beschwörung und Autosuggestion. Dieses Wort lässt eine pädagogische »Brave New World« vermuten. Oder sind es nur des Kaisers neue pädagogische Kleider?

Wenn man boshaft sein wollte, würde man all das als Logorrhoe bezeichnen. Man könnte Goethe zitieren: »Es gibt nichts Entsetzlicheres als tätige Unwissenheit.« Man könnte Karl Kraus zitieren: »Es genügt nicht, keine Gedanken zu haben; man muss auch unfähig sein, sie auszudrücken.« Oder man könnte sagen, all dies ist Hochstapelei und ein

Tanz ums Goldene Kalb. Dabei sind die wohl wichtigsten Kompetenzen noch nicht einmal codifiziert: die Kompetenzkompetenz, die Kompetenzsimulationskompetenz und die Inkompetenzkompensationskompetenz.

Ernsthaft wieder: Es stört vor allem, dass die Kompetenzenpädagogik noch keinerlei Bilanz vorgelegt hat, wiewohl sie geraume Zeit dafür gehabt hätte. Bildungsstandards gibt es zum Beispiel seit 2003/2004 für die 4. Jahrgangsstufe der Grundschule. Aus der Sicht weiterführender Schulen muss man wohl leider feststellen: Die Fertigkeiten und Kenntnisse der Grundschüler, die in einer weiterführenden Schule aufgenommen werden, haben sich in drei Grundschülergenerationen von 2004 bis 2016 trotz der von der KMK angestoßenen Kompetenzorientierung keineswegs verbessert – eher ist das Gegenteil der Fall.

Oder man nehme die kleine Studie des Frankfurter Professors für Didaktik der Naturwissenschaften Hans Peter Klein. In der FAZ vom 14. Oktober 2010 berichtet er unter der Überschrift: »Nivellierung der Ansprüche« von einem kleinen Experiment: Neuntklässler (!) können ohne Probleme zentrale Abiturarbeiten in Biologie bewältigen, wenn diese Aufgaben an Kompetenzen und an den Bildungsstandards orientiert sind. Bis auf vier von 27 Schülern haben alle die realen Abituraufgaben erfolgreich bewältigt, fünf mit Note drei, drei mit Note zwei und einer mit Note eins. Das zeigt doch, wie trivial sogar kompetenzorientierte Abituraufgaben geworden sind.[47]

Hans Peter Klein nahm sich sodann in der FAZ vom 3. Februar 2011 unter der Überschrift »Biologie ohne fachwissenschaftliche Inhalte« das hessische Kerncurriculum Biologie vor und stellte fest: Darin gibt es nahezu keine fachwissenschaftlichen Inhalte mehr. Wörtlich: »Das

Schulfach Biologie verabschiedet sich damit endgültig von der Biologie.«

Etwas Ähnliches könnte man über das Schulfach Geschichte sagen. Da haben wir einerseits einen um sich greifenden historischen Analphabetismus unter Jung und Alt. Man schaue sich nur einmal das defizitäre Wissen um die DDR an. Dieses Wissen ist gerade unter jungen Leuten wahrlich skandalös unterbelichtet. Laut Studien des »Forschungsverbundes SED-Staat« der Freien Universität Berlin[48] kennt mehr als die Hälfte der Schüler das Jahr des Mauerbaus nicht. Nur jeder Dritte weiß, dass die DDR die Mauer gebaut hat. Nur 27 Prozent der west- und 17 Prozent der ostdeutschen Schüler haben Kenntnis von der Todesstrafe in der DDR. 71 Prozent aller Schüler finden es gut, dass in der DDR jeder einen Arbeitsplatz gehabt habe. Außerdem sei es der Umwelt – und den Rentnern – dort besser gegangen als in der Bundesrepublik. Das ist kein Wunder, wenn man sich anschaut, wie erfolglos das Bemühen der Kultusministerkonferenz, (kurz KMK) seit Jahrzehnten ist, einen Beschluss zur Behandlung der deutschen Frage im Unterricht zustande zu bringen.[49] Und jetzt wird der Geschichtsunterricht auch noch auf Kompetenzen getrimmt. Ein Geschichtsunterricht ohne Geschichte scheint das zu werden – ohne Namen, ohne Epochenbegriffe, ohne Daten, ohne Zahlen, ohne historische Ereignisse.

Oder man nehme als Beispiel die kompetenzorientierten Mathematikaufgaben Berlins zum Erwerb des Abiturs und des Mittleren Schulabschlusses 2016. Hier werden die Ansprüche auf der nach unten anscheinend offenen Skala sukzessive abgesenkt. Und die Folgen? Über das Berliner (und Brandenburger) Mathematik-Abitur sagen Fachleute, dass es von einem Anspruch gewesen sei, den durchschnittliche Schüler der Mittelstufe – also drei bis vier Schuljahre vorher – eigentlich bewältigen können müssten. Dementsprechend beginnt die Absenkung der Prüfungsansprüche schon viel früher. Die Abschlussprüfungen etwa zum Erwerb des Mittleren Schulabschlusses nach der 10. Klasse befanden sich 2016 zum Teil auf dem Niveau der 8. oder der 7. Klasse, zum Teil sogar auf dem Niveau der Grundschule. Eine Mathematikaufgabe beispielsweise lautete: »Drei Ziffern sind gegeben: 2, 3, 6. Welche ist die größte dreistellige Zahl, die aus diesen Ziffern gebildet werden kann?« Oder nehmen wir aus der 2016-er Mathematikprüfung für den mittleren Schulabschluss in Berlin und Brandenburg eine andere Teilaufgabe: »Im Filmpark Babelsberg wird in jedem Jahr die Anzahl der Besucher gezählt. Geben Sie ein Jahr an, in dem die Besucherzahl niedriger als 300 000 war.« Flankiert wird die Aufgabenstellung von einem Säulendiagramm für die Jahre 2007 bis 2015. Der Prüfling musste nur die kürzeste Säule aussuchen und die darunter stehende Jahreszahl abschreiben. Er hat damit die »Allgemeine Kompetenz K3« (Mathematisch Modellieren) nachgewiesen. Die FAZ vom 11. August 2016 schreibt dazu unter der Überschrift »Mit Vera hat Nick leichtes Spiel«: Die Schulmathematik sei zur »reinen Vortäuschung des Rechnens geworden«.

Ist doch klar, dass bei dergleichen am Ende »sexy« Bilanzen herauskommen! »Berlin ist arm, aber sexy.« Diesen Spruch hatte der ehemalige Regierende Bürgermeister von Berlin, Klaus Wowereit, 2003 getan. Würde man ihn heute nach seiner Einschätzung der schulischen Leistungen seiner Landeskinder fragen, würde er womöglich sagen: »Berlin ist doof, aber sexy.« Und er würde nicht ganz zu Unrecht so kalauern.

Oder nehmen wir Hamburg: Die im September 2016 erstmals bekannt gewordenen Ergebnisse der von der Schulbehörde lange Zeit unter Verschluss gehaltenen und nur in kleinen Ausschnitten den betroffenen Schulen zur Verfügung gestellte sog. Kermit-Studie (Kermit = »Kompetenzen ermitteln«) über die Lernstände in den 8. Klassen der Hamburger Schulen offenbaren das Versagen der Kompetenzenpädagogik. Laut Kermit-Studie erreicht etwa jeder zweite Achtklässler (exakt sind es 49,7 Prozent) einer Stadtteilschule (einer Art Gesamtschule mit allen Schulabschlüssen bis hin zum Abitur) in Rechtschreibung nicht den Mindeststandard für einen erfolgreichen Realschulabschluss. Noch weniger erfreulich sieht es im Fach Mathematik aus. Hier erreichen an den Stadtteilschulen 77,3 Prozent der Achtklässler den Mindeststandard für den Realschulabschluss nicht, und 42,1 Prozent liegen unterhalb des Mindestniveaus für den Hauptschulabschluss. Jedenfalls hat man immer häufiger den Eindruck, dass die Pädagogik der Kompetenzen und Standards nur noch das Paraphrasieren vorhandener Texthäppchen und das Befolgen kleinschrittiger Handgriffe erfordert. Boshafterweise könnte man sagen: Solche Schüler wissen und können am Ende immer weniger, dies aber immer souveräner, immer kompetenter und mit immer besseren Noten.

Die OECD und ihr Ökonomismus
Was steckt dahinter? Welche Ziele hat die Kompetenzenpädagogik? Was ist der ideelle oder gar der ideologische Hintergrund? Es geht ganz offenbar um Ökonomisierung von Bildung, um Utilitarismus. Es geht nicht um Persönlichkeit, sondern um Personal (»Humankapital«, Unwort des Jahres 2004). Begründet wurde dieses verengte Ver-

ständnis von Bildung im Jahr 1961 durch eine OECD-Konferenz in Washington. Als Bildungsziel wurde bereits damals ausgegeben die Befähigung des Menschen zu immer neuer Anpassung an die Erfordernisse der Wirtschaft. Das Bildungswesen wurde dem Komplex der Wirtschaft zugeschlagen. Ab da wurde das Bildungswesen mehr und mehr zur Produktionsfabrik und der Unterricht mehr und mehr zum Produktionsprozess.

Damals bereits fanden sich so bezeichnende Sätze wie der folgende: Es verstehe sich von selbst, »dass auch das Erziehungswesen in den Komplex der Wirtschaft gehört, dass es genauso notwendig ist, Menschen für die Wirtschaft vorzubereiten wie Sachgüter und Maschinen. Das Erziehungswesen steht nun gleichwertig neben Autobahnen, Stahlwerken und Kunstdüngerfabriken.«[50]

An diesen Zielvorstellungen hat sich nichts geändert. Geändert hat sich in geringem Umfang nur die Terminologie. Jetzt wird Schule auf die Reise nach New Economy geschickt. Angesagt sind: Quality Management, Marketing, Benchmarking, didaktische Hyperlinks, Just-in-time-Wissen. Boshaft sei angefügt: Da fehlt nur noch das Last-Minute-Learning, wenn dieses von Schülern nicht schon längst erfunden worden wäre.

Im Kontrast zum Bildungsbegriff wird der Begriff Kompetenz jedenfalls bewusst funktionalistisch verstanden. Was Kompetenz ist, wird nicht vom Individuum her definiert, sondern vom System her – letztlich vom Kriterium »employability« her. Die Kompetenzenpädagogik betrachtet den Menschen im Grunde genommen nur als einen Teil des Systems.

Bereits Theodor Litt (1959) hatte Kompetenzorientierung als die »Domäne der banalen Nützlichkeit und äußeren

Zweckhaftigkeit« abgetan. Mit ihr würden »die Mächte der Selbstsucht, der Erwerbsgier, des Erfolgs- und Herrschaftsstrebens« regieren. Das sei, so Litt weiter, »nicht die Welt der Bildung, es ist die Welt der daseinsfristenden Ausbildung«.[51]

Manfred Fuhrmann schrieb 2004 kurz vor seinem Tod (2005) dazu in seinem Buch »Der europäische Bildungskanon«: »Der Pisa-Test zielt auf den homo oeconomicus ... Der Idealtyp des Pisa-Tests ist derjenige, der sich später einmal am besten in Industrie, der Technik und der Wirtschaft auskennen wird. Von allen übrigen Bereichen der Kultur (...) sieht der Test rigoros ab.«[52] Man kann es noch markanter ausdrücken: Ein solcher homo oeconomicus ist ein Torso von Bildungsbürger.

Jochen Krautz ist einer, der sich mit diesen Vorgängen sehr intensiv befasst hat.[53] In seinem Buch »Ware Bildung – Schule und Universität unter dem Diktat der Ökonomie« ist ein Kapitel überschrieben mit »Vademekum der Unworte«. Für Krautz dient der Kompetenzbegriff vor allem der inneren Ökonomisierung der Bildung, der Anpassung des Menschen an die Umstände, nämlich der Anpassung an ökonomische Erfordernisse und dem Herunterbrechen von Bildung auf messbare Einheiten.

Der Mensch wird qua Kompetenzpädagogik außerdem auf »output« getrimmt.« Aber keiner macht sich Gedanken, dass nur dann etwas rauskommt, wenn es einen »input« gibt. Ohne solchen »input« ist die ganze Kompetenzenpädagogik »black-box«-Pädagogik. Und kaum einer sagt noch, dass der Mensch nicht für den Markt oder den Staat da ist, sondern der Markt und der Staat für den Menschen. In diesem Sinne ist Adorno (1959) längst nicht überholt: »Bildung braucht Schutz vorm Andrängen der Außenwelt.«[54]

»Bildung« – reduziert auf das Messbare

Mit der Kompetenzenpädagogik findet eine operationalis-
tische Verarmung von »Bildung« statt: Bildung ist das, was
Pisa misst oder die OECD auszuzählen vorgibt, so scheint
es. Das heißt nicht, dass es im Bildungsbereich keine Bilanzen und keine empirische Bildungsforschung geben
soll. Zu lange hat sich Deutschland solcher Leistungsmessung entzogen. Vor allem waren es einige SPD-geführte
deutsche Länder, die die Bilanzen scheuten und noch im
Jahr 1999 Pisa verhindern wollten.

Bilanzen sollten aber mit Maß und Ziel erfolgen. Bildung
ist erheblich mehr als das, was Pisa misst, denn Pisa misst
nur einen ganz kleinen Ausschnitt aus dem Lerngesche-
hen. Seit Pisa 2000 aber nehmen das Messen, das Tes-
ten, das Evaluieren überhand. Controlling und nochmals
Controlling scheint angesagt: TIMSS II, TIMSS III, Pisa
2000 – 2003 – 2006 – 2009 – 2012 – 2015, dazu Pisa-E,
IGLU, IGLU-E, DESI, VERA usw. Dabei gilt doch: Allein
vom Puls- und Fiebermessen wird man nicht gesund –
außer man ist ein Hypochonder.

Mit dieser Testerei und dem dahinterstehenden Verständnis von »Bildung« wird zudem tendenziell der Versuch un-
ternommen, Persönlichkeit zu funktionalisieren. Friedrich
Schönweiss spricht bereits 1994 mit Blick auf die Pädagogik der Schlüsselqualifikationen gar von einer Bedrohung
für junge Menschen. Implizit warnt Schönweiss vor einer
totalen Pädagogik, die den Menschen in seiner Gesamtheit erfassen will. Der Titel seines Buches wird damit mehr
als verständlich: »Bildung als Bedrohung des bürgerlichen
Zeitalters«.[55]

Die Testerei von Kompetenzen schafft sich jedenfalls eine
Wirklichkeit, die sie zu bewerten vorgibt. Die Methode de-

finiert den Gegenstand, das Objekt der Messung. Die in messbare Standards übersetzten »Kompetenzen« sind also Methodenartefakte. Das ist im Kern die Kritik am Positivismus. Für die Kompetenzenpädagogik gilt nämlich das, was Karl Popper als Positivismuskritik und als Reduktionismus formuliert hat. Bildung wird durch deren Operationalisierung verarmt. Man nennt das auch die normative Wirkung der Empirie. Dabei räumen die Pisa-Autoren selbst ein, dass die Pisa-Tests »ein didaktisches und bildungstheoretisches Konzept mit sich führen, das normativ ist«. Pisa-Skeptiker meinen darüber hinaus sogar, Pisa teste vor allem eine Kompetenz, nämlich die Kompetenz, einen Pisa-Test auszufüllen. Womöglich haben Schüler dann tatsächlich bessere Pisa-Ergebnisse. Nicht ganz zu Unrecht ist von einem »Teaching to the Test« die Rede.

Auch die Lehrerschaft wurde dafür in Haftung genommen. In einer KMK-Broschüre aus dem Jahr 2010 mit dem Titel »Konzeption der KMK zur Nutzung der Bildungsstandards für die Unterrichtsentwicklung« heißt es wörtlich: »Bildungsstandards können nur in dem Maße positive Wirkungen erzeugen, wie Lehrkräfte die Auffassung vom Lernen, die den Bildungsstandards zugrunde liegt, nachvollziehen.« Aha! Wenn es nicht klappt und wenn die Pisa-Ergebnisse nicht besser werden, sind die Lehrer schuld. Denn so die KMK wörtlich: »Jede einzelne Unterrichtsstunde und jede Unterrichtseinheit muss sich daran messen lassen, inwieweit sie zur Weiterentwicklung inhaltsbezogener und allgemeiner Schülerkompetenzen beiträgt.«

In derselben KMK-Broschüre ist außerdem zu lesen: »In diesem Verständnis sollte sich Unterricht an der möglichst erfolgreichen Kompetenzentwicklung *jeder* Schülerin und *jedes* Schülers ausrichten und nicht daran, ob der Unterrichtsstoff vollständig durchgenommen wurde.« Man kann diese Aussage auch als subtile Aussage pro Einheitsschule betrachten. Denn das heißt ja wohl konkret, dass sich der Unterricht im Geleitzug-Tempo am Langsamsten zu orientieren hat und dass hier wieder die uralten und längst widerlegten Visionen von der Binnendifferenzierung, die ja angeblich die Gesamtschule so gut beherrscht, zum Vorschein kommen.

Ärgerlich ist außerdem: Irgendeine »Suboptimalitätsdiagnose« (Begriff des Soziologen Dirk Baecker) oder irgendeine pädagogische bzw. unterrichtsmethodische Schnapsidee braucht nur mit Pisa begründet werden, dann steht sie auch schon vor der Heiligsprechung zum Wundermittel. Dabei häufen sich wenigstens unter kritischen Köpfen die Zweifel, »ob aus den Kennziffern (gemeint sind Pisa-Werte, der Verf.) irgendein Nutzen zu ziehen ist.« Der einzige Pisa-Effekt sei wohl eine »doppelte Entgrenzung«: nach angloamerikanischem Vorbild ein Abschiednehmen von nationalen Traditionen, zum zweiten ein Durchstoßen der Grenze zwischen den Funktionssystemen Erziehung und Ökonomie.[56]

Die Kompetenzenpädagogik ist jedenfalls eines der gefährlichsten Trojanischen Pferde deutscher Schulpolitik und Schulpädagogik. Das ist und bleibt der größte Kollateralschaden der Pisa-Testerei und der OECD-Gläubigkeit.

KAPITEL 2
Falsche Vorgaben

Online oder offline –
Welche Bildung brauchen wir?

Eine persönliche Anmerkung vorweg: Das nachfolgende Kapitel ist eine kritische Auseinandersetzung mit der fortschreitenden Digitalisierung von Schulbildung. Da scheint es angebracht vorwegzuschicken, wie ich es selbst über 20 Jahre hinweg als Direktor an meiner eigenen Schule, einem Gymnasium, mit der Digitalisierung gehalten habe. Nun, ich habe in diesen zwei Jahrzehnten dafür gesorgt, dass sukzessive alle Unterrichtsräume (inkl. Musik- und Kunsträume) online gehen konnten und mit Rechnern sowie Beamern ausgestattet wurden; dass drei sehr große Computerräume eingerichtet wurden; dass für rund 800 Schüler ca. 150 Rechner zur Verfügung standen; dass meine Schule fünf Lehrer für den Unterricht in Informatik bekam. Laptopklassen haben mein Kollegium und ich nicht mitgemacht, und Whiteboards wollten wir auch nicht. Mein 90-köpfiges Kollegium hat es hervorragend verstanden, Kreidezeit und Computerzeit zu vereinen. Und was mir noch wichtig war: Ich habe dafür gesorgt, dass meine Schule eine eigene Bibliothek mit einer Grundfläche von 700 Quadratmeter und mit einem Buchbestand von 45 000 Bänden bekam und dass diese Bibliothek, eine zugleich öffentliche, jeden Tag von 7.30 bis 17.00 Uhr geöffnet ist.

Und noch eine persönliche Bemerkung vorweg: Ich habe mich öffentlich wiederholt kritisch über eine »Digitalisierungseuphorie« geäußert und dafür Zustimmung, manch konstruktive Kritik, aber auch unterirdische Beschimpfungen geerntet. Letzteres geschah zum Teil auf einem Sprachniveau, das alle meine Sorgen um Computerjunkies und eine »digitale Demenz« bestätigt hat. Manch aggressiv auftretender »digital native« (manchmal würde man wohl besser von »digital naive« sprechen) meint, wer nicht mit Computern aufgewachsen sei, habe hier nicht mitzureden, er sei ein »Ewiggestriger«, ein »Vollidiot«. Ende 2016 habe ich dies erneut erlebt, als Bundesbildungsministerin Johanna Wanka (CDU) ein 5-Milliarden-Programm zur Digitalisierung von Schule ankündigte und ich diese Pläne öffentlich kritisch durchleuchtete.

Schule mit digitalen Nürnberger Trichtern?

Schulpolitik und Schulpädagogik sind jedenfalls stets auf der Suche nach Nürnberger Trichtern. Man kennt diese bildhafte Redensart: Auf Bildern des frühen 17. Jahrhunderts wird dargestellt, wie man einem Schüler rasch und ohne Lernaufwand mit einem Trichter Lernstoff einflößen könne. Es ist daraus ein geflügeltes Wort entstanden. Der reale Hintergrund dieses Bildes vom Nürnberger Trichter ist freilich ein durchaus ernst gemeinter. Der Begriff Nürnberger Trichter lehnt sich nämlich an ein Lehrbuch der Poetik (d. h. der Dichtkunst) der literarischen Epoche des Barocks an: ein Lehrbuch, das Georg Philipp Harsdörfer (1607–1658) im Jahr 1647 verfasst hat. Der Titel dieses Lehrbuches lautet: »Poetischer Trichter. Die Teutsche

Dicht- und Reimkunst, ohne Behuf der lateinischen Sprache, in VI Stunden einzugießen«.

Die Suche nach einem Nürnberger Trichter war damals und sie ist heute ein legitimes, aber reichlich visionäres Anliegen. Zur Karikatur wird die Suche, wenn Schulpolitik und Schulpädagogik nicht mehr wahrhaben wollen, dass es schulisches Lernen ohne Anstrengung und ohne Buch nicht gibt, dass es mit Edutainment/Infotainment nicht getan ist und dass Lernen ohne personalen Bezug zwischen Lernendem und Lehrendem nicht geht. Ralf Lankau, einer der profundesten Kritiker der Digitalisierung in der Schule, spricht sogar von Digitalisierung als De-Humanisierung.[57]

Nach Jahren der Euphorie ob der angeblich grenzenlosen und im Endergebnis dann doch nicht erwiesenen Chancen des Programmierten Lernens und des Sprachlabors scheint Schulpädagogik spätestens seit der Jahrhundertwende erneut in das Stadium der Trichter-Visionen eingetreten zu sein. Wie ein Fetisch wird eine Art elektronischer Trichter angepriesen. Vorbereitet wird das ganze Getue um elektronische Trichter mittels Alarmismus: Es sei eine Katastrophe, dass sich rund 20 Schüler einen Schulcomputer teilen müssten und dass Milliarden fehlten, um allen Schülern von der Grundschule bis zum Abitur einen »Laptop in den Ranzen zu packen«.

Als ob der neue Adam geschaffen werden könne, ist unter »Bildungsexperten« der (Aber-)Glaube ausgebrochen, Multimedia eröffne »kaum absehbare Potentiale für die Steigerung der Effizienz des Lernens«. Ganz Kundige, darunter EU-Kommissare, glauben gar erkennen zu können, dass der Schulunterricht, der bislang »hinter verschlossenen Türen« stattgefunden habe, nunmehr »über elektronische Fenster zur Außenwelt geöffnet« werden könne. Weg vom Einheitslernen hin zur individuellen Förderung, weg von Eliteinstitutionen zu Kompetenzen des Einzelnen, so wird versprochen.

Der Bremer Informatiker Klaus Haefner hatte schon 1982 die grundlegenden Kulturtechniken zur Disposition gestellt: Das Beherrschen des Grundrechnens sei obsolet, weil es Rechner gebe. Das Aufsatzschreiben sei obsolet, weil es bald den »Sprechschreiber« gebe. Die Rechtschreibung sei obsolet, weil es die Korrekturprogramme gebe. Schule habe sich, so Haefner damals, vor allem auf die informationstechnische Grundbildung zu konzentrieren.[58]

Heute lauten die Rezepte und die alarmistischen Schlagzeilen kaum anders, allenfalls noch etwas reißerischer[59]: »Schule 3.0 – Update für den Unterricht«, »Das wischende Klassenzimmer«, »Tablet-Klassen sind in«, »Digitale Grundschule: Wir unterrichten unsere Jüngsten zu wenig im Umgang mit dem Internet«, »Das Schulbuch ist ein Relikt des 19. Jahrhunderts«, »Die Kultusminister müssen nacharbeiten«, »Je mehr Tablets, desto höher die Qualität der Bildung«, »Schlaumäuse für 8000 Kindergärten (!) verschenkt« (Microsoft). Aus der ICILS-Studie 2014 (Internat. Computer and Information Literacy) könnten wir angeblich »lernen«: »Deutschland mal wieder Schlusslicht« – »Versunken im Mittelmaß« – »Deutsche Schüler sind Computertrottel«. Verstärkt wird diese vermeintliche Defizitdiagnose noch durch voluminöse Synopsen, die deutsche Bildungsforscher unter dem Titel »Schule digital – der Länderindikator 2016«[60] präsentieren. Darin geht es auf keiner einzigen Seite um die Frage des Nutzens digitaler Medien für Lernprozesse, sondern ausschließlich um Quantitäten: um die digitale Ausstattung von Schulen, um die Häufigkeit der unterrichtlichen Nutzung dieser Ausstattung, um die Verankerung neuer Medien in der Lehrerbildung.

Und auch sonst werden schier inflationär computer-, medien- und informationsdidaktische Rezepte unter das Volk gebracht: didaktische Hyperlinks, Edutainment, elektronische Klassenzimmer, Homelearning, interaktive Lernumgebung, just-in-time-knowledge, knowledge-machines, instant-learning, learn-line, Lernanimation, Lern-Software, Multimedia-Learning, Net-Meeting, Online-Learning, Telelearning, Teleteaching, virtuelles Klassenzimmer, usw. Und dann immer wieder, bis hinauf in Abiturprüfungen: PPP-Powerpoint-Presentation-Kompetenz!

Man kann solche Schlagzeilen und Worthülsen nicht mehr hören und lesen. Vor allem wenn einem als Urheber der Schlagzeilen Namen unterkommen wie die von Bertelsmann Stiftung, Vodafone Stiftung, Telekom-Stiftung, Bitkom, Samsung, dann weiß man, dass es hier um ein Milliardengeschäft geht. Gerald Lemke und Ingo Leipner haben ausgerechnet, dass die Computerisierung allein der rund 15 700 Grundschulen in Deutschland ein Marktvolumen von ca. 4,6 Milliarden brächte.[61] Wie lächerlich macht sich da ein Programm aus, das Bundesbildungsministerin Johanna Wanka im Oktober 2015 auflegte: fünf Milliarden für fünf Jahre für 40 000 Schulen. Das reicht ja gerade für die üblichen Updates, während zugleich der bauliche und hygienische Zustand von Tausenden von Schulen im Argen liegt.

Wofür also »Laptop statt Schulranzen«?
Brauchen wir Laptop statt Schulranzen, damit sich Schüler aus dem World Wide Web einen englischsprachigen

Zeitungsartikel holen, um ihn sodann mit Hilfe des www-integrierten digitalen Wörterbuches zu übersetzen? Nein, denn Lernen beginnt mit dem Buch. Dieses kann durchaus gelassen in die Zukunft schauen. Noch nie ist in der Mediengeschichte ein altes Medium durch ein neues vollständig ersetzt worden. Immer haben neue Erfindungen das Ensemble der Medien erweitert. Diese Gesetzmäßigkeit der Mediengeschichte wird durch Multimedia nicht außer Kraft gesetzt. Deshalb wird der PC samt Internet das Buch nicht ersetzen, weder in der Schule noch sonstwo, sondern nur ergänzen. Das Buch wird in der Schule schon deshalb das zentrale Medium bleiben, weil es – weitaus mehr als Multimedia – Wissen ohne Verfallsdatum und ohne permanente Aufkündbarkeit per Mausklick anbietet.

Ansonsten sollte nach dem hoffentlich baldigen Abkühlen der überhitzt euphorischen Schulcomputer-Debatte zur Kenntnis genommen werden, dass das, was man an technisch-manuellen Internet-Fertigkeiten braucht, auch von einem Laien in wenigen Stunden erlernt werden kann. Außerdem sollte zur Kenntnis genommen werden, dass laut Untersuchung der Alfred-University in Albany (Kalifornien) Internet-interaktive Studenten erheblich häufiger in Prüfungen scheitern als ihre Kollegen, die sich mehr auf das Studium als auf den PC konzentrieren. Jedenfalls muss Schule aufpassen, dass sie nicht mit einer Sintflut an elektronisch aufbereiteten Informationen einem Tyrannen die Tür öffnet, der sie »vernetzt«, verstrickt, fesselt und ihrer Freiheiten beraubt. Das Buch würde dann nicht mehr als das geeignete Rettungsboot in dieser Sintflut erkannt.

Aber ansonsten? Es sind die Menschen und deren Gehirne, auch die jungen, die unschlagbar sind im Auswählen, im Bewerten und in der Interpretation. Es ist auch schwer nachvollziehbar, worin der Vorzug einer »vernetzten« Schule mit ihrer Häppchen-Kultur liegen soll, wenn man das meiste, was das Internet an Sinnvollem bietet, auch in einem Buch nachschlagen oder in einer Zeitung lesen kann. Entsprechendes gilt für den neuesten Hype: Bereits in der Grundschule sollen die Schüler mit der Tastatur schreiben anstatt mit dem Stift. Der sog. Pisa-Sieger Finnland exerziert es vor, indem er es seinen Grundschulen ab 2015 freigegeben hat, das Handschreiben oder das Tastaturschreiben zu lehren.

Eine Komplettversorgung der Schulen, d.h. eines jeden einzelnen Schülers mit einem schulischen Computerarbeitsplatz, ist nicht notwendig und auch nicht erstrebenswert. Die Schulpolitik sollte sich hier nicht erneut auf ein Quotendenken einlassen. In einer hochtechnisierten berufsbildenden Schule mag es sinnvoll sein, dass jeder Schüler »seinen« Computer hat. An allgemeinbildenden Schulen ist es aber kein Problem, wenn auf je zwanzig Schüler ein Rechner kommt. Auch in einem solchen Fall hieße das, dass jeder Schüler pro Woche mindestens zwei bis drei Stunden an einem Schulcomputer arbeiten kann. Das reicht.

Die Kollateralschäden

Ein unkritischer, überdimensionierter Einsatz neuer Informationstechniken provoziert Kollateralschäden, die bislang unterschätzt wurden und die umso gravierender ausfallen, je früher dieser Einsatz in der Entwicklung der Kinder beginnt. Der 2011 verstorbene Apple-Mitbegründer Steve Jobs und Microsoft-Gründer Bill Gates wussten sehr wohl, warum sie ihren Kindern i-Pads und Smartphones vorenthielten. Vor einem Einsatz des Computers im Kindergarten und in der Grundschule ist jedenfalls dringend zu warnen. Gerade hier müssen die medienpädagogischen Grundsätze gelten: analog geht vor digital, produktiv geht vor rezeptiv.

Bewegen muss Pädagogen die Frage, ob der junge, vernetzte Multimedia-Mensch ab einem gewissen Stadium des Informationsangebots bzw. -konsums überhaupt noch die Fähigkeit besitzt, zwischen faktischer Realität einerseits und virtueller, medialer Realität andererseits zu unterscheiden oder ob er nicht – weil Computer ja keine Welt außerhalb der eigenen kennen – bereits einer höchstselektiven »Windowisierung« von Wirklichkeit ausgesetzt ist.

Zu befürchten ist, dass neue Medien einen Prozess in Gang setzen, bei dem die Flut an Information die Kommunikation zu töten droht. Lehrer erleben zunehmend, dass Schüler für ein Referat zwar einen gigantischen Aufwand in dessen Power-Point-Präsentation investieren, dass inhaltlich aber oft kein Satz logisch zum anderen steht.

Neue Medien, vor allem das Internet, fördern ferner eine sprunghafte Wahrnehmung und die Haltung, Lernen könne ständig Spaß und Animation sein. Die Folgen sind Mängel im Konzentrationsvermögen und in der Ausdauerbereitschaft. Ein sog. elektronisches Klassenzimmer wäre schließlich ein verarmtes, steriles Klassenzimmer ohne Erleben und ohne Reflexion. In ihm gingen – wie vorexerziert in den privaten Sendehäusern – Information und Unterhaltung eine pädagogisch fragwürdige Allianz ein. Ein elektronisches Klassenzimmer liefe auf eine Schule der Anonymisierung und Ent-Personalisierung von Lernprozessen hinaus.

So gesehen, darf und sollte gerade Schule den Mythos der Informationsgesellschaft entzaubern. Von Wissensgesellschaft kann man ja wohl nicht sprechen, weil das laut Konrad Paul Liessmann[62] ein Euphemismus wäre. Nicht zu Unrecht hat Joseph Weizenbaum (1923 in Berlin geboren und dort 2008 verstorben) gerade der Pädagogik ins Stammbuch geschrieben: Die Datenverarbeitung erleichtere das Durchwursteln, und sie verhindere wirkliche Innovationen. Weizenbaum nennt das »Stagnovation«.

Schlicht und einfach: Es bringt nichts!
Bereits 1999 hatte sich mit Clifford Stoll[63] ein Pionier des Internets kritisch zu Wort gemeldet. Sein 2001 auf Deutsch erschienenes Buch »LogOut« ist schon im Untertitel Programm: »Warum Computer nichts im Klassenzimmer zu suchen haben« (Original 1999: »High-Tech Heretic. Why Computers Don't Belong in the Classroom«). In diesem Buch formuliert Clifford Stoll folgende Thesen: »Das Internet verwandelt unsere Kinder in Leute, die glauben, dass mit dem Zugang zu Informationen automatisch ein Verstehen einhergeht … Es gibt damit nur ein Problem – alles ist Lüge.« Gerald Lemke und Ingo Leipner[64] sehen es 2015 ähnlich. Beide halten fest: Bildschirmtexte werden nur auszugsweise gelesen: Deshalb sei vom Computereinsatz vor dem 12. Lebensjahr abzuraten.
Interessantes kam aus dem IFO-Institut, namentlich von Ludger Wößmann[65]: Der Einsatz von Computern im Unterricht bringe im Durchschnitt keine besseren Ergebnisse in Mathematik und in den Naturwissenschaften, und er raube wichtige Unterrichtszeit. Wörtlich: »Ein positiver Effekt auf das Erlernen der Pisa-Basiskompetenzen ist nicht haltbar.« Ja, sogar die OECD gab sich mal nachdenklich: »Wo Computer im Unterricht genutzt werden, sind ihre Auswirkungen auf die Leistung von Schülern bestenfalls

gemischt.«[66] Länder, die viel in die Computerisierung des Unterrichts gesteckt haben, schneiden bei Vergleichstests nicht besser ab.

Manfred Spitzer von der Universität Ulm hat anlässlich einer Anhörung im Hessischen Landtag der Enquete-Kommission Bildung des Hessischen Landtages am 14. Oktober 2016 zum Thema »Digitalisierung und schulische Bildung«[67] 14 große empirische Studien aus allen Ländern der Welt zu den Auswirkungen digitaler Informationstechnik auf das Lernen von Schülern aufgelistet. Das Ergebnis lautet: Es gibt keine Belege für ein besseres Lernen mittels Digitalisierung; tendenziell sind die Leistungen bei Nutzung von Computern signifikant schlechter.

Ralf Lankau von der Hochschule Offenburg hat bei gleicher Gelegenheit auf eine Studie von Hans Giessen von der Universität des Saarlandes hingewiesen. Danach werden Vokabeln mit Hilfe traditioneller Vokabellisten deutlich effektiver als mittels Computermonitor erlernt. Am schlechtesten waren die Ergebnisse, wenn die Studierenden die Vokabeln mit der aufwendigen Flash-Animation lernten.[68] Ebenfalls anlässlich dieser Anhörung hat Matthias Burchardt von der Universität zu Köln deutlich gemacht: »Streng genommen enteignet Lernsoftware die pädagogische und fachliche Autorität der Lehrenden und entmündigt die Lernenden in ihren Lernprozessen.«[69] Dazu passt eine Studie der TU Berlin, bei der man 54 Experten aus Politik, Wissenschaft, Wirtschaft und Zivilgesellschaft nach ihrer Meinung zu den Forderungen und Auswirkungen des Beschlusses des Bundestages »Stärkung der digitalen Bildung« befragt hatte. Die Mehrheit der Befragten lehnt einen hier angestrebten Pakt zwischen Bund und Ländern ab.[70]

Und John Hattie[71], der neue »Papst« der Unterrichts- und Instruktionsforschung? In Bezug auf digitale Medienangebote lässt sich aus seinen Metastudien festhalten, dass webbasiertes Lernen insgesamt eine relativ geringe Effektstärke aufweist ($d \approx 0.18$), ebenfalls relativ geringe Effektstärken werden von visuellen und auditiven Vermittlungsmethoden mithilfe digitaler Medien (z. B. Fernsehen, Film, Präsentationen oder reine Hörmedien) berichtet. Etwas höhere Effektstärken weisen Simulationsprogramme ($d \approx 0.33$) oder interaktive Videos ($d \approx 0.52$) auf[72]. In der öffentlichen Debatte um »Hattie« wurde allerdings fast ausschließlich über die Kategorien »Lehrer« und »Unterricht« gesprochen und dabei leider immer wieder vergessen, dass die höchsten Effektstärken zwei Schüler-Faktoren haben: deren Selbsteinschätzung und deren kognitive Entwicklungsstufe. Was die Faktoren Lehrer und Unterricht anbelangt, so stellt Hattie fest: Hohe Effektstärken haben Micro-Teaching, Klarheit der Lehrperson, Lehrer-Schüler-Beziehung; geringe Effektstärken haben: Lehrerbildung, Freiarbeit, webbasiertes Lernen. Alles recht und schön. Und eigentlich in nichts neu!

Es geht um Medienmündigkeit
Die Fähigkeit zum Umgang mit neuen Informationstechniken gehört heute zu den Kulturtechniken. Ein zukunftstüchtiges Bildungssystem muss deshalb junge Menschen auf die informationellen Möglichkeiten vorbereiten. Dazu gehört – im Interesse der Zukunftstüchtigkeit junger Menschen und im Interesse der Chancengerechtigkeit – die Schulung im Umgang mit dem Computer bzw. dem Internet als Instrument und als Medium. Dazu gehört ferner eine Aufklärung über das Thema »Risk and Fun im Netz«.

Dazu gehören Maßnahmen zur Prophylaxe von Mediensucht. Vor allem gehört dazu, dass die jungen Nutzer hinter die Bildschirmoberfläche schauen, nicht um zu erkunden, wie das Ganze technisch abläuft, sondern wer die Nutznießer der Computerisierung von Schule sind: die IT-Branche mit den reichsten Firmen der Welt und die Sammler von persönlichen Daten wie Google, Amazon, Facebook usw.

Ansonsten haben neue Informationstechniken in allen Fächern weiterführender (!) Schulen längst ihren Platz. Vieles in der Nutzung neuer Informationstechniken ist – bei je nach Schulfach und Schulform unterschiedlicher Reichweite – bereits selbstverständlich und Alltag in unseren Schulen: die Einführung von Schülern in die Nutzung des Internets, die Einspielung aktueller Aufnahmen eines Wettersatelliten in den Erdkundeunterricht, das Recherchieren im Internet zu literarischen oder historischen Themen, das Hereinholen der aktuellen Titelseite der N. Y. Times in den Englischunterricht, die Computer-Simulation eines Experiments im Chemieunterricht, das Recherchieren eines Kurses oder einer Klasse im Internet zur Vorbereitung einer Exkursion oder einer Studienfahrt usw. In den berufsbildenden Schulen ist die Computerisierung berufsnah ohnehin weit fortgeschritten und sehr sinnvoll. Außerdem handelt es sich hier um junge Erwachsene.

Im Vordergrund der sog. informationstechnischen Grundbildung darf dabei nicht das technische »Handling« stehen. Dieses lernen Heranwachsende in kürzester Zeit, und sie bringen die dafür notwendigen »Handgriffe« in der Regel »von draußen« mit. Insofern ist es sehr wohl sinnvoll, Smartphones und Co. aus der Schule zu verbannen. So zu tun, als komme man den jungen Leuten entgegen, wenn man all diese Geräte und deren Nutzung in der Schule zulasse oder gar in den Unterricht einbeziehe, ist Unfug.

Der Grund für dieses Votum ist nicht die Sorge, dass Schüler sich mit Hilfe solcher Geräte bei Prüfungen etwas ergaunern könnten. Der Grund ist vielmehr, dass wir Schüler zur persönlichen, vis-à-vis-Kommunikation erziehen sollen. Solche Kommunikation ist für die Kommunikation zwischen Schüler und Lehrer notwendig. Es hat schon seinen Sinn, wenn ein Schüler – grimmig, staunend oder ungläubig – in das Gesicht eines Lehrers und nicht in einen Bildschirm schaut. Der Lehrer weiß darauf zu reagieren, der Computer nicht. Das ist unendlich wichtig für beide, auch was Lernfortschritte betrifft. Der klassische Unterricht im Lehrer-Schüler-Gespräch wird insofern auch zukünftig im Zentrum schulischer Lernprozesse stehen (müssen).

Wir brauchen auch keine Störsender, die während Prüfungen eingeschaltet sind. Vor einer Prüfung müssen Schüler solche Geräte in eine Box bei der Aufsicht ablegen. Wer danach mit einem solchen Gerät erwischt wird, für den ist die Prüfung zu Ende. Das ist ein Risiko, das Prüflinge dem mickrigen Ertrag eines digitalen Schummelns gegenüberstellen werden.

Wir brauchen allerdings ein Verbot der Nutzung von Handys an unseren Schulen. Vor allem im Unterricht. Vorbild kann hier durchaus die Regelung im Bayerischen Gesetz über das Erziehungs- und Unterrichtswesen (BayEUG) sein. Seit 2006 findet sich dort im Kapitel »Rechte und Pflichten« in Paragraph 56 der folgende 5. Absatz: »Im Schulgebäude und auf dem Schulgelände sind Mobilfunktelefone und sonstige digitale Speichermedien, die nicht zu Unterrichtszwecken verwendet werden, auszuschalten.

Die unterrichtende oder die außerhalb des Unterrichts Aufsicht führende Lehrkraft kann Ausnahmen gestatten. Bei Zuwiderhandlung kann ein Mobilfunktelefon oder ein sonstiges digitales Speichermedium vorübergehend einbehalten werden.«

Es geht um Medienmündigkeit. Diese Mündigkeit kann in weitem Umfang ohne den Computer und ohne das Internet geschaffen werden. Es gehören zu ihr unter anderem die Fähigkeit, differenziert und sinnentnehmend zu lesen; die Fähigkeit, differenziert und verständlich zu schreiben; die Fähigkeit, zielführend Strategien bei der Suche nach Informationen einzusetzen, sowie die Fähigkeit, Wichtiges von Unwichtigem zu unterscheiden.

Medienmündigkeit heißt zudem über die Nutzung der technischen Möglichkeiten hinaus: kritisches Hinterfragen der behaupteten Demokratisierungs- und Emanzipationsmöglichkeiten der Digitalisierung; kritische Reflexion des Medienangebots als Verführung zur Oberflächlichkeit; selbstkritische Betrachtung der eigenen Neigung zum Multitasking; Reflexion der Preisgabe persönlicher Daten im Internet; kritische Betrachtung von Wikipedia-Einträgen, die nicht immer das Ergebnis von »Schwarmintelligenz« sind, sondern oft genug von den PR-Agenturen zahlreicher Konzerne, Parteien usw. geglättet und von einflussreichen Konzernen gesponsert werden: Google, Goldmann Sachs, Chevron, IBM, Microsoft.[73]

Bemühen wir Walther Zimmerli, den Philosophen, wenn er sagt: »Es irrt, wer meint, der Zugang zu Wissenstechnologien sei selbst schon Wissen. Das Kopieren von Büchern ist auch nicht identisch mit dem Lesen und Begreifen von deren Inhalt.« Ansonsten gilt für den Computer und das Internet, was Georg Christoph Lichtenberg von den Büchern sagte: Es macht die Klugen klüger und die Dummen dümmer!

Und jetzt?

Online oder offline – Welche Schulen brauchen wir? Antwort: Wir brauchen weniger online und mehr offline, damit die Digitalisierung nicht zur Lern- und Entwicklungsblockade für junge Menschen wird. Oder, um mit Adorno zu sprechen: Schule braucht auch Schutz vor dem Andrängen der Außenwelt. So weit wie Manfred Spitzer es in seinen Büchern »Vorsicht Bildschirm«[74] und »Digitale Demenz«[75] tut, muss man nicht gehen. Spitzer ist hier recht apodiktisch und apokalyptisch. Denn die neuen Medien sind nun einmal Realität. Mit ihnen ist es allerdings wie mit vielen Substanzen (auch giftigen): Auf die Dosis kommt es an (wie schon Paracelsus wusste). Falls die Dosis stimmt, muss der Computer nicht zur Lernverhinderungsmaschine werden.

Statt nur an die Förderung der Digitalisierung zu denken, sollte die Politik in die Sanierung von Schulgebäuden mit oft sogar hygienisch untragbaren Zuständen und in Schulbibliotheken investieren und mit Letzterem die Fähigkeit zum Lesen fördern. Hier hapert es. Und es hapert auch an der Zeit, die Heranwachsende heutzutage mit Lesen verbringen, von täglich gerade eben noch 15 Minuten ist die Rede. Es ist Unfug, wenn Digitalisierungseuphoriker hinausposaunen, dass die »Kopf-unten«-Generation genauso viel lese wie ihre Vorgängergeneration. Nein, denn hier wird das Herumscrollen auf einem Mäusebildschirm eines Smartphones mit Lesen verwechselt. Deshalb sei abschließend die ketzerische Frage erlaubt, ob nach dem Motto »Laptop statt Schulranzen« nicht vielleicht einmal das Motto »Musikinstrument statt Laptop« diskutabel wäre.

Das Gymnasium – eine Endlosbaustelle?

Das Gymnasium ist die beliebteste und erfolgreichste Schulform Deutschlands, vermutlich Europas und der ganzen Welt. Es dürfte kaum einen der über achtzig deutschen Nobelpreisträger gegeben haben, der nicht das Gymnasium besucht hätte. Aber da war das Gymnasium eine Schule für ein Zehntel eines Jahrgangs. Ob das Gymnasium heute noch eine besonders anspruchsvolle Schulform ist, darüber kann man geteilter Meinung sein. Quantitativ zumindest ist das Gymnasium nunmehr »Hauptschule der Nation«. In der Folge erfreut sich das Gymnasium einer Attraktivität, die ihm gefährlich geworden ist. Gleichwohl wird das Gymnasium in bestimmten meinungsbildenden Kreisen ambivalent, um nicht zu sagen: schizophren, beurteilt: Man wünscht es für seine Kinder, zugleich überzieht man es mit Kalauern und Gehässigkeiten. (»Geht's Ihnen gut, oder haben Sie auch ein Kind am Gymnasium?«) Und selbst wenn man seinen eigenen Kindern diese Schulform antun will, wird man sozialbewegt und politisch korrekt nicht müde, diese Bildungsinstitution als Hort sozialer Ungerechtigkeit anzuprangern.

Beliebt und zugleich anspruchsvoll zu sein, das können zwei Paar Stiefel sein. Denn wer Ansprüche hochhält, ist nicht immer beliebt. Und wer beliebt sein will, spült seine Ansprüche gerne weich. Es ist eine zwiespältige Angelegenheit. Nicht wegzuleugnen ist: Deutschlands Gymnasien weisen im internationalen und im innerdeutschen Vergleich mit Pisa-Werten zwischen 580 und 610 die weltweit besten Pisa-Werte aus.[76] Dabei fällt auf, dass das innerdeutsche Süd-Nord-Schulleistungsgefälle bei den Gymnasien weniger steil ausgeprägt ist als bei den anderen Schulformen. Das kann damit zu tun haben, dass es in Deutschland keine Schulform gibt, deren Identität (u. a. durch das Festhalten an hohen Ansprüchen) so ausgeprägt ist wie an den Gymnasien. Man darf annehmen, dass sich die Gymnasien sogar in sog. Reformländern halbwegs erfolgreich gegen Nivellierungen zur Wehr gesetzt haben. Umgekehrt haben die »schwachen« Bundesländer mit ihren »Reformen« eher die nichtgymnasialen Schulformen »kaputtreformiert«.

Das Gymnasium als europäische Schule par excellence
Näherungsweise in der heute noch geltenden Grundausrichtung entstand das Gymnasium vor gut zweihundert Jahren mit der preußischen Gymnasialreform; es erlebte mit dem neuhumanistischen Bildungsideal eines Wilhelm von Humboldt eine Blüte. Humboldt ging es nicht um die Bildung des Klerikers oder des Bürgers, sondern um die Bildung des Menschen. Es ging ihm auch darum, die Studierfähigkeit zu festigen. Dazu wurde 1788 in Preußen die Reifeprüfung etabliert.

Das Gymnasium ist damit Teil der europäischen Kultur- und Geistesgeschichte. In dieser Zeit hat das Gymnasium zahllose Reformen, Attacken, Grabgesänge, ja Vernichtungsfeldzüge überstanden. Ende des 19. Jahrhunderts gab es Versuche, den »gelehrten Unterricht« zu reformieren. Egon Friedell schrieb: »Die Angriffe, die sich in Deutschland Ende der achtziger Jahre gegen das humanistische Gymnasium richteten, kamen hauptsächlich aus zwei Lagern: von den industriell interessierten Kreisen der höheren Bourgeoisie und von der militaristisch orientierten preußischen Hofpartei. Die ersteren erhoben die jedermann bekannten Einwände von der praktischen Nutzlosigkeit der toten Sprachen und plädierten für die Verdrängung der klassischen Bildung durch eine sogenannte realistische; die letztere wies darauf hin, dass die vorwiegende Beschäftigung mit dem Altertum dem Patriotismus nachteilig sei und forderte einen Unterricht auf ›nationaler‹ Grundlage.«[77] In der Folge kam es Ende des 19. Jahrhunderts zur Ausdifferenzierung der Schullandschaft: Der Aufbau des mittleren Schulwesens der Real-, Bürger- und Gewerbeschulen führte zur Etablierung von Realgymnasien (mit modernen Fremdsprachen anstelle von Latein und Griechisch) und von Oberrealschulen (mit Schwerpunktsetzung im Bereich Mathematik und Naturwissenschaften). Mit Erlass vom 26. November 1900 wurden in Preußen (in Süddeutschland erst 1910 bis 1914) die Realgymnasien und die Oberrealschulen dem humanistischen Gymnasium gleichgestellt.

In den Jahren 1933 bis 1945 genoss das Gymnasium nicht gerade die volle Sympathie der Machthaber; diese setzten aus ideologischen Gründen vielmehr auf die Volks-, Mittel- und Berufsschulen. Das Gymnasium selbst verstand sich als die Schule der bürgerlichen, ja einer liberal-weltbürgerlichen Kultur. Das war den Nationalsozialisten suspekt, deshalb haben sie ihr Führungspotential vor allem aus der Sonderschule »Napola« rekrutiert. Allerdings wurde das Gymnasium in den Dienst der Rekrutierung junger Offiziere gestellt. Ansonsten hat sich das Gymnasium reserviert gegenüber der Ideologie des Nationalsozialismus verhalten und die Hereinnahme rassistischer Elemente nur in Grenzen geleistet. Die nach dem Krieg verbreitete Behauptung, das Gymnasium sei während der NS-Zeit ein Hort deutsch-nationaler Gesinnung gewesen, entspricht in dieser Pauschalität nicht den Tatsachen.

Die Westalliierten wollten für die Tri-Zone dann nach US-Vorbild eine »demokratische Gemeinschaftsschule«. Diese Idee setzte sich aber nicht durch, vielmehr knüpfte die Schulpolitik in den Westzonen sowie ab 1949 die Schulpolitik der Länder der Bundesrepublik am gegliederten Schulwesen der Weimarer Republik an. In der Folge erlebte das Gymnasium – ab 1951 sukzessive wieder erweitert um ein neuntes Schuljahr – eine Re-Etablierung, allerdings nur in Deutschland-West.

In der Sowjetischen Besatzungszone (SBZ) hatten das gegliederte Schulwesen und damit das Gymnasium keine Chance. Die Schullandschaft wurde nach sowjetischem Vorbild in eine zunächst achtjährige einheitliche Grundschule und eine vierjährige Oberschule umgewandelt. Als Argument dienten dabei die notwendige »Demokratisierung« der Schule und der Abbau von Standesprivilegien. Ab 1959 wurde daraus eine zehnklassige Polytechnische Oberschule (POS) mit zunächst unverändert vierjähriger Oberschule. Ab den 1970er Jahren kam die zweijährige Erweiterte polytechnische Oberschule (EOS). Wichtig war den DDR-Machthabern die Einheit von Pädagogik und Ökonomie. All diese Strukturen waren mit der friedlichen Revolution von 1989 und 1990 Schall und Rauch. Mit dem DDR-Unrechtssystem wurde auch sein Schulsystem hinweggefegt.

Der Fächerkanon, der der gymnasialen Bildung zugrunde liegt, unterscheidet sich zwar nur teilweise von dem anderer Schulformen. Die Differenz besteht darin, dass Bildungsinhalte breiter, vertiefter, mit höherem Abstraktionsgrad und unter intensiverem Einbezug der historischen Dimension behandelt werden können. Als charakteristisch kommt hinzu, dass das Gymnasium eine Schule der Sprachen war und ist. Einschließlich der Muttersprache hat ein Gymnasiast mindestens drei, in bestimmten Fällen können es inkl. Deutsch fünf Sprachen sein, die auf dem Stundenplan stehen. Unter den Fremdsprachen dominieren Englisch, Französisch, Spanisch und Latein[78]; an zahlreichen Gymnasien werden aber auch Russisch oder Chinesisch unterrichtet. Erheblich an Boden verloren hat das (Alt-)Griechische, das über viele Jahrzehnte hinweg zum Kernbestand des Gymnasiums zählte; es wird deutschlandweit von allenfalls nur noch zwei bis drei Prozent der Gymnasiasten erlernt. Der Vorrang der Sprachen sowie die Pflichtfächer Religion/Ethik, Geschichte, Kunst und Musik machen das Gymnasium jedenfalls zur europäischen Schule par excellence, denn in keiner anderen Schulform Deutschlands und Europas begegnen junge Menschen in so weitem Umfang europäischer Kultur.

Jetzt eine Schule ohne Anthropologie?
Allerdings stimmen zwischenzeitlich die Proportionen nicht mehr. Durch die Verkürzung des Gymnasiums haben vor allem die Sprachen verloren. So gibt es gymnasiale Klassenstufen in deutschen Ländern, in denen das Fach Deutsch sowie die erste und zweite Fremdsprache in nur noch je drei Stunden pro Woche unterrichtet werden. Und das in Zeiten der Globalisierung! Humboldt, nach wie vor höchst zeitgemäßer Ideengeber für Menschenbildung, war da lange vor einer Neurolinguistik klüger. Schließlich hat er als Sprachforscher klargemacht, dass nichts einen so großen Einfluss auf die geistige Bildung hat wie die Sprache. Erst über die Sprache dringe der Geist in das Wesen der Dinge ein. Gar nicht mehr zur Ruhe kommen dürfte Humboldt indes in seiner Gruft in Berlin-Tegel, wenn er gegenwärtige »gymna-

siale« Bildung an einem Grundsatz mäße, den er 1792 in seinen »Ideen zu einem Versuch, die Grenzen der Wirksamkeit des Staates zu bestimmen« formulierte: »Der wahre Zweck des Menschen ist die höchste und proportionierlichste Bildung seiner Kräfte zu einem Ganzen.«

Das mag antiquiert klingen, ist aber sehr zeitgemäß. »Proportionierlich« heißt nämlich harmonisch – heißt: Alle Anlagen müssen gleichermaßen gefördert werden, auch hinsichtlich der verschiedenen Bildungsbereiche müssen die Proportionen stimmen. Eine modular-exemplarische Häppchen-Bildung der inhaltsleeren Kompetenzen dagegen wäre nichts anderes als ein Fördern eines Fachidiotentums.

Der aktuellen schulpolitischen Debatte freilich ist die Humboldtsche Anthropologie abhandengekommen. Tatsächlich aber müsste sich Bildungspolitik wieder auf einen Menschen einlassen, der zugleich »homo faber« *und* »homo ludens« ist. In turbokapitalistischen Zeiten scheint freilich das Spiel vergessen zu sein. Das Spiel aber ist Grundkategorie des Menschlichen, und es ist kultur- und persönlichkeitsbildend. »Der Mensch spielt nur, wo er in voller Bedeutung des Wortes Mensch ist, und er ist nur da ganz Mensch, wo er spielt.« So heißt es bei Friedrich Schiller im 15. seiner 27 Briefe »Über die ästhetische Erziehung des Menschen« von 1793. Diese Briefe haben bekanntermaßen Humboldt beeinflusst, wie der Briefwechsel der Jahre 1792 und 1805 zwischen beiden beweist.

Wer so im Sinne Humboldts oder Schillers argumentiert, zieht sich schnell den reflexhaften Vorwurf zu, er sei rückwärtsgewandt. Aber es bleibt dabei: Bildung kann nicht für andere Zwecke instrumentalisiert werden, sonst ist sie »nur« Qualifizierung.

Umfassende, humanistisch geprägte Bildung hat aber einen übernützlichen Wert. Oder in den Worten des damaligen, von 1809 bis 1815 amtierenden Nürnberger Gymnasialdirektors Georg Wilhelm Friedrich Hegel[79]: Nicht jeder »nützliche Stoff« forme die Seele, und Bildung sei die Aneignung von Welt jenseits des Nutzens ökonomischer Praxis. Bezeichnenderweise sind es ja auch humanistische Revolten gewesen, die etwa im naturwissenschaftlichen, technologischen und wirtschaftlichen Bereich die Grundlage für den Aufstieg Deutschlands waren. Thomas Nipperdey[80] hatte hierzu in seiner »Deutschen Geschichte 1800–1866« resümiert: Die großen deutschen Naturwissenschaftler waren Zöglinge und Verteidiger des humanistischen Gymnasiums. Man denke etwa an Werner Heisenberg, der von sich und seinen Studenten sagte, die humanistische Bildung befähige in besonderem Maße zum logischen und schöpferischen Denken.

Das Gymnasium als veloziferischer Durchlauferhitzer?
Im Jahr 1837 war in Preußen, im Jahr 1874 in ganz Deutschland eine neunjährige Gymnasialzeit mit jeweils einem Jahr Sexta, Quinta, Quarta und je zwei Jahren Tertia, Sekunda und Prima eingeführt worden. Im Interesse der Rekrutierung des Offiziersnachwuchses verkürzten die Nationalsozialisten das Gymnasium um ein Jahr. Ein solches »Notabitur« hatte es schon während des Ersten Weltkriegs gegeben. An einigen preußischen Gymnasien waren die Prüfungen bereits 1870 vorgezogen worden, damit sich Studenten als Freiwillige für den Kriegsdienst melden konnten. Ob sich die NS-Machthaber ab 1936 daran erinnerten, spielt keine Rolle. Jedenfalls ordnete der ab 1933 bzw. 1934 amtierende »Reichs- und Preußische Minister

für Wissenschaft, Erziehung und Volksbildung«, Bernhard Rust, mit Erlass vom 30. November 1936 an: »Die Durchführung des Vierjahresplanes sowie der Nachwuchsbedarf der Wehrmacht und akademischer Berufe erfordern es, die von mir angekündigte zwölfjährige Schulzeit schon von Ostern 1937 ab einzuführen.«[81] Während man in der DDR an dieser zwölfjährigen Schulzeit bis zum Abitur festhielt, stockte man das Gymnasium in der Bundesrepublik ab 1951, zum Teil gegen den Willen der Westalliierten, wieder um ein neuntes Schuljahr auf.

Ab Mitte der 1960er Jahre brach die Debatte um die Dauer des Gymnasiums wieder auf. Angefangen hat sie Hans Hermann Dichgans (†1980). Er war MdB für die CDU NRW von 1961 bis 1972. Am 9. Dezember 1964 veranlasste er folgenden Beschluss des Deutschen Bundestages: »Der Bundestag hält es für wünschenswert, Stoff und Ausbildungsleistung der Schulen, Hochschulen und des Vorbereitungsdienstes so zu gestalten, daß bei normalem Studiengang das letzte Examen, das zur vollen Berufsreife führt, auch bei Ableistung des Wehrdienstes spätestens mit 26 Jahren abgelegt werden kann.« Um dieses Ziel zu erreichen, stellte Dichgans zwei Forderungen auf: »Verminderung der Schulzeit bis zum Abitur von 13 auf 12 Jahre; Regelstudienzeit (von der Medizin abgesehen) 4 Jahre.« Untermauert hat Dichgans seine Forderung in einem Interview mit dem *Spiegel* vom 11. August 1965: »Unser Bildungssystem ist kein Hochsprungwettbewerb, nicht einmal ein Marathonlauf, sondern eher ein Dauersitzwettbewerb.«

Unabhängig davon setzte ab den 1970er Jahren eine Entwicklung ein, die ebenfalls zulasten der Bildungszeit ging: die Einführung der Fünf-Tage-Schulwoche mit dem Wegfall des Samstagsunterrichts. Allein diese Maßnahme kam vom Unterrichtsvolumen her fast der Kappung eines ganzen Schuljahres gleich. Es dauerte trotzdem nicht lange, bis die Frage der Dauer des Gymnasialbesuches wieder auf die politische Agenda kam. Am 28. Februar 1981 – also vor gut 35 Jahren – erschien in der *Süddeutschen Zeitung* ein Leserbrief. Er war überschrieben mit der Schlagzeile: »Ruft Strauß nach dem Notabitur?« Der damalige Ministerpräsident Franz Josef Strauß hatte sich kurz zuvor über das Gymnasium ausgelassen – unter anderem über die aus seiner Sicht zu lange Dauer der gymnasialen Bildung.

Wörtlich schrieb der Verfasser dieses Leserbriefes: »Stehen die Zeichen so auf Sturm, daß der Ruf nach einem Notabitur der Kriegsjahre unumgänglich ist? Sicher nicht! Die neunjährige gymnasiale Bildung hat sich bewährt, und sie wird sich weiter zum Vorteil der gesamten Gesellschaft profilieren ... Aber Strauß zieht sich halt gerne das Image des sparsamsten Ministerpräsidenten an. Der Bundesbürger soll jetzt sehen, welche Chance er ausgelassen hat, als er Strauß am 5.10.1980 nicht zum Bundeskanzler wählte. Eine späte Genugtuung? ... Aber was er nicht berechnet hat, ist, dass damit Bildung und Ausbildung einer Generation sträflich vernachlässigt werden ... Fazit: Mit einer verordneten Schrumpfung im Bildungssystem, mit einem Rumpfgymnasium ... fügt man unserer Gesellschaft ... irreparable Schäden zu und inszeniert womöglich einen ersten Schritt zu einer profil- und niveaulosen Einheitsschule ... Zu hoffen bleibt, daß Strauß nur laut nachgedacht und nicht voreilig aus Plänen geplaudert hat, die in seiner Schublade ruhen.« Nun, der Verfasser dieses Leserbriefes ist der Verfasser dieses Buches. Ich war damals Vertreter der jungen Gymnasiallehrer in Bayern. Nein, Pläne hatte

Strauß nicht in der Tasche. Pläne hatte auch sein Nach-Nachfolger Edmund Stoiber nicht in der Tasche, als er ab Herbst 2003 – berauscht von einer Zweidrittelmehrheit im Landtag – das G8 kopf- und konzeptionslos durchpeitschte. Er, der als Schüler ja ein G10 durchgemacht und noch im Juni 2003 laut *Süddeutscher Zeitung* erklärt hatte: »Die CSU wird am 13. Schuljahr festhalten.«

Aber der Februar 1981 war nur ein einzelnes Datum inmitten einer zunehmend heftigen Debatte um die Dauer des Gymnasiums. Die große Schwester der CSU, die CDU, verabschiedete noch im gleichen Jahr auf dem 30. CDU-Parteitag vom 2. bis 5. November 1981 einen Leitantrag, in dem es unter Punkt 56 hieß: »Die CDU setzt sich für die Verkürzung der überlangen Ausbildungszeiten ein. Auf dieser Grundlage strebt die CDU bis Ende der 80er Jahre die Verkürzung der gymnasialen Schulzeit auf zwölf Jahre an.« Dieser Antrag wurde mit großer Mehrheit verabschiedet, allerdings gegen den Widerstand der Bildungssenatorin Hanna-Renate Laurien (Berlin) sowie der Kultusminister Georg Gölter (Rheinland-Pfalz) und Mayer-Vorfelder (Baden-Württemberg).

Aufgeflackert ist das Thema G8 wieder im Jahr 1987 – dem Jahr der Einheitlichen Europäischen Akte (EEA). Mit dieser EEA sollten innerhalb der Europäischen Gemeinschaft (EG; sie hieß bis zu den Maastricht-Verträgen von 1992 so) vier Freizügigkeiten gefördert werden: nämlich die Freizügigkeiten von Kapital, Waren, Dienstleistungen und Personen. Und weil angeblich die anderen europäischen Länder in Sachen Bildung alles schneller hinkriegten und die jungen Deutschen dadurch das Nachsehen hätten, kam das Thema G8 neu auf. Aufgeflackert ist das Thema auch, als die Bundesregierung ab Ende 1985 einen – mit

der später erfolgten Wiedervereinigung obsolet gewordenen – Plan auftischte, aus Gründen der Personalknappheit
der Bundeswehr die Dauer des Wehrdienstes zu verlän-
gern und das Abitur vorzuziehen. Den ultimativen Schub
freilich bekam das Thema G8 dann durch die Wiedervereinigung im Jahr 1990 bzw. durch die Tatsache, dass das
Abitur in der DDR in der Regel nach zwölf Jahren abgelegt
wurde.

Ohne Kompass auf der Überholspur
Das kleine Saarland, dann Baden-Württemberg, kurz danach Bayern und am Ende alle westdeutschen Länder
außer Rheinland-Pfalz (das zwölfeinhalb Jahre wollte)
gingen auf die G8-Überholspur, sie etablierten ein achtjäh-
riges Gymnasium. Es sollte ein Turbo-Gymnasium kommen, das vermeintliches Lehrplan-Gerümpel hinter sich
lässt und seine Absolventen mit 18 Jahren entlässt – das
Ganze auf angeblich höherem Niveau, aber eben auch mit
rund eintausend Unterrichtsstunden weniger als zuvor.
Dass das Gymnasium in rund 40 Jahren von der 10-Pro-
zent-Schule zur 40/50/60-Prozent-Schule geworden war,
wollte man nicht sehen. Dabei hätte man wissen müssen,
dass das Gymnasium nicht wieder zur 10-Prozent-Schule
werden konnte, in der man in acht Jahren mit einem kleinen Kreis hochbegabter Schüler zum Abitur käme.
Man hätte sich die Ergebnisse von Modellversuchen mit
einem G8 anschauen können. Sie waren allenfalls durch-
wachsen. So hatte man in Bayern von 1966 bis 1975 und
in Rheinland-Pfalz ab 1985 »D-Zug-Klassen« an Gymnasien erprobt. Ab 1966 wurden in Bayern Modellversuche
eingerichtet, in denen angesichts einer zunehmenden He-
terogenität (damals 1966!) der gymnasialen Schülerschaft

verschiedene Differenzierungsmöglichkeiten erprobt werden sollten. An den verschiedenen Modellvarianten waren insgesamt vierzig Schulen beteiligt. Das Hauptergebnis lautete: Wenn man eine Überforderung von Gymnasiasten und wenn man Abstriche am gymnasialen Bildungsanspruch vermeiden möchte, dann könnten maximal 20 bis 25 Prozent der Gymnasiasten in einen Leistungszug aufgenommen werden. Das entspräche einem Fünftel bis einem Viertel einer damaligen gymnasialen Übertrittsquote von 30 bis 40 Prozent, das heißt einem Jahrgangsanteil von rund sieben bis knapp zehn Prozent. Anders ausgedrückt: Mit einer Übertrittsquote von sieben bis neun Prozent wäre eine gymnasiale Schulzeitverkürzung machbar. Eine solche Quote ist aber gesellschaftspolitisch nicht mehr vermittelbar. Zudem wurde festgestellt: Werden mehr als 25 Prozent eines Gymnasiastenjahrganges in eine Leistungsklasse gegeben, besteht die Gefahr, dass die Parallelklassen so ausgelaugt werden, dass sich dort kaum eine neue Spitze bilden lässt.

Ab 1985 wurde in Rheinland-Pfalz von der damaligen CDU/FDP-Regierung der Modellversuch »Begabtenförderung am Gymnasium mit Verkürzung der Schulzeit« (BEGYS) an zunächst sechs Gymnasien gestartet. Die Erwartung war, dass besonders befähigte Schüler das Gymnasium schneller durchlaufen sollten. In den Jahrgangsstufen 5 bis 10 (bzw. 11) sollte ein Jahr Schulzeit eingespart werden, und zwar durch Straffung der Lehrpläne und teilweise durch Nachmittagsunterricht. Ein Abschlussbericht lag 1997 vor.[82] Zur Frage der Übertragbarkeit auf alle Gymnasiasten stellt der damalige Kultusminister von Rheinland-Pfalz, Jürgen Zöllner, im Vorwort zum Abschlussbericht fest: »Zusammenfassend kann man sagen, dass offensichtlich etwa 20 bis 25 Prozent der Schülerinnen und Schüler eines Gymnasialjahrgangs in der Lage sind, das Angebot ›Begabtenförderung mit Schulzeitverkürzung‹ erfolgreich wahrzunehmen.«

Alle »Argumente« für eine Verkürzung der gymnasialen Schulzeit hatten nie ein pädagogisches Gewicht. Trotzdem wollte man einen Gesunden amputieren. Eine pädagogische Begründung dafür gab es weder 1938 noch 1990. Auch der Hinweis, dass die DDR doch mit 12 Jahren Schulzeit bis zum Abitur gut klargekommen sei, zieht nicht: Dort machten auf direktem Weg (ohne Berufsausbildung mit Abitur = BmA) ganze acht Prozent Abitur.

Beide zeitgeschichtlich herangeholten »Argumente« waren falsch, heute sind sie noch falscher: Der deutsche Hochschulabsolvent mit 28 Jahren war der seltene Fall; allein die Tatsache, dass ein Drittel der deutschen Hochschulabsolventen, nämlich der Fachhochschule, 23 bis 24 Jahre alt war, passte nicht in die Behauptung. Das Altersargument ist heute noch schiefer. Die Einschulung erfolgt früher, der Wehr- bzw. Ersatzdienst ist weggefallen, und die Lebenserwartung steigt unvermindert an. Unzutreffend für die meisten deutschen Länder war auch die Behauptung, in der gymnasialen Oberstufe habe Leerlauf geherrscht. Das war ein Argument derjenigen, die die 11. Gymnasialklasse etwa aus NRW im Auge hatten; dort war die 11. Klasse tatsächlich Leerlauf – aus schulpolitischen Gründen: Man wollte Gesamtschülern den Anschluss an die gymnasiale Oberstufe ebnen.

Auch das Bemühen internationaler Vergleiche war schief: 13 Jahre Schulzeit bis zum Erwerb einer Hochschulreife sind international sehr wohl üblich. 13 Jahre haben Italien

und England mit jeweils fachspezifischer Hochschulreife als Abschluss, 13 Jahre mit Allgemeiner Hochschulreife haben Luxemburg und mehrere Kantone der Schweiz,
14 Jahre die Niederlande und Island. Mit Ausnahme Belgi-
ens und Österreichs vergeben alle Länder, die nur 12 Jahre kennen, eine nur fachspezifische bzw. eingeschränkte
Hochschulreife, zumeist begleitet von einem Aditur, das
heißt einer Hochschulzugangsprüfung. In Belgien und
Spanien wird zwar formal eine allgemeine Hochschulreife verliehen, tatsächlich wird jedoch auch dort eine eingeschränkte Vergabe der Hochschulreife durch zusätzliche
fachspezifische Eingangsprüfungen praktiziert. Frankreich
hat 12 Jahre, aufgrund der hohen Repetentenquote von
rund 70 Prozent und aufgrund der für viele Studienaspi-
ranten notwendigen »classe préparatoire« de facto zumeist
13 oder 14 Jahre.

Eine Portion Legendenbildung um G8 und G9 gab es in
Sachen Bilanzen: Das Gymnasium sei gerade als G8 beliebt
wie nie zuvor. Die Quoten an Sitzenbleibern seien gesunken. Die durchschnittlichen Abiturnoten seien besser, die
Zahl der 1-Komma-Abiturienten sei größer geworden. (Es
gibt Gymnasien, die sich rühmen, dass 70 Prozent ihrer
Schüler ein Abiturzeugnis mit einer Eins vor dem Komma erhielten!) Diese schönen Bilanzen sind wenig wert,
weil sie kein Ausweis von Qualität sind. Die Maßnahmen
des Noten- und Quoten-Tunings kennt man schließlich:
erleichterte Bestimmungen zum Aufrücken in die nächste Klasse; paritätische Aufwertung der kleinen (mündlichen) Leistungserhebungen gegenüber den schriftlichen
(für das Mündliche ist das ein Zugewinn an Gewicht von
50 Prozent, für das Schriftliche ein Verlust an Gewicht von
25 Prozent).

Das größte Problem des G8 ist auch nicht der Stress, dem Schüler angeblich ausgesetzt sind. Es ist nur ein kleinerer Teil, dem das G8-Tempo zu hoch ist. Es dürfte in etwa das schwächere Viertel sein. Stress? Nein, ab einem gewissen Zeitpunkt hat sich das Stress-Gerede verselbstständigt, weil ein gefühlter Stress daraus geworden ist. Die beiden größten Probleme des G8 sind zwei andere: Das Gymnasium ist curricular anspruchsloser geworden ist. Die Lehrer nehmen zwangsläufig bzw. sogar von oben angeordnet mehr und mehr Rücksicht auf die Kinder, weil Letztere ja nicht ausbaden sollen, was die Politik ihnen überstürzt eingebrockt hat. Die Folge ist eine sukzessive Zurücknahme des Anspruchsniveaus, zum Beispiel auch des Hausaufgabenumfangs. Darüber hinaus sagen Lehrer vor allem der Kernfächer, sie könnten in manchen Bereichen im G8 keine Aufgaben mehr stellen, die sie noch vor zehn Jahren problemlos hatten stellen können. Die Leidtragenden sind neben den Studienanwärtern die Hochschulen. Sie haben es mehr und mehr mit Studenten zu tun, die noch in der Phase des konkreten Denkens verhaftet sind, die ständig Beispiele brauchen, denen es an Abstraktionsfähigkeit mangelt und für die Mitschreiben wichtiger ist als Mitdenken.[83]

Und die Folge? Hochschulen müssen Brückenkurse einrichten. Die Technische Universität Dresden ist nicht die einzige, die dergleichen anbietet. Auf der Homepage der TU Dresden, Bereich Mathematik und Naturwissenschaften, steht wörtlich: »Der Bereich Mathematik und Naturwissenschaften der TU Dresden veranstaltet jedes Jahr zum Start des Wintersemesters Brückenkurse für Abiturienten in den Fächern Chemie, Physik und Mathematik. Schwerpunkt ist die Wiederholung und Vertiefung der Teile des

Lehrplanes, deren Kenntnis bei Studenten des ersten Studienjahres vorausgesetzt wird, die aber erfahrungsgemäß die meisten Schwierigkeiten bei der Anwendung bereiten.«[84] Was ist vor diesem Hintergrund ein Abiturzeugnis, ein Zeugnis der Allgemeinen Hochschulreife wert?

Und vor allem: Die Abiturienten sind eben ein Jahr weniger reif, ein Jahr weniger erwachsen. Insofern ist das G8 daran gescheitert, dass man menschliche Entwicklung – weder die kognitive noch die soziale – nicht mechanistisch (Goethe: »veloziferisch«) beschleunigen kann. Hier trifft das afrikanische Sprichwort zu: Das Gras wächst nicht schneller, wenn man daran zieht.

Das sehen auch die meisten Eltern so. In einer 2016 von Professor Rainer Dollase für Nordrhein-Westfalen durchgeführten Online-Umfrage mit einem Rücklauf von fast 28 000 Gymnasialeltern haben sich 88 Prozent für eine Rückkehr zum G9 ausgesprochen.[85] Eine vergleichbare Umfrage der Landeselternvereinigung der Gymnasien in Bayern unter fast 33 000 Gymnasialeltern hat Anfang 2017 für Bayern ergeben: 79,69 Prozent sind für ein G9, gut 11 Prozent für ein G8 und rund 9 Prozent für eine Wahlfreiheit der Schulen bzw. Schüler.[86] Kaum anders fiel Ende 2016 eine forsa-Umfrage quer durch die Gesamtbevölkerung des Saarlandes aus: 72 Prozent sind für ein G9.[87]

Was geschehen muss und was nicht geschehen darf
Das Bildungsziel des Gymnasiums ist die Vermittlung der Studierfähigkeit, die den erfolgreichen Absolventen als Allgemeine Hochschulreife und damit als formale Studienberechtigung bestätigt wird. Diese breit angelegte Zielsetzung hat sich bewährt, sie verlangt gerade in Zeiten gewachsener Anforderungen nach neun Jahren. Eine fun-

dierte Hochschulreife ist die beste Prophylaxe gegen hohe Quoten an Studienabbrechern und gegen überlange Studienzeiten. Dazu braucht es neun Jahre Gymnasium. Eine Kappung des Gymnasiums von oben, also der Wegfall der 13. Jahrgangsstufe, und eine Kappung von unten, durch eine Verlängerung der Grundschulzeit, sind der falsche Weg.[88]

Vor allem braucht das Gymnasium wieder eine Anreicherung um Inhalte, Stoffe, einen Kanon. Die Kompetenzenpädagogik ist zumal für ein Gymnasium ein Irrweg. Gerade das Gymnasium muss sich durch kanonisches Wissen definieren. Einfach aber nur ein G8 zu einem neuen G9 auszudehnen, ohne etwas dazuzupacken an Stunden und Inhalten, das wäre so, als würde man eine acht Zentimeter lange Wurst auf neun Zentimeter strecken, ohne etwas an Substanz zuzufügen.

Reifung braucht Zeit. Das gilt für die intellektuelle Entwicklung ebenso wie für die Persönlichkeitsentwicklung insgesamt. Alle Entwicklungsbereiche brauchen den außerschulischen Freiraum. Eine Verdichtung der gymnasialen Bildung entzöge jungen Menschen wertvolle außerschulische Entfaltungs- und Erprobungschancen.

Falsch ist auch die Idee, die Schulen selbst entscheiden zu lassen, ob sie G8 oder G9 sein wollen. Damit macht es sich die Politik zu leicht. Sie verlagert damit Konflikte auf die Ebene der Einzelschule. Die allerwenigsten Gymnasien werden so viele Schüler haben, dass sie unter einem Dach G8 und G9 parallel anbieten werden können. Und es ist auch eine Utopie zu glauben, dass sich etwa in größeren Städten die Gymnasien untereinander abstimmen, welches Gymnasium G8 und welches Gymnasium G9 macht. All diesen Gymnasien ist das Hemd näher als der Rock, zumal in Zeiten zurückgehender Schülerzahlen. Hierzu nur ein durchaus repräsentatives Beispiel: In Pforzheim darf ein Gymnasium zum G9 zurückkehren. Es war in kürzester Zeit so überlaufen, dass dieses Gymnasium sogar Räume in benachbarten Supermärkten anmieten musste.

In Bayern dürfte es ebenfalls Probleme geben, wenn sich ab 2017/18 alle Gymnasien zwischen G8 und G9 entscheiden können oder gar beides anbieten können sollen. Das wird die kleineren Gymnasien auf dem flachen Land benachteiligen, denn sie werden nicht beide Züge einrichten können. Sie werden sich also entscheiden müssen, voraussichtlich tun sie dies für das G9, dabei aber 20 bis 30 Prozent der Eltern, die G8 wollen, verprellen müssen.

Wir brauchen also ein grundständiges G9 – mit Individualisierungsoptionen. Diese Individualisierungsoptionen könnten sein: Das Gros der Gymnasiasten macht neun Jahre – aber nicht mit 265 oder gar nur 260 Jahreswochenstunden, sondern mit etwa 280. Das heißt: 30 Wochenstunden in den Jahrgangsstufen 5 bis 7, 33 in 8/9/10, und 34 in 11 und 12 und sodann 28 in 13. Für das Gros! Und: Ein kleinerer Anteil überspringt ein Jahr. Damit nicht die Probleme neu aufgelegt werden, die man in Bayern und in Rheinland-Pfalz hatte, wäre es sinnvoll, potentielle »Springer« mit eigenen, systematischen Liftkursen auf das Springen vorzubereiten. Dieses Springen sollte nach der 6. und vor der 10. Klasse stattfinden. Vorkehrung zu treffen ist auch, dass es bei der Einführung des G9 ca. im Jahr 2022 keinen bzw. einen dezimierten Abiturientenjahrgang gibt.

Und nach wie vor gilt: Das Abitur ist der beste Prädiktor für Studienerfolg. In der Terminologie der Testtheorie heißt das: Es ist als Messinstrument reliabel und valide.

Reliabel ist es, weil es sich dabei um eine Leistungsmessung über zwei Jahre hinweg handelt. Man vergesse nicht: Hier werden gerade auch Kontinuität des Arbeitens und Fleiß gemessen. Immerhin macht die eigentliche Abschlussprüfung nur knapp 30 Prozent der Gesamtnote aus, während mehr als 70 Prozent der Abiturpunkte in den beiden letzten Schuljahren erworben werden. Das Abitur ist sodann so valide wie kein anderer Prädiktor: Spezifische Eignungstests erzielen eindeutig niedrigere Prognosewerte als die Abiturnote.

Studierbefähigung statt Studierberechtigung!
Mitte der 90er Jahre hat der damalige Präsident des Deutschen Hochschulverbandes (DHV), Hartmut Schiedermair, den Rücktritt aller Kultusminister gefordert. Schiedermairs Begründung: Die sechzehn Damen und Herren hätten das Abitur verkommen lassen. Tatsächlich war das deutsche Abitur seit 1972 atomisiert worden; in einigen Ländern kam die Rede vom »Abitur light« auf; die Quoten der Studienabbrecher waren gestiegen; die sog. Verweildauer war ausgeufert; kurz: Studierberechtigung und Studierbefähigung waren nicht mehr ein und dasselbe.
Mit keinem Thema war die Kultusministerkonferenz (KMK) tatsächlich so regelmäßig befasst wie mit dem Abiturthema. Und es war zumeist keine Glanzleistung, was die Minister zustande brachten. Im Gegenteil: Aus dem KMK-liberalen ›anything goes‹ ist bei manchen Studierenden ein ›nothing goes‹ geworden. Statt den Wildwuchs an liberalen Abiturregelungen einzudämmen, beschloss die KMK etwa 1988 eine »Substitutionsregelung«: Zum Beispiel konnte in Hamburg das Fach Deutsch in der Oberstufe – mit KMK-Segen – durch »Darstellendes Spiel« ersetzt werden. Nach

fast zehn Jahren weiterer quälender Diskussion um eine Stärkung des Abiturs einigte sich die KMK 1995 und 1996 auf einen sog. Präzisierungsbeschluss zu 1988 – mit vielen »Öffnungs- und Entwicklungs-Klauseln« für die Länder. Das Magazin *Spiegel* kommentierte diese Freigabe zu Recht mit der Überschrift: »Die Länder haben sich auf eine Reform des Abiturs geeinigt: Jeder macht, was er will.«

Diese Art von Liberalität hat sich fortgesetzt. Die Kultusministerkonferenz breitete darüber mit immer neuen Beschlüssen den Mantel des Schweigens. Für Oberstufenleistungen, die in einem süddeutschen Bundesland die Note 4 erzielten, gab es in Hamburg oder in NRW die Note 2.

Und wenn mal nicht alles glattlief auf dem Weg zum Abitur, dann wurde großzügig geglättet. Im Herbst 2016 zum Beispiel hatte man in Hamburg die angehenden Abiturienten in Mathematik eine Probeklausur schreiben lassen, die an bundesweiten, ohnehin nicht überhöhten Standards orientiert war. Das Ergebnis war nicht berauschend: Der Notendurchschnitt war 3,9. Hamburgs Schulsenator Ties Rabe war das zu streng. Also ordnete er am 9. Januar 2017 an, dass jeder Schüler eine Note besser attestiert bekommen sollte, so dass der Schnitt auf 2,9 gehievt wurde.

Obendrein tendieren die durchschnittlichen Abiturnoten ganzer deutscher Länder, einzelner Schulen ohnehin, bald in Richtung 2,2 oder gar 2,0. Aus Nordrhein-Westfalen wird berichtet, dass sich die Zahl der Abiturienten mit der Note 1,0 von 370 im Jahr 2002 über 308 im Jahr 2003 und 455 im Jahr 2007 auf exakt 1000 im Jahr 2011 mehr als verdreifacht bzw. verdoppelt hat. In Berlin hat sich die Zahl der 1,0-Abiturzeugnisse von 17 im Jahr 2002 auf 234 im Jahr 2012 erhöht (das ist das Vierzehnfache); selbst von 2006 bis 2016 gab es dort noch eine Steigerung der Abiturzeugnisse mit den Noten 1,0 oder 1,1 von 90 auf 433; das ist das Fünffache. Noch gravierender ist, dass die Abiturdurchschnitte der 16 deutschen Länder zum Teil erheblich voneinander abweichen: Thüringen 2,16, Niedersachsen 2,62. Man beachte: Abiturdurchschnittsnote 2,16! Das ist schlicht und einfach ungerecht in Zeiten von Numerus clausus-Beschränkungen. Verrückt ist auch, dass ein 1,0-Abitur oft nicht mehr ausreicht für eine Bewerbung um einen Medizinstudienplatz und man 0,82 oder dgl. braucht. Das ist zudem ungerecht gegenüber denjenigen, die auch bei strengen Maßstäben eine 1,0 erreicht hätten.

Das Schlimme, was dem Gymnasium und dem Abitur drohen könnte, ist noch etwas anderes: Wenn sich die Noten der Abiturzeugnisse im Schnitt weiter in Richtung 2,0 bewegen, dann werden die Hochschulen ihr bislang eher virtuelles Steckenpferd endgültig auspacken und das Abitur durch ein »Aditur«, also eine Zugangsprüfung, ersetzen. Die Hochschulen selbst freilich haben nicht unbedingt Grund, über zu gute Abiturnoten zu klagen. Es ist bekannt, dass es Studienfächer gerade im geistes- und im sozialwissenschaftlichen Bereich gibt, in denen die Note 1 oder schlechtestenfalls die Note 2 Standard sind.
Wer angesichts meines regelmäßigen besorgten öffentlichen Hineinbohrens in solche Entwicklungen empört meint, man solle sich doch darüber freuen, dass unsere Abiturienten eben immer besser geworden seien, der betreibt eine postfaktische Betrachtung. (Wobei mit dem Wort des Jahres von 2016 »postfaktisch« eigentlich »parafaktisch« gemeint ist, nämlich »para« faktisch, also »neben« die Realitäten gerückt.) Die Fakten sind eben andere.

Gerade Länder mit Supernoten und/oder hohen Abitur-
quoten gehören nicht zu den Spitzenreitern bei Schul-
leistungsvergleichen, etwa bei zurückliegenden PISA-
E-Studien oder den IQB-Ländervergleichen. Meine Kritik
an der Inflation von Bestnoten ist zudem keine Kritik an
Schülern oder Lehrern. Nein, es ist eine Kritik an einer
Schulpolitik, die sich und am Ende Schülern und Eltern
in die Tasche lügt.

Der »Aufgabenpool« ist Schaufensterpolitk
Und dann noch so eine KMK-Beruhigungspille: Ausgehend
von den Bildungsstandards für die Allgemeine Hochschulreife hat die KMK beschlossen, ab dem Schuljahr 2016/17
(also für das Abitur 2017) für die Fächer Deutsch und Mathematik sowie Englisch und Französisch jeweils einen Abi-
turaufgabenpool als Angebot für den Einsatz in der Abiturprüfung zur Verfügung zu stellen. Ob mehr Vergleichbarkeit
auf diesem Wege erreicht werden kann, ist mehr als fraglich.
Denn: Die Bedingungen sind nicht vergleichbar. Das belegen die Regelungen für die Oberstufenschüler: In manchen
Ländern zählen Leistungskurse doppelt für die Abiturnote,
in anderen nicht. Manchmal müssen die Schüler nahezu
alle Fächer in die Endwertung einbringen, mal können sie
auswählen. Mal schreiben sie am Ende in vier Fächern eine
Abiturprüfung, mal in fünf.
Immerhin begannen die 16 deutschen Länder mit dem
Aufbau eines Pools für Deutsch, Mathematik, die fort-
geführte Fremdsprache (Englisch/Französisch) und die
Naturwissenschaften. Dann aber folgt ein problemati-
scher Satz in der KMK-Erklärung: »Durch einen gemeinsamen Qualitätsentwicklungsprozess aller Länder wird
sowohl die Qualität der Prüfungsaufgaben verbessert als

auch das Anforderungsniveau schrittweise angeglichen.« Angeglichen? Das kann doch wohl nur heißen, das Anspruchsniveau soll ein Mittelwert aus dem Abitur bislang anspruchsloser und dem Abitur bislang anspruchsvoller Länder werden. Folge: Länder wie die Stadtstaaten werden ihr Abitur – vielleicht – einen Tick strenger gestalten, die »Südstaaten« Bayern, Baden-Württemberg, Sachsen und Thüringen werden ihre Ansprüche zurückfahren.

Es ist vor allem zu wenig, wenn die KMK nur bei der reinen Abiturprüfung ansetzt. Zu oft wird vergessen, dass zwei Drittel der Abiturnote aus den Leistungen der letzten beiden Schuljahre bestehen und die eigentliche Abschlussprüfung nur ein Drittel der Wertung ausmacht. Was es an Wildwuchs während der Oberstufe gibt, wäre im Detail aufzudecken. Aufzudecken wären ferner die Regeln der 16 Länder für die Abiturfächer, die mündlich abgeprüft werden. Auch hier werden Ansprüche großzügig untertunnelt. In Bayern beispielsweise muss sich ein Prüfling bei einem mündlichen Prüfungsfach Fragen aus drei von vier Semestern gefallen lassen. Zu Beginn der 30 Minuten umfassenden Prüfungszeit darf er ein Eingangsreferat ausgestalten, dessen Thema er 30 Minuten vor der Prüfung eröffnet bekommt. In Hamburg bezieht sich die mündliche Prüfung auf zwei Semester von vieren, der einleitende Schülervortrag dauert 15 Minuten, soweit es sich um eine sog. Präsentationsprüfung handelt. Und: Das Präsentationsthema bekommt der Kandidat zwei Wochen vor dem Prüfungstermin mitgeteilt.

Nehmen wir ein fiktives Beispiel aus einem Bundesland mit fünf Abiturprüfungsfächern, darunter drei, die schriftlich, und zwei, die mündlich abzulegen sind. Welchen Notenanteil macht eine Abitur-Pool-Aufgabe eines Abiturienten in seinem Abiturzeugnis aus? Nun, die Abiturprüfung selbst macht nur ein Drittel der Abiturgesamtleistung aus. Ein Fach von fünfen macht ein Fünftel der Abschlussprüfung aus. Mathematisch ausgedrückt: Eine bestimmte Pool-Aufgabe schlägt sich mit einem Fünftel von einem Drittel (das ist ein Fünfzehntel) in der Abiturnote nieder. Nun ist es im Abiturfach Deutsch ja in der Regel so, dass fünf verschiedene Themen zur Auswahl durch den Prüfling gestellt werden. Erwischt der Prüfling also nicht die Pool-Aufgabe unter den fünf Aufgaben, dann schlägt die Pool-Aufgabe mit null Prozent zu Buche. Und das soll mehr Vergleichbarkeit sein?

Wird aus einem Zentralabitur eine Mogelpackung? Vielleicht ist dies das Ziel. Denn geliebt war ein Zentralabitur in der alten Bundesrepublik in der Mehrzahl der Länder nicht. Nur in Baden-Württemberg, Bayern und im Saarland hatte man es. Für die anderen (west)deutschen Länder war ein Zentralabitur jahrzehntelang ein Igittigitt-Thema. Einen ersten Schub hat das Zentralabitur durch die Wiedervereinigung bekommen. In der vormaligen DDR war man zentrale Prüfungen gewohnt. Weiter Fahrt aufgenommen hat das Zentralabitur durch die Pisa-Debatte. Es hatte sich gezeigt, dass Länder (weltweit und innerdeutsch) im Test besser waren, wenn sie mit zentralen Abschlussprüfungen arbeiteten. Aktuell haben 15 deutsche Länder ein Zentralabitur. Nur Rheinland-Pfalz macht nicht mit.

Dennoch ist ein Zentralabitur kein Garant für hohen Anspruch mehr. Man kann aus einem Zentralabitur auch ein »Abitur light« machen. Die Klagen darüber häufen sich: Professoren attestieren ihren Studenten große Defizite in den Kulturtechniken. In manchen Studiengängen möchten die Hochschulen »Liftkurse« einrichten, damit schulische Grundlagen nachgeholt werden können.

Deshalb wird sich auch das zukünftige Gymnasium an seinen hergebrachten Zielen zu orientieren haben: am Ziel der Vermittlung der Studierreife. Sollte es dieses Ziel über Bord werfen bzw. werfen müssen, verdient es den Namen Gymnasium nicht mehr. Im Übrigen dürfte bekannt sein, was Studierbefähigung ausmacht. Es gilt nach wie vor, was eine Umfrage des Düsseldorfer Pädagogikprofessors Werner Heldmann im Jahr 1984 unter rund 1300 Professoren zutage förderte[89]: Für alle (!) universitären Fachbereiche werden von den Professoren vier Gymnasialfächer als unentbehrlich oder zumindest als nützlich eingeschätzt, nämlich Deutsch, Englisch und eine weitere Fremdsprache sowie Mathematik. Ausgestattet mit Wissen und Können in den genannten Fächern, wird sich der Student jeder neuen fachlichen Herausforderung stellen können.

Die Chance und der besondere Charme
gymnasialer Bildung
Deutschland braucht wieder ein G9 aus einem Guss. Ein solches Gymnasium hat den Charme und die Chance, eine Schule zu sein, wie sie hinsichtlich europäischer und globaler Ausrichtung ihresgleichen sucht. Das Gymnasium hat zugleich die Chance und den Charme, eine Schule zu sein, die junge Menschen durch drei Entwicklungsstadien hindurch begleitet und prägt: das späte Kindheitsalter, die Früh- und Hochpubertät mit ihren Verwerfungen und schließlich die Adoleszenz und das junge Erwachsenenalter. Gerade was die letztere Phase betrifft, fehlt den allermeisten angehenden Abiturienten ein Jahr.

Man sollte zudem nicht vergessen, dass es das Gymnasium ist, das das überwältigende Gros der zukünftigen Leistungs- und Verantwortungselite in Studium und Beruf bringt, und dass sich das Gymnasium damit gesellschaftlich »rechnet«. Dies ist eine einmalige Chance und der besondere Charme, nicht nur Leistungs-, Verantwortungs- und Reflexionseliten heranzubilden, sondern junge Menschen auch nachhaltig kulturell und ethisch zu prägen. Vor einem solchen Hintergrund ist selbst Ungleichheit gerecht – nämlich dann, wenn Eliten allen nützen, wenn das Handeln von Eliten quasi zu einem »inequality surplus«, zu einem Mehrwert führt.

Ganztagsschule: Eine Schule, die keine sein darf?

Wie ein schulpolitischer »Quantensprung«, wie ein pädagogischer Supermarkt, wie ein ultimatives Wundermittel und Füllhorn kommt seit Jahren die Ganztagsschule daher. Und alle sind vollmundig dabei, weil es mit Ganztagsschule nur noch angeblich für alle Win-win-Situationen gebe, denn alle seien Nutznießer, und niemand habe einen Nachteil von Ganztagsschule. Die ehemals Konservativen möchten mit ihrer Sympathie für Ganztagsschule modern sein; die ehemals Linken wollen progressiv bleiben und so ganz nebenbei auf dem Trittbrett Ganztagsschule uralte Schulvisionen realisiert haben, indem sie die Gesamtschule zum »Idealtypus einer Ganztagsschule« ernennen. Wer dafür ist, gilt als modern und fortschrittlich; wer dagegen ist, der ist reaktionär, bildungs- und frauenfeindlich. Ganztagsschule ist zum politischen Prestigeobjekt geworden, und sie ist doch nur ein pädagogisches Placebo.

Halbtagsschule – Ganztagsschule – ein wenig Geschichte
Mit Einführung der Schulpflicht wurde eigentlich in fast allen europäischen und amerikanischen Ländern der Ganztagsunterricht etabliert. In Deutschland war das anders. Hier sollten die Kinder wenigstens am Nachmittag noch im elterlichen Betrieb, zum Beispiel in der Landwirtschaft, mitarbeiten können. Hier, in Deutschland und übrigens auch in Österreich, sollte außerdem der Einfluss der Eltern bei der Erziehung hochgehalten werden. Im angloamerikanischen Bereich sah man das anders. Vor allem unter dem Einfluss von John Dewey (1859–1952) sollte die Trennung von Schule und außerschulischem Leben

überwunden werden, Ideologisch anders begründet wurde Ganztagsschule in der Sowjetunion und später in der DDR. Von der Ganztagsschule erhoffte man sich außer einer stärkeren Einbindung der Frauen und Mütter in den Arbeitsprozess eine nachhaltige kommunistische bzw. sozialistische Erziehung der Kinder und ein Zurückdrängen des Einflusses der Familie auf die Kinder.

Aber einen Schritt zurück: Die deutsche Halbtagsschule blieb auch während des Kaiserreiches und der Weimarer Republik zwar nicht ohne Alternative, siehe etwa die Arbeitsschule eines Kerschensteiner. Maßgeblich in der Weimarer Verfassung – im Grundgesetz so übernommen – blieb jedoch die Trennung von staatlich verantworteter Bildung und elterlich verantworteter Erziehung. Laut Weimarer Verfassung war Erziehung die »oberste Pflicht« und das »natürliche Recht« der Eltern. Maßstab war die bürgerliche Familie mit dem Mann/Vater als Ernährer und der Frau als Mutter und Hausfrau.

Wenige Jahre nach dem Ende des Zweiten Weltkrieges war Hermann Nohl über Jahrzehnte hinweg einer der führenden Pädagogen, der die Ganztagsschule forderte. Wörtlich schrieb er 1947 in seinem Buch »Die pädagogische Aufgabe der Gegenwart«: Die Kinder »erleben den ganzen moralischen Verfall des Gewissens der Erwachsenen mit und werden womöglich zum Stehlen ausgeschickt, treiben sich einsam auf der Straße herum oder in wilden Banden, wo auch wieder die Gewalt regiert und der Unfug und das Plündern die Heldentaten sind.«

Es dauerte knapp zwanzig Jahre, bis die Bildungskommission des Deutschen Bildungsrates im Jahr 1965 Schulversuche mit Ganztagsschulen empfahl. Damals schon war die Ganztagsschule mit gigantischen Erwartungen verbunden: Es sollten dort individualisierende Lehrmethoden möglich sein; es sollte keine Hausaufgaben geben, Sport und Spiel sollten gefördert werden, ebenso Kontakte zur Gesellschaft und zur Arbeitswelt sowie Kontakte zwischen Schülern verschiedener sozialer Schichten. Im Bildungsgesamtplan von 1973 war ein Anteil von 15 bis 30 Prozent Ganztagsschulen anvisiert. Trotz dieser Ansprüche kamen im Jahr 1970 gerade einmal 0,4 Prozent der Schüler in den »Genuss« einer Ganztagsschule. Wenige Jahre vor der Wiedervereinigung, im Schuljahr 1987/88, konnte man von einer Angebotsquote von 3,6 Prozent, kurz nach der Jahrhundertwende von rund 5 Prozent ausgehen – bei erheblichen Unterschieden zwischen den deutschen Ländern.

Zwei Schübe ab 1990

Einen zweifachen Schub bekam die Ganztagsschulbewegung in Deutschland durch die Wiedervereinigung und durch die Pisa-Debatte. In der DDR hatte es zum Zweck der Bildung sozialistischer Persönlichkeiten, im Interesse der beruflichen Tätigkeit der Mütter und zum Zweck eines Zurückdrängens des Einflusses der Kirchen flächendeckend Ganztagsschulen gegeben. Ab 2002 brach dann mit den ersten Pisa-Ergebnissen ein regelrechter Rummel um Ganztagsschule aus. Selbst der damalige Bundespräsident Rau mischte sich im Januar 2002 ein und forderte mehr Ganztagsschulen. Auch Rau hat sich davon verführen lassen, die meisten erfolgreichen Pisa-Länder hätten angeblich Ganztagsschulsysteme, etwa Finnland, Australien und Japan. Rau übersah, dass auch manche Pisa-Verliererländer Ganztagsschulländer sind: Spanien, Griechenland.[90]

Nehmen wir zwei Beispiele, die immer wieder pro Ganztagsschule eingebracht werden. Beispiel Frankreich: Dort beginnt die Schule um 8.00 Uhr, sie geht bis 12.00 Uhr, fängt um 14.00 Uhr wieder an und hört um 16.00 bzw. 17.00 Uhr auf. Das Ganze läuft jeden Tag mit Ausnahme des Samstags und des Mittwochnachmittags. Der Mittwoch wurde ab 1972 den Kirchen für Katechismusunterricht und für die kirchliche Jugendarbeit zugestanden. Die Ganztagsschule in Frankreich hat übrigens mit der Idee einer republikanischen, laizistischen Schule zu tun. Der III. Republik (1875–1940) ging es mit ihren Schulgesetzen von 1882 und 1883 neben der Einführung eines obligatorischen, kostenfreien Schulbesuchs unter anderem um die konsequente Trennung von Kirche und Staat. Man wollte den Einfluss der katholischen Kirche auf Familie und Erziehung zurückdrängen. Oder nehmen wir das hochgerühmte Finnland: Dort ist Ganztagsschule eigentlich eine Drei-Viertel-Schule. Drei Viertel heißt: Am Vormittag ist Unterricht, dann Mittagessen, dann Unterricht am Nachmittag. Mit ein Grund für diese Art von Schule sind neben familienpolitischen Überlegungen die oft langen Schulwege auf dem flachen, dünn besiedelten Land.

In Deutschland gab es dann ab den »Nuller« Jahren (2000–2009) einen Schub: Im Jahr 2002 boten 4951 Schulen, im Jahr 2010 boten 14 474 Schulen Ganztagsbetrieb – egal ob gebundene oder offene Ganztagsschule[91] oder nur Hausaufgabenbetreuung. Die höchsten Raten an Schülern im Ganztagsbetrieb verzeichnen seitdem die Integrierten Gesamtschulen mit nahezu 80 Prozent und die Förderschulen mit gut 40 Prozent.

Der Bund macht vier Milliarden locker –
auch für Propaganda
Im Vorfeld der Bundestagswahl vom 22. September 2002
hatte Bundeskanzler Gerhard Schröder in einer Regie-
rungserklärung am 18. April 2002 bis zum Jahr 2007
zehntausend neue Ganztagsschulen versprochen. Finanziert werden sollten sie mittels Zinsersparnissen aus dem
UMTS-Lizenzverkauf.

Aber dann ging es richtig los. Endlich konnte sich das ent-
falten, was alle möglichen gesellschaftlichen »Kräfte« seit
Jahr und Tag gefordert hatten, zum Beispiel bereits im
Jahr 1991 in seltener Einmütigkeit ein Aktionsbündnis aus
Deutschem Gewerkschaftsbund und Arbeitgeberverbän-
den. Oder eine bayerische SPD, die im März 2001 mit Blick
auf Ganztagsschule dichtete: »Auf Dauer schlauer«. Oder
Olaf Scholz (SPD), der im März 2002 »eine kulturelle Revolution« ausgerufen hatte, um »die Lufthoheit über den
Kinderbetten zu erobern«, und der eine Ganztagsbetreu-
ung »von der Geburt bis zum Ende der Schulzeit« wollte.

Am 12. Mai 2003 startete die Bundesregierung dann das
mit vier Milliarden Euro dotierte »Investitionsprogramm
Zukunft Bildung und Betreuung« (IZBB). 300 Millionen
waren für 2003, je eine Milliarde für 2004 bis 2006 und 700
Millionen für 2007 vorgesehen, um in Deutschland Ganztagsschule zu errichten. Im Juni 2003 kam eine vom Bund
und den Ländern ausgehandelte Verwaltungsvereinbarung
zustande, nachdem die Bedenken der Länder gegen zu viel
Bildungszentralismus ausgeräumt waren, vor allem nachdem der Bund den Ländern die pädagogische Ausgestal-
tung überlassen und auf die Vorlage eines Abschlussbe-
richtes der Länder verzichtet hatte.

Das Geld sollte den 16 deutschen Ländern je nach Schülerzahlen des Schuljahres 2000/2001 zugeteilt werden. So entfielen beispielsweise auf die großen Bundesländer Nordrhein-Westfalen 913, auf Bayern 595 Millionen und auf die kleinen Bundesländer Saarland 49 Millionen und Bremen 28 Millionen Euro. Mit diesen Geldern sollten bis zu 90 Prozent der Kosten für ganztagsschulisch notwendige Neubau-, Ausbau-, Umbau- und Renovierungsmaßnahmen sowie Ausstattungsinvestitionen gefördert werden, zum Beispiel Investitionen für Klassenräume, Gruppenräume, Versorgungsküchen, Aufenthaltsräume, Speiseräume, Bibliotheken, PC- und Internetausstattungen, Pausenhöfe mit Spiel- und Sportgeräten, Experimentierräume, Räume für das praktische und das musische Gestalten, Cafeterien usw. Viel Geld jedenfalls! Ungeklärt blieb die Frage, ob es sich bei den vier Milliarden wirklich um reales Geld des Bundes für die Kommunen handelte, denn immerhin hatte man den Kommunen ja über eine neue Gewerbesteuer erst einmal eine Menge Geld aus den Taschen genommen.

Die Umsetzung des Programms war zunächst schleppend. Für 2003 waren ganze 40 Millionen der für 2003 vorgesehenen 300 Millionen, also nur rund 13 Prozent, abgerufen worden. Da musste denn auch die Propagandamaschine angeworfen werden, unter anderem mit teuren Zeitungsanzeigen und mit in Auftrag gegebenen Umfragen. Im September 2003 »errechnete« Forsa nach einer im Auftrag des Bundesministeriums für Bildung und Forschung durchgeführten Umfrage, dass 79 Prozent der Bevölkerung für eine flächendeckende Einführung der Ganztagsschule seien.

In Broschüren und Faltblättern der Bunderegierung ließ sich die damalige, von 1998 bis 2005 amtierende Bundesbildungsministerin Edelgard Bulmahn (SPD) unter

anderem wie folgt vernehmen: »Das deutsche Bildungssystem in zehn Jahren wieder an die Weltspitze bringen.«
Auf die selbst gestellte Frage »Warum Ganztagsschulen?«
antwortete man in einem Zug: »Gute Bildung braucht
Zeit. An Ganztagsschulen ist Zeit – Zeit für mehr Qualität im Unterricht, individuelle Förderung, kreative Freizeitgestaltung und familienfreundliche Betreuung.« Und
auch sonst waren die Versprechungen recht vollmundig.
Die Überschriften der Einzelkapitel der Broschüre des
Bundesbildungsministeriums etwa lauteten: »Zukunfts-
weisend«, »Vielfältig und verlässlich«, »Erfolgserlebnis-
se aus erster Hand«, »Eine neue Dimension des Unterrichts«, »Extrawünsche streng erlaubt«, »Abenteuer in der
Schule«, »Freizeit ist Programm«, »Freiräume für Fami-
lienmenschen«, »Schule als Gemeinschaftswerk«. Dazu
gab es ein Plakat mit dem Text: »Die Welt erklärt man
nicht an einem halben Tag.« Und: »Um vier Uhr ist die
Schule aus, Hausaufgaben gibt es selten.« Neue Lernfor-
men waren angesagt: Gruppenarbeit, Ergänzungsstunden,
individuelle Förderung, klassenübergreifende Projekte,
Freizeitgestaltung, Entspannungsphasen, Zusammenarbeit mit außerschulischen Partnern, soziales Lernen über
verschiedene Altersgruppen hinweg, Partizipation und
Mitgestaltung durch die Schüler und Eltern.
Schulforscher prophezeiten eine Senkung der Abbrecher-
und Versagerquoten mittels Ganztagsschule. Wirtschaft
und CDU/CSU sahen die Ganztagsschule gar als Chance zur
Verkürzung der Schulzeit. Vor allem aber bekam Bulmahn
Unterstützung von wem? Natürlich von den Arbeitgebern!
Statt dass sich zumindest größere Betriebe selbst um Be-
treuungsmöglichkeiten für die Kinder der bei ihnen tätigen
Mütter kümmerten, vernahm man auch hier den sonst bei

Wirtschaftsfunktionären eher weniger beliebten Ruf nach dem Staat. Rechtzeitig im Vorfeld des IZBB-Programms verbreitete die Bundesvereinigung Deutscher Arbeitgeberverbände (BDA) eine Broschüre »Für mehr Ganztagsschulen«. Als Herausgeber firmierte BD@Bildung.de.

Begründet haben die Arbeitgeber ihr Plädoyer mit folgenden Zielsetzungen: Ganztagsschulen würden die sozialen Kompetenzen und die Persönlichkeitsbildung der Schüler fördern; sie könnten mehr Handlungsorientierung in die Schulen bringen; sie würden den Umgang mit der Freizeit schulen; Kinder mit Schwächen und besonders begabte Schüler fördern. Ferner: Das Lernen würde effektiver; neue Lernmethoden sowie alternative Unterrichtsformen wie Projektarbeit würden erprobt werden können; der Stoff würde vertieft; fachübergreifende Arbeitsgemeinschaften könnten geschaffen werden. Nicht zu vergessen: Ganztagsschule sei eine »Chance für gendergerechtes Lernen«; mit ihr könne man Geschlechterstereotypen aufbrechen, zum Beispiel durch Angebote für Mädchen in den Bereichen Computer- und Medienarbeit, so 2003 die Initiative »Schulen ans Netz« des Bundesministeriums für Bildung und Forschung und (!) der Deutschen Telekom AG.

Vor allem aber, und das ist des Pudels Kern, versprach sich die Wirtschaft von Ganztagsschule die Rekrutierung hochqualifizierter – weiblicher – Arbeitskräfte, die ohne schulischen Ganztagsbetrieb eine Familienpause einlegen würden. Der »Aktionsrat Bildung« der Vereinigung der bayerischen Wirtschaft (VBW) vermeldete denn 2013 auch in einer »Zwischenbilanz«: »Da die Vereinbarkeit von Familie und Beruf durch Ganztagsschulen massiv gestärkt wird und erste Tendenzen auf die Potenziale dieser Schulform hinweisen, ist ein flächendeckendes Angebot von rhythmisierten Ganztagsgrundschulen zu schaffen.« Ähnlich eine Studie des Hamburgischen WeltWirtschafts-Instituts (HWWI) im Juni 2013 im Auftrag der Initiative Neue Soziale Marktwirtschaft GmbH (INSM) unter dem Titel »Ungenutzte Arbeitskräftepotenziale in Deutschland: Maßnahmen und Effekte«. Darin wird »errechnet«, dass mit Ganztagsschule ein Arbeitskräftepotential von 850 000 Frauen erschlossen werden könnte. Ähnlich, wenn auch einen Tick bescheidener, fiel eine vom Bundesfamilienministerium in Auftrag gegebene Studie des Bonner »Instituts der Zukunft der Arbeit« (IZA) aus: Hier war man 2011 zu dem Schluss gekommen, dass bei einem flächendeckenden Angebot an Ganztagsschule 460 000 Mütter zurück in die Betriebe kommen könnten. Damit würden mehr Steuern eingenommen, so dass sich die Ganztagsschule finanziell selbst trage. Es scheint nur um den Staat, um die Wirtschaft, um die Eltern zu gehen. Ob das alles kinderfreundlich ist, spielt eher keine Rolle.

Trotzdem wurde aus der Ganztagsschule zumindest theoretisch eine eierlegende Wollmilchsau! »Ganz anders« sollte sie sein, dieses Etikett reichte schon zur Heiligsprechung. Wer ein wenig rechnen konnte, wusste, dass all dies nie und nimmer aufgehen konnte. Vier Milliarden über fünf Jahre aufzuteilen auf 10 000 Schulen? Damit blieben rechnerisch pro Schule und Jahr 80 000 Euro. Meinte man, damit Traumganztagsschule machen zu können? Schließlich reicht das nicht einmal aus, um eine Schulkantine einzurichten, geschweige denn Personal zu beschäftigen.

Einen Schub an Nachfrage gab es überhaupt erst durch die in diesem Zeitraum getroffenen Entscheidungen mehrerer deutscher Ländern, das bislang neunjährige Gymnasium zu einem G8 mit Nachmittagsunterricht vor allem in der

Mittel- und Oberstufe zu verkürzen. So gingen dann auch die meisten Gelder an Gymnasien zum Bau von Schulkantinen, statt diese Gelder in erster Linie dort einzusetzen, wo die Schülerklientel der Ganztagsschule noch am ehesten bedurfte, nämlich in Hauptschulen in schwierigen Wohngegenden. Das wäre übrigens eine Chance gewesen, Hauptschule zu stabilisieren statt sie abzuschaffen. Hat man mit der Abschaffung der Hauptschule doch keineswegs Schüler abgeschafft, für die die Hauptschule die geeignete Schule gewesen wäre. Aber es ging um etwas anderes. Was Wunder, wenn der Bundesrechnungshof im Mai 2006 ein vernichtendes Urteil zum IZBB-Programm abgab, weil die Schulen die Gelder unter anderem zur Sanierung von Schuldächern und Heizungen verwendeten.

Magere Bilanzen!
Dass unter den Preisträgern der Schulpreise überwiegend Ganztagsschulen zu finden sind, sollte niemanden beeindrucken. Die Kriterien dieser Preise sind oft dezidiert auf Ganztagsbetrieb zugeschnitten. Hinsichtlich Leistung ist Ganztagsschule jedenfalls nicht der erhoffte »Quantensprung« geworden. Das war absehbar. Da kann ein damaliger CDU-Kultusminister Bernd Althusmann im Jahr 2011 – wie viele seiner Amtskollegen – noch so beteuert haben: »Die Ganztagsschule ist deutschlandweit zu einem Erfolgsmodell geworden.« Nein, dieser Quantensprung hat nicht stattgefunden, und er wird nicht stattfinden. Bereits in den 1980er Jahren schrieb der Regensburger Pädagogikprofessor Heinz-Jürgen Ipfling: »Schulleistung und Schulerfolg der Ganztagsschule scheinen sich nicht wesentlich von der Halbtagsschule zu unterscheiden; eine Optimierung üblicher Schulleistung kann auch nicht das pädago-

gische Ziel der Ganztagsschule sein. Dieses liegt eher im Bereich des sozialen Lernens.« Ipfling war der Auffassung, dass die Ganztagsschule dazu da sei, »Erziehungsdefizite auszugleichen«[92].

Man hätte spätestens den Pisa-Studien entnehmen können, dass Ganztagsschule nicht mit besserer Schulleistung korreliert. Schließlich gibt es international Länder, die Ganztagsschulländer sind, mit guten und mit schlechten Pisa-Rangplätzen. Eine Korrelation wäre innerdeutsch etwa nur erkennbar, wenn Bayern mit seinem geringen Ganztagsschulanteil bei Pisa weit hinten und Berlin, Brandenburg, oder Hamburg bei Pisa weit oben lägen.

Mitten im Jahr 2003, dem Jahr des ersten großen Schubses für Ganztagsschule, gab es ein Gutachten von Professor Dr. Eckhard Klieme vom Deutschen Institut für Internationale Pädagogische Forschung (DIPF). Das 48 Seiten umfassende Papier trägt den Titel »Wirkung ganztägiger Schulorganisation – Bilanzierung der Forschungslage«. Es handelt sich dabei um einen Literaturbericht, in den die einschlägigen Forschungsbefunde aus dem In- und Ausland einfließen. Der Autor der Studie leitet aus der Analyse der Forschungsliteratur unter anderem folgende Hypothesen ab: Erstens hat die Ganztagsorganisation als solche im Allgemeinen keine Auswirkungen auf das Leistungsniveau der Schulen. Möglicherweise hat eine Verlängerung aktiver Lernzeit in der Schule einen gewissen positiven Effekt auf die kognitiven Fähigkeiten lernschwacher Schüler, während der Wegfall elterlicher Unterstützung bei sozial höhergestellten Familien negativ zu Buche schlägt; beides zusammen kann eine Nivellierung im Leistungsbereich bewirken. Zweitens sind die Auswirkungen teilweise von der Schulform abhängig. Für die Integrierte Gesamtschule beispielsweise ergeben sich im sozialen Bereich – basierend auf Lehrerbefragungen – eher ermutigende, im Leistungsbereich eher kritische Prognosen. Das Resümee des Autors lautet: »Die in die ganztägige Organisation gesetzten Hoffnungen … können mit Hilfe vorliegenden Datenmaterials bislang jedenfalls nicht begründet, aber auch nicht verworfen werden.«

Eine solche Aussage muss Klieme schwer über die Lippen gekommen sein. Denn im Jahr 2010 ließ er sich bei einem Kongress zur Ganztagsschule bzw. zur Zwischenbilanz der StEG-Studie (siehe unten) wie folgt vernehmen: »Ich freue mich, Ihnen heute von den Ergebnissen dieser Studie, die ja auch Teil der GTS-Bewegung ist, berichten zu dürfen. Wir haben uns als Team immer verstanden als ein Teil der Ganztagsschulbewegung.«[93]

Dann kam die Studie »Studie zur Entwicklung von Ganztagsschulen« (StEG), erstellt vom Deutschen Institut für Internationale Pädagogische Forschung (DIPF), dem Deutschen Jugendinstitut (DJU), dem Institut für Schulentwicklungsforschung der Universität Dortmund (IFS) und der Universität Gießen. Zwischen 2005 und 2010 waren rund 300 Ganztagsschulen untersucht worden.[94] Mitfinanziert wurde durch die EU, namentlich den Europäischen Sozialfonds (EFS). Allein das lässt eine gewisse Absicht erkennen, denn der EU geht es ja vor allem um die Erschließung von Arbeitskräften und um die »Freisetzung von Humankapital«.

»Untersucht« hatte man, indem man viele Lehrer, Schulleitungen, pädagogisches Hilfspersonal, Tausende von Eltern, rund 30000 Schüler und außerschulische Kooperationspartner befragt hatte. Ob diese Methodik ausreichend war, sei dahingestellt. Es wurde jedenfalls nur mit Fragebögen gearbeitet, es wurden keine konkreten Leistungen gemessen. Selbst die Fragebögen waren alles andere als neutral formuliert. So lautete zum Beispiel eine Frage: »Bei wie vielen Schülerinnen und Schülern, die am Ganztagsbetrieb teilnehmen, haben sich in Ihrer Wahrnehmung die folgenden Punkte positiv verändert?« Mit »folgenden Punkten« waren gemeint: fachliche Leistung, Lernverhalten, Selbstständigkeit, Fähigkeit zur Gruppenarbeit usw. »Positiv verändert« – das suggerierte schon die erwartete Antwort. Mögliche negative Veränderungen sollten gar nicht erst abgefragt werden. Fragwürdig war die Studie auch, weil keinerlei Vergleich mit Halbtagsschulen angestrengt war. Verglichen wurden nur verschiedene GTS-Typen untereinander.

Das Hauptergebnis der Studie wird wie folgt zusammengefasst: Ganztagsschüler verbessern ihr Sozialverhalten, aber nicht ihre Leistungen.

Wörtlich: »Unmittelbare Effekte auf die Entwicklung ihrer fachlichen Kompetenzen zeigten sich jedoch nicht.« Dann folgt schon gleich ein Satz, der die Enttäuschung der Forscher signalisiert: »Der Ganztag hat das Potenzial, die individuelle Entwicklung von Schülerinnen und Schülern positiv zu beeinflussen. Dass StEG in diesem Bereich nur vergleichsweise kleine Effekte ermittelt, zeigt aber auch: Nicht alle Schulen schöpfen ihre Möglichkeiten heute schon voll aus.« Bezeichnend auch folgender Satz aus der Studie: »Auch für Jugendliche aus niedrigeren sozialen Schichten oder mit Migrationshintergrund lässt sich über vier Jahre hinweg kein Effekt der reinen Ganztagsschulteilnahme auf ihre Schulleistungen nachweisen – es liegt in dieser Hinsicht also kein kompensatorischer Effekt für bildungsbenachteiligte Schülergruppen vor.« Auch die Freude der Schüler am Besuch der Schule, so die Studie, ist mit der Ganztagsschule nicht gestiegen. Es blieb als vages Ergebnis nur, dass der Ganztagsbetrieb angeblich die soziale Entwicklung gefördert habe. Letzteres meinte man eruiert zu haben mit negativen Antworten der Schüler etwa auf folgende Fragen: »Ich habe … bei Klassenarbeiten erheblich gemogelt … den Unterricht erheblich gestört … einen Lehrer oder eine Lehrerin geärgert oder provoziert …«

Ja, selbst die Aussagen über angebliche Gewinne an sozialem Lernen müssen relativiert werden. Kerstin Rabenstein, Professorin an der Universität Göttingen, beobachtete, dass die Beziehungen zwischen Lehrern und Schülern in Ganztagsschulen anfälliger für Konflikte sind. Wörtlich: »In diesen informalisierten Umgangsweisen gibt es auch die etwas größer werdende Gefahr für Entgleisungen in den Sozialbeziehungen, dass, umgangssprachlich gesprochen, übergriffiges Handeln leichter zunehmen kann.«[95]

Man müsste anfügen: Ganztagsschule bedeutet für Kinder, die nicht extravertiert, also eher in sich gekehrt sind, dass sie keine Freizeit mehr, auch kein Freisein mehr von Gleichaltrigen haben.

Also wieder mal ein Schock für all die, die meinen, mit Ganztagsschule lasse sich die Bildungsleistung verbessern! Und wieder mal hohe Kosten und geringer Nutzen! Aber »Reformer« wären keine »Reformer«, wenn sie nicht sofort eine Erklärung für das Versagen ihrer Reformen parat hätten. Die Ganztagsschule habe bislang ihre Potentiale noch nicht ausgeschöpft, so vernimmt man aus der Ecke der Lobby pro Ganztagsschule. Toll, das bedeutet, es muss noch mehr Forschung betrieben werden, bis die Ergebnisse stimmen. Oder aber die Ergebnisse von Studien über Ganztagsschule müssen schon auch mal lange unter der

Decke bleiben. Das Autorenpaar Hiltrud Schwetje-Wagner und Andreas Wagner[96] berichtet von einem Forschungsprojekt mit dem Titel »Explorative Wirkungsuntersuchung an Ganztagsschulen im Vergleich zu Halbtagsschulen im Bereich Nordbaden«. Es sollte von 2004 bis 2007 untersucht werden, welche Wirkungen die ganztägige Schulorganisation auf die Schulzufriedenheit, das Sozialverhalten und auf die Schulleistungen der Schüler hat. Interessant daran sind nicht die Ergebnisse dieser Studie, sondern die Tatsache, dass zu dieser Studie bis Mitte 2016 keine Ergebnisse vorliegen.

Und noch etwas: Immer wieder tauchen Studien auf, denen zufolge 70 Prozent der Eltern mehr Ganztagsschulen wünschen, aber nur 28 Prozent angaben, ihr Kind mit Sicherheit in eine solche einschulen zu wollen.

Kollateralschäden

Aber bedarf es eigentlich irgendwelcher Studien? Sagt nicht der gesunde Menschenverstand, dass Ganztagsschule gar nicht die große Lösung aller Schul- und Erziehungsprobleme sein kann? Der Journalist Rainer Stadler (vgl. seinen Buchtitel »Vater Mutter Staat – Das Märchen vom Segen der Ganztagsbetreuung. Wie Politik und Wirtschaft die Familien zerstören. München 2014) stellt, auch ohne empirischer Bildungsforscher zu sein, zu Recht fest: »Aus kühl kalkulierten ökonomischen Gründen« würden Politik und Wirtschaft Kinderbetreuung und Ganztagsschule propagieren. Wer sich dem entgegenstelle, der werde in die Ecke derjenigen gedrängt, die etwas gegen Emanzipation und Förderung hätten.

Auch der Alltagsverstand sagt, dass die Ganztagsschule in ihrer Wirksamkeit überschätzt wird. Die Ganztagsschule (oder auch die Krippe) ist auch nicht in der Lage, das erzieherische Bewusstsein der Eltern zu fördern; eher fördern Ganztagsschule und Krippe die Bereitschaft der Eltern, immer mehr originäre erzieherische Aufgaben an den Staat zu delegieren und damit eine bedenkliche Verstaatlichung der Erziehung anzutreiben. Die hohe« Politik versucht, dies den Eltern einzureden. Vera Reiß (SPD), damalige Staatssekretärin im Bildungsministerium und ab Herbst 2014 für eineinhalb Jahre Bildungsministerin des Landes Rheinland-Pfalz, meinte zum Beispiel auf einer Veranstaltung der BusinessMoms am 1. Juli 2014 in Mainz: »Keine Mutter kann ihrem Kind das bieten, was eine Krippe bietet.« Noch weiter ging die »Sozialforscherin« Jutta Allendinger. Sie, die von 2006 bis zu dessen Auflösung im Jahr 2008 Mitglied im Innovationsrat der Bundeskanzlerin war, hatte eine Schulpflicht bis 16 Uhr für alle Kinder gefordert. Und auch parteiübergreifend sind Ganztagsschule und Krippe angesagt: »Egal, ob die Familienministerin Renate Schmidt, Ursula von der Leyen oder Manuela Schwesig heißt – in der Politik herrscht seit Jahren nahezu einhellig die Meinung vor, dass Kindern nichts Besseres passieren kann, als den ganzen Tag in der Krippe, dann im Kindergarten und später in der Schule zu verbringen« (Rainer Stadler 2014).

»Schule total« qua Ganztagsbetreuung schränkt das Spektrum kindlicher Erfahrungen ein. Damit geraten die sehr vielfältigen Möglichkeiten der Jugendarbeit an den Rand, nämlich die Angebote etwa der Sportvereine, der kirchlichen Jugendgruppen, der Musikschulen. Kurz: Es muss auch ein Leben außerhalb der Schule geben. Schule und staatlich gelenkte Freizeit dürfen nicht alleiniger Erfahrungsraum für Schüler sein. Schule hat die Vielfalt der Angebote der Vereine und Kirchen, auch den Reichtum der spontan gestalteten Freizeit zu achten. Eine Totalverplanung der Kinder und eine drohende Ghettoisierung bestimmter Sozial- und Schülergruppen wären höchst bedenklich.

Nur Schule oder gar Schule total – das wäre eine drastische Verarmung der Entwicklungschancen unserer Kinder. Und als Staatsbürger sollte man etwas gegen eine weitere Verstaatlichung, gegen ein weiteres »Outsourcing« der Erziehung haben. Man sollte sich hier nicht von der Bequemlichkeit mancher Eltern verleiten lassen, die nach dem Motto denken: Für die Schule zahle ich eine Menge Steuern, also möchte ich mein Kind um 7.30 Uhr dort abliefern und um 17 Uhr abholen können: vokabelabgefragt, gefälligst konfliktgelöst und erkennbar abiturtauglich.

Anstatt die Familien in ihrer Erziehungsverantwortung und -bereitschaft zu stärken, kannibalisiert man Familie. Gegen die Vorgabe des Grundgesetzes, wo es in Artikel 6 heißt: »Pflege und Erziehung der Kinder sind das natürliche Recht der Eltern und die zuvörderst ihnen obliegende Pflicht.« Nein, Schule ist kein Ersatz-Elternhaus. Erziehung in der Schule darf keinen Funktionsverlust des elterlichen Erziehungssouveräns befördern. Alles andere wäre eine Verarmung der Entwicklung unserer Kinder. Denn was das Leben sowieso bietet, muss Schule nicht wiederholen. Wer das Außerschulische, den ganz normalen Alltag der Kinder restlos verschult, der raubt ihnen enorm wichtige Erprobungsfelder.

Ein freiheitlicher Rechtsstaat kann auch kein umfassender Betreuungsstaat sein. Peter Brenner[97] hat dies markant auf den Punkt gebracht, wenn er von einer Entgrenzung von Schule schreibt und meint: »Nicht das Leben dringt in die

Schule ein, sondern die Schule absorbiert immer mehr Lebenszeit.« Und fortsetzt: »Von der Lerngesellschaft zur Erziehungsgesellschaft und von dort zur Erziehungsdiktatur ist es kein weiter Weg – und besonders die europäische Theorie und Praxis der Erziehung hat sich seit Sparta und seit Platon immer wieder den Verführungen dieser Logik hingegeben.« Das erinnert an Helmut Schelskys Buch und These vom betreuten Menschen[98] und an Dolf Sternbergers Befürchtung, dass Betreuung diejenige Form von Terror sei, für die der Jemand – der Betreute – Dank schulde.[99] Nein, Deutschland kann kein totaler Erziehungsstaat sein. Mit restlos verstaatlichter Erziehung hat man zu allen Zeiten der Geschichte keine guten Erfahrungen gemacht. Deshalb muss es nicht zuletzt allen Demokraten und Staatsbürgern Sorge bereiten, wenn eine erzieherische Gefräßigkeit von Schule um sich greift. Kein geringerer als Michail Gorbatschow hat das erkannt: Viele der Probleme im Verhalten vieler Kinder und Jugendlicher würden, so meint er, verursacht durch die Lockerung der familiären Bindungen und die Vernachlässigung der familiären Verantwortung«.[100] Alles in allem: Nur noch Ganztagsschule, das wäre Entschulung von Schule und Verschulung von Freizeit.

Inklusion: Ideologie oder Kindeswohl?

In Deutschland besuchten im Schuljahr 2014/15 rund 343 000 Heranwachsende (davon zwei Drittel männlichen Geschlechts) eine der etwa 3100 Förderschulen. Bezogen auf den Bereich der allgemeinbildenden Schulen sind dies laut Statistischem Bundesamt 4,8 Prozent aller Schüler und damit vergleichbare Größenordnungen wie in Finnland (3,8 Prozent), Dänemark (4,4 Prozent) und in der Schweiz (5,4 Prozent). Zu den 4,8 Prozent kommen 1,8 Prozent besonders förderbedürftige junge Menschen hinzu, die qua Inklusion in einer Regelschule unterrichtet und betreut werden. Das heißt, von allen im ursprünglichen Sinn förderschulbedürftigen Heranwachsenden ist etwas mehr als ein Viertel inkludiert. Im Schuljahr 2012/2013 wurden 75 Prozent der Schüler mit sonderpädagogischem Förderbedarf an Förderschulen unterrichtet, 2000/2001 waren es nur 12 Prozent. Je nach Bundesland ist die Inklusionsquote sehr unterschiedlich. So beträgt sie in Bremen angeblich 55 Prozent, in Niedersachsen 11 und in Hessen 17 Prozent. Hier scheinen freilich die Kriterien für Inklusion sehr unterschiedlich zu sein, sonst wäre diese große Differenz nicht möglich.

Ansonsten ist die Inklusionsrate sehr abhängig von der Altersstufe: In Kindertagesstätten beträgt sie gut 60 Prozent, in Grundschulen rund ein Drittel und in weiterführenden Schulen rund 15 Prozent. Jeweils gerundet, gehen rund 40 Prozent aller 343 000 deutschen Förderschüler in eine Schule für Lernbehinderte, 16 Prozent besuchen eine Schule für Geistigbehinderte, 11 Prozent eine Schule für Sprachbehinderte, 13 Prozent eine Schule für Verhaltensauffällige, 6 Prozent eine Schule für Körperbehinderte, jeweils ein bis drei Prozent eine Schule für Sehbehinderte oder für Gehörlose/Schwerhörige. Die Förderschüler an Förderschulen werden von rund 47 000 eigens dafür qualifizierten Lehrern unterrichtet.

So weit ein paar trockene Zahlen. Seit etwa 2010 nun haben wir in Deutschland eine zunächst unterschwellige, dann mehr und mehr anschwellende Debatte um »Inklusion«, also um die Beschulung behinderter Heranwachsender im regulären Schulwesen. Dass diese Debatte geführt wird, ist gut, wenn sie denn einigermaßen sachlich geführt wird.

Die Instrumentalisierung des Inklusionsgedankens

Der Diskurs um »Inklusion« ist nicht immer frei von ideologisch unterlegten Instrumentalisierungsabsichten. Vor allem ist es diskurstötend, wenn in der Inklusionsdebatte verbal mit der Faschismus-Keule geschwungen wird. Wer jede skeptisch-realistische Betrachtung von Inklusion als Haltung des »Aussortierens«, »Selektierens« und »Aussonderns« etikettiert, der will offenbar bewusst Assoziationen an schlimme zwölf Jahre deutscher Geschichte wecken; der muss sich aber auch fragen lassen, ob er mit dieser Semantik nicht ein millionenfaches Leid missbraucht.

Die Deutungshoheit in Sachen Inklusion beansprucht eine Handvoll radikaler, verbal mal missionarisch, mal militant auftretender Inklusionsverfechter. Von Inklusion als einem »Grenzstein zum Übergang in eine neue Welt« oder als »Olymp der Entwicklung« ist da die Rede. Diese Damen und Herren treten auf mit einem missionarischen Eifer und mit höchsten moralischen Ansprüchen. Sie teilen ein in »gute« und »schlechte« Menschen.[101] Und sie sind jederzeit bereit, Leute, die Inklusion differenziert sehen, sofort zu tribunalisieren und an den Pranger zu stellen. Von

Sonderschulen als »unverdünnter Hölle« und von »sozial-darwinistischer Härte« ist da die Rede. Dabei vertreten sie ein totales, ja ein totalitäres Verständnis von Inklusion, das kein anderes, undogmatisches oder auch nur gemäßigtes Verständnis von Inklusion mehr akzeptiert. Und sie nehmen auch nicht zur Kenntnis, dass die seit Jahrzehnten integrationserfahrenen skandinavischen Länder zuletzt einen anderen Weg gegangen sind. In Schweden hat sich die Zahl der Sonderklassen mit Kindern mit geistiger Behinderung ab 1990 verdoppelt. In Norwegen wurden entsprechende Klassen auf Wunsch der Eltern wieder eingeführt. Gar nicht hilfreich ist es, wenn ein vormaliger Hamburger Professor für Sonderpädagogik namens Hans Wocken im Jahr 2012 seinen dafür vorgesehenen Beitrag zu einem Inklusionsbändchen des Kultusministers von Mecklenburg-Vorpommern zurückzieht, weil ihn die dort ebenfalls zur Veröffentlichung vorgesehenen Ausführungen eines Inklusionsskeptikers, namentlich des Historikers Egon Flaig, »anwidern« und »anekeln«. Flaig hatte in seinem Beitrag unter Bezugnahme auf die entsprechende UN-Behindertenkonvention geschrieben: »Der Grundfehler, der sich in dieser Konvention zeigt, ist ein besinnungsloser Machbarkeitswahn.« Und: »Die UN-Konvention verpflichtet somit den Staat dazu, eine Pflicht zu erfüllen, die unerfüllbar ist. Das kann ein Staat nur, wenn er buchstäblich Gott ist.«[102]
Verbale Mäßigung würde der Diskussion jedenfalls guttun. Guttun würde der Debatte auch ein Verzicht auf Realitätsverweigerung und Selbsttäuschung. Das gilt vor allem für die Tendenz, mit verbalen Umetikettierungen eine Benachteiligung/Behinderung unsichtbar machen zu wollen. Man kennt das Phänomen aus den USA: Aus Klein-

wüchsigen wurden dort »vertikal Herausgeforderte«, aus Blinden »visuell Herausgeforderte«, aus geistig Behinderten »intellektuell Herausgeforderte«. Wir haben vergleichbare Begriffe in Deutschland ebenfalls konstruiert: Aus geistig Behinderten wurden eine Zeit lang »praktisch Bildbare«. Aus Verhaltensauffälligkeit und Verhaltensstörung wurde »Verhaltensoriginalität« – ein Etikett, mit dem ein junger Mensch oft noch mehr der Lächerlichkeit preisgegeben wird.

Andersheit ist kein bloßes soziales Konstrukt. Deshalb ist die von Befürwortern einer Radikalinklusion geforderte Dekategorisierung ein Irrweg. Dekategorisierung heißt: Die Behindertenkategorien körperlich, geistig, sensorisch, sprachlich, sozial-emotional usw. sollen verschwinden. Es sei normal, verschieden zu sein, so heißt es. Weil sie aber offenbar selbst nicht daran glauben, dass Inklusion total gelingt, definieren Inklusionsidealisten und Inklusionsideologen Unterschiede weg. Denn wenn es »per definitionem« keine Unterschiede mehr gibt, braucht man keine Anstrengungen mehr für Inklusion zu unternehmen.

Man will damit angeblich Diskriminierung vermeiden, vergeudet damit aber die Chance, einen Menschen ganz individuell zu betrachten bzw. einem Menschen individuell gerecht zu werden. Deshalb ist es entgegen allen Bemühungen um Dekategorisierung und dgl. sinnvoll und kindgerecht, von sehr unterschiedlichen Beeinträchtigungen auszugehen: körperlichen, geistigen, sensorischen, sprachlichen, sozial-emotionalen oder Behinderungen im Lernen. Diskriminieren heißt ja auch »unterscheiden«. Ebenso daneben liegt der Generalverdacht, mit dem suggeriert wird, besondere Förderung sei bereits Diskriminierung/Benachteiligung. Nicht sonderlich diplomatisch ist es schließlich, wenn ein junger, gleichwohl blitzgescheiter deutscher Schulminister radikale Inklusion als »Kommunismus« für die Schule bezeichnet. Das heizt die Debatte zusätzlich auf.[103]

Bernd Ahrbeck nennt das Streben nach einer Dekategorisierung ein »Benennungs- und Diagnoseverbot«, und er fragt zu Recht: Muss ich ein Kind »nicht mit seiner Behinderung als störend und gefährlich erleben, wenn es sich als jemand präsentiert, der so eigentlich nicht sein darf?« Der Mensch werde damit auch in seiner Singularität vernachlässigt. Und weiter: »Die Auflösung von Behinderungs- und Förderkategorien« führt zu einer »massiven Selbst- und Fremdtäuschung. Der Einzelne kann nur noch begrenzt in seiner Besonderheit hervortreten.«[104]

Alle Ansätze von Dekategorisierung sind jedenfalls falsch. Mit einer solchen Betrachtung bagatellisiert man die besonderen Förderbedürfnisse der Betroffenen, weil man damit ihr Sosein zu normalisieren versucht. Diese Menschen erleben damit nämlich ein zweites Mal, dass sie um Chancen gebracht werden, und man raubt ihnen die ihnen zukommende Aufmerksamkeit, weil sie dann »unter ferner liefen« laufen.

Ohne eine gute Portion Realismus und Skeptizismus, und das heißt Differenzierung, Kategorisierung und Individualisierung, kann man Heranwachsenden nicht gerecht werden, das gilt auch für Benachteiligte und Behinderte. Andernfalls würde man deren Lebenswirklichkeit ignorieren; man würde in sie mehr oder weniger narzisstisch oder auch helfersyndromatisch etwas hineinprojizieren, was zwar dem eigenen Ich-Ideal schmeichelt, diese Menschen aber maßlos überfordert. Purer Idealismus kann deshalb auch, mag er noch so empathisch anmuten, etwas

Destruktives an sich haben, indem er reale Optionen geringschätzt oder gar vernichtet. Hier gilt sehr wohl der Satz von Matthias Brodkorb: »Wer der Schule ihre Allokationsfunktion nimmt, zerstört diese nicht generell, sondern verlagert diese nur brutaler auf den kapitalistischen Arbeitsmarkt.«[105]

Uwe Becker[106] ist einer, der die Auseinandersetzung zwischen Ideologie und Idealismus einerseits, Individualisierung und Differenzierung andererseits recht schön auf den Punkt bringt: »Auf der einen Seite werden die Verfechter totalinklusiver Zielvorstellungen vorgeführt, die zugestandenermaßen teilweise nicht frei sind von kämpferischer Naivität und gleichzeitigen Bevormundungstendenzen gegenüber den Eltern, die die jeweilige Beschulungsentscheidung differenziert zu treffen haben. Auf der anderen Seite stehen ihre feuilletonistischen Gegenspieler, die sich zum Naivitätsnachweis ihrer Kontrahenten auf die Spurensuche nach Belegexemplaren absurder Regelbeschulung von Kindern mit Behinderung begeben.«

Nicht weniger falsch ist es, alle Menschen zu Behinderten zu erklären, indem man sich der Formel bedient: Es gibt Behinderte und vermeintlich Nicht-Behinderte.

Der weltweites Renommee genießende Sonderpädagoge Otto Speck spricht jedenfalls zu Recht von Inklusion als »ideologischem Minenfeld«.[107] Er stellt fest: »Nicht jede Vielfalt lässt sich in erfolgreiches Lernen umsetzen.« Und: Es könne »der Sonderpädagogik ihre subsidiäre Funktion und Aufgabe nicht abgesprochen werden«.

Womöglich stellt die heftige aktuelle Diskussion um Inklusion nichts anderes dar als einen nostalgischen Rückgriff in das Jahr 1973 und die Arbeit des Deutschen Bildungsrates. Dieser hatte in seiner radikalen Vision der

Errichtung einer flächendeckenden Monopol-Gesamtschule die Integration Behinderter in Regelklassen empfohlen und das Sonderschulwesen radikal in Frage gestellt. Mehr als 40 Jahre später ist diese Vision wieder in die Debatte eingedrungen: als Vision einer zur Gemeinschaftsschule umbenannten Gesamtschule; als Vision von einem möglichst langen gemeinsamen Lernen aller Schüler; als Vision von der Abschaffung aller Sonder- bzw. Förderschulen.

Vom Missbrauch einer UN-Konvention
Manche meinen bzw. hoffen durchaus, mit der UN-Resolution habe dem gegliederten Schulwesen das Sterbeglöcklein geläutet. Der bloße Hinweis, die im Jahr 2006 verabschiedete und 2009 von Deutschland ratifizierte UN-Konvention mit dem Titel »Übereinkommen über die Rechte von Menschen mit Behinderungen« schreibe Inklusion vor, reicht als Basis dafür aber nicht aus. Die UN-Konvention enthält keinerlei Passus, mit dem die Beschulung in Förderschulen als Diskriminierung betrachtet würde. Im Gegenteil: Artikel 5 (4) der UN-Konvention spricht davon, dass »besondere Maßnahmen ... zur Beschleunigung oder Herbeiführung der tatsächlichen Gleichberechtigung von Menschen mit Behinderungen« nicht als Diskriminierung gelten. In Artikel 7 (2) heißt es: »Bei allen Maßnahmen, die Kinder mit Behinderungen betreffen, ist das Wohl des Kindes ein Gesichtspunkt, der vorrangig zu berücksichtigen ist.« (In der englischen Fassung heißt »Kindeswohl« übrigens – weitaus weniger zutreffend – »best interests«.) Und auch Artikel 24 der Konvention spricht nicht von einem inklusiven einheitlichen Schulwesen.

Trotzdem tun nach wie vor viele so, als wäre die Existenz deutscher Förderschulen ein Verstoß gegen die UN-Konvention. Die UN-Konvention verlangt aber keineswegs die Schließung von Förderschulen. Gottlob, denn das deutsche Förderschulwesen ist einmalig im positiven Sinn. Deutschland hat im allgemeinbildenden und im beruflichen Sektor weltweit eines der funktionsfähigsten Systeme der Sonder- und Förderpädagogik. In Deutschland ist dies – anders als in anderen Ländern – selbstverständlicher Bestandteil des Rechts- und Sozialstaates. Das ist eine gigantische Infrastruktur. Vor allem aber steckt dahinter eine gigantische Leistung aller Beteiligten. Diese über Jahrzehnte währende großartige förderschulpädagogische Arbeit von Lehrern, Eltern usw. würde übrigens durch eine Abschaffung der Sonder- und Förderschulen dramatisch abgewertet. Die meisten Länder dieser Welt wären übrigens froh, sie hätten solche förderschulpädagogischen Differenzierungsmöglichkeiten wie Deutschland.

In diesem Sinne hat sich die Kultusministerkonferenz (KMK) im Jahr 2010 auf dem ersten Höhepunkt der Debatte um Inklusion eindeutig geäußert: »Die Behindertenrechtskonvention macht keine Vorgaben darüber, auf welche Weise gemeinsames Lernen zu realisieren ist. Aussagen zur Gliederung des Schulwesens enthält die Konvention nicht.« Zusammen mit dem federführenden Bundesministerium für Arbeit und Soziales (BMAS) hat die KMK im Januar 2016 in diesem Sinne auch eine Stellungnahme an den Hochkommissar für Menschenrechte in Genf abgegeben. In dieser Stellungnahme wenden sich Bund und Länder entschieden dagegen, die Beschulung von Kindern in einer deutschen Förderschule als »Segregation« zu bezeichnen. BMAS und KMK betonen zudem das Recht der

Eltern, eine Sonderschule für ihr Kind zu wählen, und sie weisen die Behauptung zurück, an deutschen Sonderschulen werde mit verminderter Qualität gearbeitet.

Warum es die höchst individuell fördernden und von hochprofessionellem Lehrpersonal geführten Förderschulen wegen der UN-Konvention angeblich nicht mehr oder kaum noch geben soll, erschließt sich keiner nüchternen Betrachtung, zumal man in Deutschland durchaus wissenschaftlich begleitete Erfahrungen mit Inklusion gemacht hat und Fragen der Inklusion auch juristisch intensiv beleuchtet sind.

Bereits im Herbst 1997 etwa war die Frage »Integration oder Separation« verfassungsrechtlich relevant geworden. Das Land Niedersachsen hatte eine körperlich und motorisch mehrfach behinderte Schülerin gegen den Wunsch der Eltern aus der fünften Klasse einer Gesamtschule in eine Sonderschule überwiesen. Das Bundesverfassungsgericht bestätigte dieses Vorgehen und kam 1997 zu dem Urteil: Die Überweisung an eine Sonderschule stelle nicht schon für sich eine Benachteiligung dar. Eine solche sei nur gegeben, falls die Unterrichtung im Regelschulsystem möglich sei, der Personal- und Sachmittelbedarf bestritten werden könne und schutzwürdige Belange Dritter nicht entgegenstünden.

Das sind die Realitäten
Der praktische Erfolg der inklusiven Beschulung stellte sich bislang in der Empirie als gering dar. Bezeichnend ist der wissenschaftliche Bericht, den die »Arbeitsstelle Integration« am Institut für Behindertenpädagogik der Universität Hamburg über das Modell »Die Integrative Grundschule im sozialen Brennpunkt« erstellte. Die Un-

164

tersuchung, deren Ergebnisse 1998 publik wurden, dämpfte viele Hoffnungen.

Die Kernaussagen über den Erfolg »Integrativer Regelklassen« (IR), das heißt von Klassen mit heterogener, also behinderter und nichtbehinderter, Schülerschaft, sind nämlich eindeutig: »Auch im IR-System ist es trotz der sonderpädagogischen Ressourcen nicht gelungen, das Auseinanderklaffen der Leistungsschere aufzufangen.« Und: »Es muss konstatiert werden, dass die Integration im Schulversuch nicht zur Reduzierung des sonderpädagogischen Förderbedarfs nach Ende der Grundschulzeit geführt hat.« Außerdem: »Es gab weniger gymnasiale Empfehlungen, keine Reduktion von Überweisungen an Förderschulen.« Die differenzierte und höchstindividuelle Beschulung eines behinderten Kindes in einer spezialisierten Förderschule ist einem inklusiven Ansatz also in vielen Fällen überlegen.

Von Urs Haeberlin, emeritierter Professor für Heil- und Sonderpädagogik an der Universität Freiburg (Schweiz), wissen wir zum Beispiel, dass Lernbehinderte sich in Sonderschulen als weniger ängstlich erleben, sich wohler fühlen und mehr Selbstwertgefühl haben.[108] Nichts jedenfalls hilft Kindern weniger, als wenn sie über die Realität hinweggetäuscht und etwa mit unverdientem Lob überhäuft werden.

Wie schaut es 2016 in der Praxis aus? Nehmen wir das größte deutsche Land, dessen Politik sich der Inklusion in besonderem Maße verschrieben hat: Nordrhein-Westfalen. Wie weit Ideologie und Realität auseinanderliegen, zeigt sich dort. Dort hat man als Zielperspektive ausgegeben, dass bis zum Jahr 2020 eine Inklusionsquote von 85 Prozent erreicht sein soll. 2016 betrug sie rund

40 Prozent. Damit dieses Ziel auch erreicht wird, arbeitet man mit Zwang. Konkret: Kinder mit Behinderungen werden nur dann auf eine Förderschule geschickt, wenn ihre Eltern dies beantragen, und dies dürfen sie üblicherweise erst ab der dritten Klasse. Zugleich wird die Förderschul-Option dadurch unterlaufen, dass Eltern diese Option oft gar nicht mehr haben, weil immer mehr Förderschulen aufgrund enger Vorgaben über die Mindestgröße geschlossen werden. Jedenfalls sind in NRW Inklusionsklassen (»I-Klassen«) mit vier Inklusionskindern durchaus üblich.

Auf dem Papier stehen den Lehrern der Regelklassen Sonderpädagogen zur Verfügung. In der Realität haben die meisten I-Klassen aber keinen solchen Helfer. Und dort wo Sonderpädagogen Schulen zugewiesen sind, ist es nicht eine Schule, sondern sind es bis zu fünf Schulen. Konkret heißt das: Diese Inklusionslehrer sitzen mindestens so lang im Auto auf dem Weg von Schule zu Schule, wie sie vor Ort wirklich helfen könnten. Und sie können sich eigentlich gar nicht intensiv mit den einzelnen Schülern und schon gar nicht mit fünf verschiedenen Lehrerkollegien befassen. Da stellt sich dann schon die Frage, was es bringt, wenn Förderschullehrer von ambulantem Einsatz zu ambulantem Einsatz fahren und einen »inkludierten« Schüler jede Woche wenige Stunden betreuen. Auch das wirkt diskriminierend, vor allem aber fehlt diesen Kindern der feste Ansprechpartner, den sie in einer Förderschule hätten.

Dementsprechend fallen die Urteile der Lehrerschaft über die NRW-I-Klassen vernichtend aus. Die FAZ vom 25. August 2016 berichtet von einer repräsentativen Umfrage des NRW-Lehrerverbandes »Bildung und Erziehung« (VBE). Danach geben 61 Prozent der Inklusionslehrer an, dass ihnen keine Sonderpädagogen zur Verfügung stehen; 85 Prozent der Inklusionslehrer berichten, dass sich die Größe ihrer Klasse trotz gesteigerten Förderbedarfs nicht verringert hat. Die Aussagen über das Fortbildungsangebot für Inklusionslehrer fallen ebenso vernichtend aus. Über die Hälfte der Lehrer beurteilt dieses Angebot – in der Regel sind es Ein-Tages-Kurse – als mangelhaft oder ungenügend. Eine Lächerlichkeit, gemessen daran, dass Förderschullehrer ein grundständisches Studium samt Referendariat dafür absolvieren! Das dürfte auch der Grund dafür sein, dass das bis 2018 laufende Programm einer berufsbegleitenden Ausbildung zum Erwerb des Lehramts für sonderpädagogische Förderung fast keine Nachfrage erfährt. Mit Beginn des Schuljahres 2016/17 waren erst 23 der 250 zur Verfügung stehenden Fortbildungsplätze besetzt. Und hinter vorgehaltener Hand heißt es auch: I-Klassen-Unterricht geht zulasten aller Schüler: Die I-Schüler erfahren zu wenig individuelle Betreuung und Förderung, die Regelschüler einer I-Klasse werden vernachlässigt, wenn nicht gar gebremst.

Inklusion als Ziel ist richtig, als Weg kann sie falsch sein
Das Ziel jeder behindertenpädagogischen Maßnahme ist unumstritten: Es geht um Zugehörigkeit und Teilhabe, es geht um die berufliche und soziale Eingliederung dieser jungen Menschen. In vielen Einzelfällen aber kann Inklusion der falsche Weg dorthin sein. Vor allem muss jede Behinderung individuell betrachtet werden, damit bei den betroffenen Kindern nicht am Ende ein Anpassungsdruck und ein Gefühl der Ausgrenzung entstehen. Es muss vermieden werden, dass Schüler mit Anforderungen konfrontiert werden, denen sie nicht gewachsen sind. Inklusion ist

insofern nur dann im Sinne des Kindeswohls, wenn begründete Aussichten bestehen, dass ein Schüler das Bildungsziel der betreffenden Schulform – durchaus mittels Nachteilsausgleich – erreichen kann und die Regelklasse durch die Inklusion nicht über Gebühr beeinträchtigt wird.

Es kann keinen Automatismus geben – weder bei der Überweisung in eine Förderschule noch bei der Zuweisung in eine inklusive Klasse. Jede Behinderung ist zu spezifisch, als dass man auf differenzierte Diagnostik und Entscheidung verzichten könnte. Der individuelle Förderbedarf eines Kindes mit Trisomie 21 ist ein völlig anderer als der eines seh-, hör- oder motorisch beeinträchtigten Kindes.

Entsprechend der Art der Beeinträchtigung muss denn auch das Förderkonzept ausgerichtet werden: Wenn eine Behinderung bzw. Beeinträchtigung mit Hilfe technischer oder baulicher Mittel (Digitalisierung des Unterrichtsgeschehens, Aufzüge in Schulgebäuden, zusätzliche Räume usw.) bzw. mit Hilfe zusätzlicher Fachkräfte kompensiert werden kann, steht einer Inklusion nichts im Wege. Anders stellen sich die Möglichkeiten der Inklusion bei verhaltensauffälligen oder kognitiv beeinträchtigten Schülern dar.

Bedenken sollte man dabei aber auch: Bei allen Maßnahmen der Inklusion muss das Wohl aller Kinder mitreflektiert werden. Auch Kinder ohne Behinderung haben ein Recht auf bestmögliche Förderung. Es ist durchaus richtig, dass Nichtbehinderte einen Gewinn haben von der Begegnung mit Behinderten. Das gilt zumal auch für die Gymnasien, deren Schüler sich übrigens durch ein besonderes Maß an Toleranz und Empathie auszeichnen. Ein Mehr an Gemeinsamkeit von behinderten und nicht behinderten

Menschen ist in allen gesellschaftlichen Bereichen denkbar, im Bildungsbereich sehr wohl wünschenswert. Dieses Mehr ist aber nur möglich, wenn die Wege der Inklusion vom Kindeswohl ausgehen sowie realistisch und frei von Egalisierungsabsichten sind. Es sollte der Grundsatz gelten: So viel Inklusion wie möglich – so viel Differenzierung wie nötig!

Ein paar persönliche Anmerkungen
Als Verfasser dieses Buches, als vormaliger, langjährig tätiger Schulpsychologe und noch länger tätiger Gymnasialdirektor bin ich kein Spezialist für Sonder- und Förderpädagogik. Dennoch hatte ich mit Sonderpädagogik im Laufe meiner Vita immer wieder zu tun. Bereits während der Endphase meines Studiums hatte ich einen Lehrauftrag in Psychologie an der Fachschule für Heilerziehungspflege und Heilerziehungspflegehilfe in Eisingen bei Würzburg; dort begegnete ich vor allem behinderten Schülern mit MS, mit Down-Syndrom sowie mit Hör- und Sehbeeinträchtigungen. Als Leiter eines Gymnasiums stand ich nicht häufig, aber regelmäßig vor der Aufgabe, die baulichen und technischen Voraussetzungen für die Aufnahme von Schülern mit schweren Seh- und Hörstörungen und für Rollstuhlfahrer zu schaffen.
Ein enger, 1990 geborener Verwandter ist ein junger Mann mit Down-Syndrom. Er erfuhr in einer Förderschule eine optimale Förderung, so dass er heutzutage unabhängig von seinen Eltern recht selbstständig in einer betreuten Wohngemeinschaft leben kann. Das bestätigen seine Eltern immer wieder, vor allem betonen sie, wie wichtig es für den jungen Mann war, in einer Förderschule auf Augenhöhe mit anderen Schülern gewesen zu sein und regelmäßig die

Gelegenheit gehabt zu haben, nicht nur der Empfänger von Unterstützung, sondern auch der Initiator von Hilfe für andere gewesen zu sein. Das bestätigt – unter umgekehrten Vorzeichen – Bernd Ahrbeck[109], wenn er die Mutter eines zehnjährigen behinderten Schülers zitiert, der in der zweiten und dritten Klasse »inkludiert« war. Sie schreibt: »Das zweite sowie das beginnende dritte Schuljahr wurde für unseren Sohn zu einer intensiven Zeit des Leidens und der Ausgrenzung.«

Wer sich – wie ich – seit Jahrzehnten öffentlich zu Bildungsfragen äußert und an die dreißig Talkshows mitbestritten hat, der musste damit rechnen, dass ihm das Thema Inklusion in einer der »großen« Talkshows nicht vorenthalten bleibt. So kam es denn auch in der Sendung »Günther Jauch« am 18. Mai 2014. Die ARD-Runde war betitelt mit: »Mit Down-Syndrom aufs Gymnasium – freie Schulwahl für behinderte Kinder?« Es ging um den »Fall Henry«, einen damals zehnjährigen Jungen mit Down-Syndrom aus der Gegend von Mannheim/Karlsruhe, dessen Mutter ihren Sohn unter allen Umständen in ein Gymnasium aufgenommen haben wollte. Ich saß außer dem Moderator vier Talkgästen gegenüber: der Ministerpräsidentin von Rheinland-Pfalz, Malu Dreyer, die selbst MS hat; der Mutter von Henry; einer jungen Frau mit Down-Syndrom und einem jungen Gesamtschullehrer, der in seiner Klasse einen Jungen mit Glasknochen hatte. Aufgrund eines Artikels, den ich ein Jahr zuvor in der *FAZ* vom 12. April 2013 veröffentlicht hatte, war ich in der Sendung »der« Inklusionsskeptiker, während die anderen massiv für Inklusion plädierten. Von der Ungleichgewichtung eins zu vier einmal abgesehen, konnte man sagen, so weit so gut, ich wusste es vorher.

Interessant und für den Zuschauer nicht erkennbar waren manche Umstände der Sendung. So war vereinbart, dass ein Trailer mit den Erfahrungen meines oben genannten Neffen eingespielt wird. Das war dann aber nicht der Fall. Ebenso war vereinbart, dass eine Mutter von nichtbehinderten Zwillingen in der ersten Zuschauerreihe ins Gespräch einbezogen werden sollte. Diese Mutter hatte vor, sich über die Benachteiligung ihrer Kinder in deren Klasse zu beschweren, weil dort extrem verhaltensauffällige Kinder inkludiert waren. Fünf Minuten vor Beginn der Live-Sendung zog diese Mutter ihre Bereitschaft zu diesem Statement zurück. So kam es denn für den naiven Zuschauer zu einer Schieflage, die obendrein noch durch hanebüchene Vergleiche bestimmt war, zum Beispiel dass Italien in der Inklusion Deutschland weit voraus sei. Auf meinen Einwand, dass man sich Italien allein schon wegen seiner schlechten Pisa-Ergebnisse nicht gerade zum Vorbild nehmen solle, erfolgte keine Resonanz in der Runde. Alles in allem: Inklusion ist ein gesamtgesellschaftliches Sisyphos- und Mammutunternehmen, bei dem es um die gleiche Wertschätzung von Behinderten wie um die Wertschätzung eines jeden anderen Menschen geht; bei dem es um eine Steigerung der Teilhabe, etwa durch einen Abbau von Barrieren und durch wohnortnahe Bildung, geht; bei dem es nicht um ein »Alles oder Nichts« bzw. um ein »Entweder – Oder« geht, sondern um ein »Sowohl – Als auch«. Jedenfalls sind alle Unternehmungen zur Inklusion umso erfolgreicher, je weniger dogmatisch die Lösungen sind.

KAPITEL 3
Falsche Sprache

Wie die Deutschen mit ihrer Sprache umgehen (sollten)

»Die Grenzen meiner Sprache bedeuten die Grenzen meiner Welt.« Dieses weithin bekannte Wort stammt von dem österreichisch-britischen Philosophen Ludwig Wittgenstein (1889–1951). Dass diese Grenzen immer enger werden in diesem unserem Lande, daran wird an allen Ecken und Enden politisch, medial und pädagogisch eifrig gearbeitet. In der Folge bekommt vor allem das nachwachsende Sprachvolk den Sprachverfall quasi mit der pädagogischen Muttermilch *und* mittels medialer Zwangsernährung eingeflößt.

Wo aber Sprache verödet, da verödet das Denken. Eine gefährliche Entwicklung! Denn so wie das sprachliche Vermögen eines jeden einzelnen Menschen Ausdruck individueller Reife ist, so ist die bewusste Pflege von Sprache und Literatur Ausdruck des kulturellen Niveaus eines Gemeinwesens. Das sprachliche Vermögen ist zudem für die Bildung und für die Sozialisation jedes Einzelnen die wesentliche Grundlage.

Welt ist nun einmal nur über Sprache erfassbar, daher sind Wahrnehmung, Denken und Weltinterpretation untrennbar mit Sprache verbunden. Dabei wiederum charakterisiert die Muttersprache die jeweils besondere Form des

Umgangs eines Volkes mit Welt: Die Eigenheiten einer Sprache – z. B. der Wortschatz – sagen eben auch etwas aus über die Wahrnehmung der Welt durch ein Sprachvolk. Dass die Eskimo/Inuit ein Vielfaches an Ausdrücken für Schnee und die Amazonasindianer ein Vielfaches an Wörtern für die Farbe Grün haben, ist bekannt.

Sprachbeherrschung ist zudem Grundlage für das Erleben und das Verantworten von Freiheit, ist Voraussetzung von Selbstbewusstsein: Erst über die Sprache verwirklicht sich der Mensch, daher ist Sprache der »Grund des Menschseins« (Martin Heidegger), und der Mensch ist »nur Mensch durch Sprache« (Wilhelm von Humboldt). Erst mit Sprache ist die Teilhabe an der politischen Öffentlichkeit möglich. Wer die Sprache beherrscht, durchschaut leichter den Missbrauch von Sprache in Reklame und Propaganda. Er durchschaut auch leichter Sprachdiktate, die oft Gesinnungsdiktate sind. Wie das alles inszeniert wird, kann man in George Orwells »1984« nachlesen, wo ein »Miniwahr« (Ministerium für Wahrheit) tagtäglich Sprache manipuliert und Geschichte umschreibt.

Sprache ist auch das wichtigste Werkzeug des Menschen, um Kultur zu schaffen und diese kommenden Generationen zugänglich zu machen. Breite Teilhabe an Kultur lässt sich aber nur dann verwirklichen, wenn die Grundlagen für kulturelle Kommunikation gemeinsame sind; das kann nur die Hoch-, Mutter- bzw. Landessprache. Was wiederum die landsmannschaftliche Ausprägung von Sprache, den Dialekt, nicht diskriminieren soll. Dialekt ist sprachliche Bereicherung.

Bleiben wir beim Individuum: Differenzierte Sprachbeherrschung ist ein grundlegendes Element der Persönlichkeitsbildung, denn Sprache ist Medium für die Entfaltung von Innerlichkeit und damit Ausdruck der Gesamtpersönlichkeit. Sprache ist Chance zur Entlastung: Nur wenn man Bedrängendes verbal zum Ausdruck bringen kann, kann man sich davon entlasten. Sprache ist das wichtigste und das einzige humane Instrument der Konfliktlösung. Wo Sprache versagt, da regiert die Faust – im zwischenmenschlichen und im politischen Bereich.

Voraussetzung dafür wiederum ist ein möglichst großer aktiver und passiver Wortschatz, also ein Wortschatz, den man aktiv anwendet, und ein Wortschatz, den man versteht. Dieser »Schatz« (!) kann und muss nicht so groß sein wie derjenige von Shakespeare oder von Goethe oder von Luther. Man sagt, der erste von den dreien habe mit bis zu 40 000 Wörtern jongliert, der zweite mit bis zu 90 000, Luther mit rund 23 000. Der individuelle Wortschatz kann auch nicht so groß sein wie der Duden-Wortschatz, der gut 125 000 Wörter ausmacht. Und gewiss beherrscht niemand den gesamten deutschen Wortschatz, der auf 300 000 bis 400 000 Wörter geschätzt wird. Aber ein wenig mehr als die weniger als 1000 Wörter des Grundschulwortschatzes (siehe S. 214) sollten es schon sein. Für das Lesen einer Qualitätszeitung braucht man immerhin einen passiven Wortschatz von rund 5000 Wörtern.

Teilhabe via Sprache ist freilich gerade Analphabeten – primären und funktionalen – nicht möglich. Damit bleiben ihnen zivilisatorische und kulturelle Errungenschaften vorenthalten. Und das sind in Deutschland laut Level-One-Studie[110] der Universität Hamburg von 2011 immerhin ca. zwei Millionen erwachsene totale Analphabeten und mehr als sieben Millionen erwachsene funktionale, also nur rudimentär des Schreibens und Lesens kundige Analphabeten unterhalb des Erstklässlerniveaus.

Zurück zu Wittgenstein: »Die Grenzen meiner Sprache bedeuten die Grenzen meiner Welt.« Das scheint das deutsche Sprachvolk kaum zu stören. Es ist jedenfalls erstaunlich, mit welcher Gleichgültigkeit die Deutschen mit ihrer Sprache umgehen. Hier gibt es lange Sündenregister. Dabei bleibt nachfolgend die Sünde der Rechtschreibreform – weil ihr ein eigenes Kapitel gewidmet ist – zunächst außen vor.

Überhaupt scheint die deutsche Sprache – sieht man einmal vom Verein Deutsche Sprache (VDS; Vereinsorgan: »Sprachnachrichten«) und vom Verein für Sprachpflege (Vereinsorgan: »Deutsche Sprachwelt – Die Plattform für alle, die Sprache lieben«) ab – keine organisierte Interessenvertretung (vulgo: Lobby) zu haben! Das Sprachvolk selbst schaut teilnahmslos zu oder im günstigsten Fall kritisch, aber angewidert weg.

Die Denglisch-Seuche
Unsere Sprache – selbst die der deutschen Pädagogik – wird mehr und mehr von einem seltsamen »Denglisch« kontaminiert. Zwar ist das Deutsche gottlob (noch?) nicht so weit verkommen wie die Sprache eines früheren Deutsche-Bank-Chefs, der einmal gesagt haben soll: »*Jeder muss im Job permanently seine Skills so posten, dass die Benefits alle Ratings sprengen. Damit der Cash-Flow stimmt.*« Die deutsche Sprache scheint freilich nicht nur bei Herrschaften dieser Gattung zwischen die Mahlsteine der Globalisierung geraten zu sein. Denn: Der globalisierte Deutsche spricht Englisch bzw. das, was er dafür hält. Anschaulich dokumentiert wird diese schier unaufhaltsame Entwicklung in den verschiedenen Auflagen des »Wörterbuches überflüssiger Anglizismen« bzw. im »Anglizismen-Index«.

Im Jahr 1999 umfasste die erste Auflage dieses Wörterbuches samt Übersetzungsvorschlägen rund 3500 solcher Wörter, in der Ausgabe von 2016 sind es bereits 7500.[111]

Nicht zu vergessen: Die Vergewaltigung des Deutschen beginnt bereits mit den 1:1-Übersetzungen englischer Redewendungen ins Deutsche: »es macht Sinn«, »es macht einen Unterschied«, »in 2012«, mit der deutschen Zwangskonjugation englischer Verben: du *coverst,* er *downloadet,* wir *outsourcen,* ihr *relaxt,* sie *recyceln,* er hat *upgedated* usw. und auch mit dem Dummen-Apostroph (Apostrophitis): *zu Oma's Zeiten, Heidi's Hairstudio.*

Ansonsten, wohin man guckt: *Meeting Point, Ticket Office, Job Center, City Call, Headquarter, Bratwurst-Point.* Die CSU wirbt für einen Kandidaten mit *Lounge in the City* samt *AfterWorkParty,* Versicherungen verfassen einen *Code of Conduct,* kaum ein Kaufhaus verzichtet auf riesige »*Sale*«-Schilder. Und dann noch das hässliche *Kids.* Autofahrer wissen, dass sie auf der Autobahn München – Nürnberg die Ausfahrt *Ingolstadt Village* nehmen können. Ingolstadt mit seinen 100 000 Einwohnern also ein Dorf? Wenig später springt einen kurz vor Nürnberg ein Schild an mit der Aufschrift: »*Outdoor- und Genussregion Nürnberger Land*«.
Um den Überdruss des geneigten Lesers noch zu steigern, hier eine Auswahl weiterer Sprachfunde dieser Art: Die Gastronomie arbeitet mit *Catering, Fastfood, Shakes.* In der Gesundheits- und Schönheitsbranche geht nichts ohne *Age re-perfect, Relaxen, Style, Wellness.* In der Unterhaltungsindustrie geht nichts ohne *Backstage, Highlight, Performance.* Die Kommunikationsterminologie ist vol-

ler *Beamer, Browser, Cookies, Firewall, Headset, Mousepad, Scanner, Tools, Touchscreen, Update.* Die Sportterminologie kennt fast nur noch *Coach, Comeback, Cup, Derby, Handicap, Keeper, Match, Mountainbike, Playoff, Skateboard.* Mit die aggressivste Sprachbarbarei geschieht in der Psychologie: *Boiled-Frog-Effekt, Brain up, Burnout, Corporate Identity, Feedback, Feeling, Flow, Human Ressources, Leadership, Mindmapping, Win-Win-/Lose-Lose-Situations.* Aus der Wirtschaft kennen wir: *Benchmarking, Boom, Employability, Global Player, Lean Production, Outsourcing, Taskforce, Think Tank.* Aus der Automobil-Industrie *haben wir: coming home / leaving home* für verzögertes An- und Abschalten des Lichts. Die Beispiele könnten beliebig fortgesetzt werden. Dabei wird das von Deutschen generierte Englisch von Engländern zum Teil nicht verstanden. Man nennt so was Pseudoanglizismen: Der *Shootingstar* ist Unsinn, denn im Englischen ist es ein verglühender Komet. Wie verirrt die Sucht nach dem Englischen ist, zeigt der Begriff *Public Viewing,* der im Englischen öffentliche Leichenschau bedeutet. *Handy* kennt der Engländer nicht. Und auch den *Oldtimer* (eigentlich: alter Mann) kennen die Engländer nicht. Dort heißt das, was die Deutschen mit *Oldtimer* meinen, *vintage car.*

Wer nun meint, wenigstens der Bildungssektor würde sich dieser Anglomanie entziehen, wird bitter enttäuscht sein. Das Gegenteil ist der Fall: Die Sprache der »Bildung« gibt sich besonders »trendy«. »Kultus«-Ministerien übertreffen sich gegenseitig mit: Educ@tion, Girls' Day, Learntec, knowledge-machines, Soft Skills, Download-Wissen, Knowledge on Demand, Just-in-time-Knowledge usw. Fehlt nur noch die »Kiss-and- Go«-Zone vor den Schulen.

Was ist von all dem zu halten? Es ist affig im Sinne des Nachäffens. Aus tiefenpsychologischer Sicht handelt es sich um eine verbalerotische Hyperventilation zwischen Imponiergehabe und infantil staunender Gläubigkeit. Gesellschaftspolitisch verrät sich in dieser Sprache zudem eine bestimmte Ideologie. Diese Sprache signalisiert nämlich den Kotau von immer mehr Lebensbereichen vor einem flachen Ökonomismus und vor der politisch-wirtschaftlichen Dominanz der USA. Sprach- und kognitionspsychologisch betrachtet, läuft das auf eine reduzierte Wahrnehmung und auf ein »*outgesourctes*«, entfremdetes Denken hinaus.[112]

Nun, es gibt ein paar Lichtblicke! Da gibt es doch tatsächlich Unternehmen, die ihr Saulus-Erlebnis hinter sich haben, die nämlich zur Kenntnis nehmen mussten, dass das Gros der Kunden ihre Werbesprüche nicht verstand: Bei McDonald's heißt es deshalb nicht mehr *Every time a good time*, sondern »Ich liebe es«; bei Sat.1 nicht mehr *Powered by Emotion*, sondern »Sat.1 zeigt's allen«; beim Energiekonzern RWE nicht mehr *One group, multi utilities*, sondern »Alles aus einer Hand«; bei Douglas nicht mehr *Come in and find out*, sondern »Douglas macht das Leben schöner«; bei Siemens heißt es nun nicht mehr *Headquarter* sondern Konzernzentrale und nicht mehr *Quick access*, sondern Schnellzugriff. Die Deutsche Bahn will seit 2013 Anglizismen vermeiden. In einem Glossar hat der Konzern 2200 Anglizismen gesammelt, die im Alltag Tabu sind. Die Angestellten müssen pauken, wie *Counter* (Schalter) oder *Call a Bike* (Mietrad) auf Deutsch heißen. Und in einigen Kaufhausketten gibt es wieder einen »Schlussverkauf« und keinen »*Sale*« mehr.

Ein paar Leute wollten noch mehr erreichen. Von Februar 2006 bis April 2010 hoben sie die Aktion Lebendiges Deutsch (ALD) aus der Taufe. Diese ALD verstand sich keineswegs als Sprachpurist. Es ging der Aktion also nicht um treffende Importe, die im Idealfall noch dazu wie deutsche Wörter geschrieben und großteils deutsch ausgesprochen werden: *Bar, Drops, fair, fit, Flirt, Flop, Grill, Hit, Hobby, Lift, Party, Sex, Slip, Sport, Spurt, Star, Start, Stop, Test, Tip, Toast, Trip*. Die Aktion wollte vor allem bewusstmachen, dass viele deutsche Wörter kürzer, oft auch markanter sind als ihr englisches Pendant: Die deutschen Einsilbler *Geld, Mut, nichts, weil, Berg* usw. sind kürzer als die englischen Zweisilbler *money, courage, nothing, because, mountain*. Viel kürzer als die englischen Drei- und Mehrsilbler *in spite of, in front of, happiness* sind die deutschen Einsilbler *trotz, vor, Glück*. Entsprechendes gilt für *Umwelt* versus *environment*, *Bahnhof* versus *railway station*, *Trödler* versus *second-hand dealer*.

Auf diese Weise kamen bei der ALD-Aktion unter öffentlicher Beteiligung von Tausenden Teilnehmern folgende »Übersetzungen« zustande: *Homepage = Startseite, Shareholder Value = Aktionärsnutzen, Junk Bonds = Schrottanleihen, Airbag = Prallkissen, Brainstorming = Denkrunde, Fastfood = Schnellkost*. Bei der Aktion fand sich auch viel Kreatives und Witziges: Allein *Brainstorming* erbrachte mehr als dreitausend verschiedene Vorschläge von mehr als 10 000 Einsendern, darunter *Gripstreff, Hirnhatz, Synapsentango*. Für *Fastfood* kamen die Alternativen *Schmampf, Dampfmampf, Hatzfraß*, für *Anti Aging* so lustige Übersetzungen wie *Runzelblocker, Faltenbügler*.[113]

Es geht doch! Und auch früher ging es! 1947 prägte der US-Publizist Walter Lippmann den Begriff *Cold War*. Wie selbstverständlich wurde daraus im Deutschen der *Kalte*

Krieg. 1948 beschlossen Amerikaner und Engländer, das von Stalin blockierte Westberlin aus der Luft zu versorgen – mit einem *Airlift* (britisch *Big Lift*).

Obgleich der Lift den Deutschen längst vertraut und die Zusammensetzung kurz und bündig war, machten sie die *Luftbrücke* daraus. Ähnlich rasch hat es zum Beispiel geklappt mit *Selbstbedienung* für *selfservice*, mit *Gehirnwäsche* für *brainwash*.

Damit hat sich etwas wiederholt, was einem Philipp von Zesen in der Mitte des 17. Jahrhunderts ein Anliegen war – nämlich deutsche Begriffe für englische bzw. französische zu finden – zum Beispiel *Abstand* für *distance*, *Anschrift* für *adresse*, *Augenblick* für *moment*, *Leidenschaft* für *passion*, *Nachruf* für *nécrologie*, *Tagebuch* für *journal*, *Vertrag* für *contract*, *Schauspieler* für *acteur*. Dass es dabei auch Flops gab, sei nicht verschwiegen: »Meuchelpuffer« für Pistole oder »Zitterweh« für Fieber haben sich nicht durchgesetzt. Aber all die gelungenen Neuschöpfungen haben das Deutsche zu einer der reichsten Sprachen der Welt gemacht.

Mit Provinzialität jedenfalls hatte und hat ein Einsatz für die deutsche Sprache nichts zu tun. Andere Sprachnationen sind im Übrigen im Umgang mit Anglizismen selbstbewusster als wir Deutsche: Im Jahr 1994 verabschiedete die französische Nationalversammlung ein Gesetz, das die Verwendung von 3500 gängigen Wortimporten verbot – Werbetextern, Journalisten, Amtspersonen. Beispiele: *atelier* für *workshop*, *ordinateur* für *computer* usw. Ebenso konsequent sind die Polen. Seit 2000 ist dort ein Gesetz in Kraft, das die polnische Sprache bei der Bezeichnung von Waren und Dienstleistungen verbindlich vorschreibt.

Die Deutschen aber pflegen ihre sprachliche Selbstverleugnung. Die Londoner *Times* nennt die Anglomanie der

Deutschen gar »*linguistic submissiveness*«. Und lebte Winston Churchill noch, er würde mit Blick auf diese sprachliche Unterwürfigkeit der Deutschen seinen alten Spruch hervorkramen: »Die Deutschen – man hat sie entweder an der Gurgel oder zu Füßen.«

Academic Pidgin English oder BSE (Bad Simple English)?
Quer durch Deutschlands Hochschulen und Forschungseinrichtungen greift ein »Academic Pidgin English« um sich. »*The language of good science is bad English.*« Das sagt einer der renommiertesten Anglisten in Deutschland, Ekkehard König. Manche Kritiker nennen es auch »*Bad Simple English*« (BSE). Jedenfalls praktizieren Wissenschaft und Hochschule mehr und mehr die englische Sprache oder was sie dafür halten. Dabei war das Deutsche bis 1933 und zum Teil noch nach 1945 die Weltsprache in den Fachbereichen Theologie, Philosophie, Archäologie, Philologie, Geschichte, zu erheblichen Teilen auch in den Natur- und Technikwissenschaften und in der Medizin. Heute muss man feststellen, dass das Deutsche – zumindest in den Natur- und Technikwissenschaften – keinerlei Rolle mehr spielt.
Die Deutschen sorgten in der Folge und ohne Not dafür, dass man das Diplom und das Staatsexamen auf dem Altar der Globalisierung opfert und man jetzt sagt: *Bachelor welcome;* dass deutsche (!) Fachhochschulen sich *University of Applied Sciences* nennen und – wenn sie besonders dick auftragen wollen – *Best practice Hochschule;* dass Informationsbroschüren für Studienanfänger »*Roadmap ins Studium*« heißen; dass Hochschulen Humboldt mit seiner Idee der zweckfreien Bildung des Menschen über Bord schmeißen und dann auch noch frech schreiben: *Humboldt meets Bologna* – Grässlich!

Daneben beobachtet man in Deutschland eine zunehmende Verdrängung des Deutschen selbst im internen Wissenschaftsbetrieb. Erbärmlich etwa ist es, dass oft sogar auf Fachkongressen in Deutschland mit 90 Prozent deutscher Beteiligung Englisch gesprochen wird. Viele Forschungsförderungsanträge dürfen von deutschen Wissenschaftlern nur noch auf Englisch eingereicht werden. Begutachtungen der Deutschen Forschungsgemeinschaft müssen in englischer Sprache ablaufen, selbst wenn alle Antragsteller und das Gutachtergremium deutschsprachig sind. Immer mehr Lehrveranstaltungen für deutsche Studenten von deutschen Dozenten werden auf Englisch abgehalten. Der Präsident der Technischen Universität München (TUM) meint, an der TUM werde ab 2020 nur noch in englischer Sprache gelehrt.

Bei all diesen Initiativen sollte man nicht vergessen: Auch wenn viele deutsche Wissenschaftler über gute Fremdsprachenkenntnisse verfügen, komplexe Sachverhalte können sie niemals so nuanciert und bildhaft wiedergeben, wie das in der Muttersprache möglich ist. Die Folgen sind Missverständnisse, eine Verflachung des inhaltlichen Niveaus und die Unterdrückung kontroverser Diskussionen.

Der Münchner Molekularimmunologe Prof. Ralph Mocikat (2005 Initiator der sieben Thesen zur deutschen Sprache in der Wissenschaft; siehe S. 185) hat eine kleine empirische Untersuchung angestellt. Es wurden insgesamt 14 Seminare mit ausschließlich deutschsprachigen Teilnehmern verfolgt und die Zahl der Diskussionsbeiträge durch die Teilnehmerzahl dividiert. Die Diskussion war hochsignifikant eingeschränkt (um den Divisor 6,3), wenn man gezwungen war, die Fremdsprache zu benutzen. Die Teilnehmer der untersuchten Seminare waren wohlgemerkt etablierte Wissenschaftler, die glaubten, das Englische zu beherrschen.

Analoge Erfahrungen wurden aus Schweden berichtet, einem Land, dessen Bewohnern fundierte Englischkenntnisse nachgesagt werden. Hier wurde gezeigt, dass in naturwissenschaftlichen Vorlesungen das Verständnis seitens der Studenten erheblich zurückbleibt, wenn die Vorlesungen auf Englisch gehalten wurden. Der Biophysiker und Wissenschaftsjournalist Stefan Klein berichtete in der *FAZ* vom 6. Juli 2007 unter der Überschrift »Dümmer auf Englisch – Deutsch als Sprache der Wissenschaft gerät in Vergessenheit – Die Folgen sind verheerend« von Untersuchungen in Schweden und den Niederlanden. Deren Ergebnis lautet: Universitärer Unterricht in Schweden und den Niederlanden auf Englisch senkt das Leistungsniveau. Auch der dänische Sprachrat hat festgestellt, dass an den Universitäten, die fast vollständig auf Englisch lehren, das fachliche Niveau sinkt. An der Universität Uppsala überlegt man ernsthaft, wieder mehr Veranstaltungen auf Schwedisch anzubieten. Gleichwohl wird an deutschen Universitäten mittlerweile in 250 von rund 2000 Masterstudiengängen in englischer Sprache gelehrt.

Da stellt sich die Frage: Bringt die Ausrichtung auf das Englische den Universitäten mehr Internationalität? Wie wird die Flucht in die englische Einsprachigkeit von Ausländern wahrgenommen? Ja, sie wird wahrgenommen, aber: Wie man von japanischen Professoren erfährt, lehnen es Studenten dort inzwischen ab, nach Deutschland zu kommen, um sich hier in einen der englischsprachigen Studiengänge einzuschreiben. Ein indischer Professor schrieb einmal (so berichtete mir Prof. Mocikat), er rate seinen Studenten von einem Aufenthalt in Deutschland ab, da man hier nur eine Kopie des amerikanischen Wissenschaftssystems vorfinde. Eine wachsende Zahl von Wissenschaftlern jedenfalls ist über diese Entwicklung besorgt. So wurde bereits 2005 ein Thesenpapier zur deutschen Sprache in der Wissenschaft[114] veröffentlicht, das von mehr als 300 Persönlichkeiten und vom Autor dieses Buches mitunterzeichnet wurde. In diesem Thesenpapier wird festgehalten: Generell sollte die akademische Lehre in Deutschland auf Deutsch erfolgen; englischsprachige Abschlussarbeiten an deutschen Universitäten sollten eine mehrseitige Zusammenfassung in deutscher Sprache enthalten, die in die Examensnote einfließt; deutsche Muttersprachler sollen ihre Berichte oder Förderungsanträge bei deutschen Drittmittelgebern in deutscher Sprache verfassen können; für herausragende deutsche Forschungsarbeiten in deutscher Sprache sollte es hoch dotierte Preise geben.

Einen ersten Schritt in diese Richtung geht die Jürgen-Moll-Stiftung mit dem Jürgen-Moll-Preis. Die Verleihung dieses mit 5000 Euro dotierten Preises findet alljährlich statt. Der Preis wird für wissenschaftliche Publikationen von Rang (Dissertationen, Habilitationsschriften, wissenschaftliche Monographien) vergeben, die in einer besonders klaren, verständlichen Sprache verfasst sind.

Nun, England mag sich freuen, dass sich seine Sprache unwiderstehlich durchsetzt. Aber England sollte darüber nicht nur glücklich sein. Denn: Die Neigung der Engländer, eine Fremdsprache zu erlernen, stürzt ins Bodenlose. Siehe jüngst die Universität Cambridge, die von ihren Studienanfängern keine Fremdsprachenkenntnisse mehr verlangt. Und: Dieses globalisierte Englisch ist ein Sprachenkiller – auch für das Englisch und dessen Niveau selbst.

Dass eine jede nationale Sprache zugleich Wissenschaftssprache sein muss, ist wichtig, denn dadurch werden Wissen und Wissenschaft demokratisiert. Die Verwendung der Nationalsprache als Wissenschaftssprache ist keine Frage des Nationalstolzes, sondern eine der Demokratie.

Verbale »Genie«-Streiche der Gender-Ideologen
Sprachmanipulationen sind so alt wie die Sprache selbst. Immer schon haben Mächtige und Ideologen versucht, mit Sprachdiktaten die Gehirne zu besetzen. Vor allem die Verschönerung der Welt durch Sprache, durch Euphemismen, ist ein beliebtes Instrument. Wer kennt sie nicht, diese Euphemismen etwa aus der DDR: Beschlagnahmtes Vermögen wurde zum Volkseigentum, die Mauer zum Antifaschistischen Schutzwall, leere Regale wurden zur Bedarfunterdeckung, Spione zu Botschaftern des Friedens. Nicht nur die DDR war hier findig. Auch der Westen Deutschlands erfand so manchen Euphemismus: Rezession wurde zum Minuswachstum, Stagnation zum Nullwachstum usw. Vor allem aber hat sich mit ihren endlos vielen Hui- und Pfui-Begriffen weltweit eine Sprache der »politischen Korrektheit« durchgesetzt. Orwell lässt grüßen. In seinem Roman »1984« sagt der an einem Wörterbuch der »Neusprache« bastelnde Sprachwissenschaftler Syme zu Winston Smith, der Hauptfigur des Romans: »Siehst du denn nicht, dass die Neusprache kein anderes Ziel hat, als die Reichweite der Gedanken zu verkürzen? ... Es ist lediglich eine Frage ... der Wirklichkeitskontrolle. Aber schließlich wird das auch nicht mehr nötig sein. Die Revolution ist vollzogen, wenn die Sprache geschaffen ist.«
Nun geht ein neues Sprachgespenst um in Deutschland. Es heißt Gender-Linguistik. In der Sprache des Konstruktivismus bzw. des Dekonstruktivismus ist Gender ein Konstrukt, das aufgebaut oder eben – notfalls sprachlich – gesprengt werden muss. Man wird schließlich, so Simone

de Beauvoir, nicht als Frau geboren, sondern zur Frau gemacht. Zum Beispiel mittels Sprachregelung.

Seit etwa 2005 tobt sich der daraus abgeleitete Gender Mainstream besonders heftig aus. In der Folge werden Maskulina – ob es semantisch und grammatisch korrekt ist oder nicht – durch Feminina ergänzt oder völlig ersetzt: BürgerInnen, FußgängerInnen … Und zwar ohne Rücksicht darauf, dass mit dem generischen (männlichen) Plural als »genus collectivum« seit Jahrtausenden in allen indogermanischen Sprachen alle Menschen – ob Männlein oder Weiblein – mitgemeint sind. Für die »Erforschung« solchen Gender-Irrsinns leistet sich der deutsche Steuerzahler mittlerweile 212 Professuren! An der Humboldt-Universität Berlin (HUB) hat die Arbeitsgruppe für »Feministisch Sprachhandeln« eine Broschüre mit »antidiskriminierenden« Sprachempfehlungen herausgegeben. Darin werden etwa Sätze wie der folgende empfohlen: »Unsa Lautsprecha ist permanent auf Demos unterwegs. Ea erfreut sich hoher Beliebtheit.« Nicht ganz, aber fast so heftig greift die Gleichstellungsbeauftragte der Universität zu Köln ein. In ihrem 32 Seiten umfassenden Papier mit dem Titel »ÜberzeuGENDERe Sprache« schlägt sie als gleichberechtigt folgende Variantenschreibungen vor: »Mitarbeitendengespräche, MitarbeiterInnengespräche, Mitarbeiter/innengespräche, Mitarbeiter_innengespräche, Mitarbeiter*innengespräche.«

Wie man sieht: Besonders beliebt ist die feministische Linguistik mit ihrem Binnen (Majuskel)-I. Für boshafte Leute ist das große I kaum etwas anderes als ein Phallussymbol. Von VerbrecherInnen, MörderInnen oder TerroristInnen ist zwar eher selten die Rede. Aber SchülerInnen, LehrerInnen, StudentInnen, ProfessorInnen, BürgerInnen,

WählerInnen gibt es zu Millionen. Die Politologin Ute Scheub plädierte gar für eine »Sprachguerilla«, denn es gehe darum, »im Versteck auszuharren, aus dem Hinterhalt zuzuschlagen, mit immer neuen Taktiken« (Ute Scheub: Der lange Marsch des großen I durch die Institutionen. Vortrag auf der Tagung »Sprachmächtig. 20 Jahre nach dem Binnen-I« der Friedrich-Ebert-Stiftung vom 20.1.2003). Das Argument, dass das große I nicht aussprechbar ist, wird vom Tisch gewischt. »frau« schlägt vor, bei der Aussprache von »BürgerInnen« vor dem Binnen-I einen Glottisschlag (einen Zungenschnalzer) einzulegen.

»Der« Mensch darf auch nicht mehr sein, selbst wenn es »die« Menschheit gibt. »man«, »jemand«, »niemand« dürfen ebenfalls nicht mehr sein, weil all diese Wörter, grammatisch gesehen, männlichen Ursprungs und Ausdruck eines patriarchalischen Androzentrismus seien, den es zu »entpatrifizieren« gelte. Das Frage- bzw. Relativpronomen »wer« beispielsweise soll in »wex« umgewandelt werden. Ganz vorne dran ist der/die/das Professx (sic!) Lann Hornscheidt – eine reale Person, aber ein Künstlername, der das Geschlecht (real: Antje) der Person nicht verraten soll. Hornscheidt ist Professx für Gender Studies und Sprachanalyse am Zentrum für Transdisziplinäre Geschlechterstudien in Berlin. Sie wünscht als Anrede: »Sehr geehrtx Profx Lann Hornscheidt«. Als Anrede ihrer Studenten wünscht er/sie »Studierx«. Um wie viel witziger und kreativer sind da doch die Namen Asterix, Obelix, Idefix, Miraculix, Majestix und Troubadix!

An der Universität Leipzig gibt es seit 2013 nur noch das generische Femininum: Professorinnen, Dozentinnen, dementsprechend die Anrede »Herr Professorin«. Die Uni Leipzig hat damit mit einem Federstrich eine hundertprozentige Frauenquote installiert. Wieder woanders werden – auch aus Ministermunde – Zuhörer einer Versammlung als »Mitglieder und Mitgliederinnen« angeredet, wo doch das Gegenstück zu »Mit«-Glied ... Entsprechende zotige Zwischenrufe soll es bereits gegeben haben.

Wo führt dieser »nicht-sexistische« Sprachwahn hin? Es kommt zu seltsamen Partizipialkonstruktionen: Das Bäckerhandwerk wird zum Backenden-Handwerk, die Fußgängerbrücke wird zur Fußgehenden-Brücke, der Reitersitz wird zum Reitenden-Sitz, das Täterprofil zum Tuenden-Profil. Die Website »geschicktgendern.de« treibt diesen Wahnsinn auf die Höhe. Statt »Bauherr« soll es heißen »den Bau in Auftrag gebende Person«, der »Bearbeiter« heißt dann »die den Vorgang bearbeitende Person«, aus »Hacker« wird eine »Person, die fremde Digitaldaten nutzt«.

In der Straßenverkehrsordnung verwandeln sich Fußgänger in »zu Fuß Gehende«, in Hochschulen Studentenfutter zum »Studierendenfutter«. An den Hochschulen werden »Studentenwerke« zu »Studierendenwerken«. Der Bund der Steuerzahler hat hier moniert, dass allein diese Umbenennungen Zigtausende von Euro kosteten: 40 000 bis 50 000 an der Universität Mannheim, 60 000 an der Universität Heidelberg, 120 000 Euro an der Universität Karlsruhe, 500 000 an den Universitäten in Berlin. (Wie war das noch? Berlin – arm aber sexy?)

Da darf die Bibel in gerechter Sprache nicht fehlen. Es will dies eine Bibel sein mit Hirtinnen und Hirten, Zöllnerinnen und Zöllnern, Apostelinnen und Aposteln (bzw. kaum noch lesbar: ApostelInnen). »Gott« ist tot (nicht im Sinne von Nietzsche, sondern lexikalisch), denn jetzt heißt er (Gott) mal der Ewige, mal die Ewige, mal das Ewige, mal die Lebendige, mal der Lebendige, mal das Lebendige, mal die Eine, mal der Eine, mal das Eine. Sogar das wunderbare Wort »Herr« ist dahin. Und »Herrin« geht ja auch nicht, das wäre ja nur ein suffixgeneriertes Anhängsel des Herrn. Und damit ja alle Lebensgemeinschaftsabschnittsformen erfasst werden und die nicht-ehelichen Gemeinschaften keine Diskriminierung erfahren, heißt das sechste Gebot demnächst wohl nicht mehr »Du sollst nicht ehebrechen«, sondern »Verletze keine Lebenspartnerschaft«.

In einer Handreichung des Bayerischen Rundfunks sollen die »Mitarbeiterinnen und Mitarbeiter« eine »faire Sprache« verwenden, statt »Feuerwehrmänner« soll es heißen »Einsatzkräfte der Feuerwehr«, »jeder« soll ersetzt werden durch »alle«, »mancher« durch »die eine oder der andere«. In einer Broschüre mit dem Titel »Gendergerechtes Formulieren« des österreichischen Bundesministeriums für Unterricht, Kunst und Kultur aus dem Jahr 2012 wird als Ziel angesagt: Frauen sprachlich sichtbar machen! So soll es zukünftig nicht mehr heißen: »Schüler suchen ihre Meister auf Schibrettern«. Sondern »Schülerinnen und Schüler suchen ihre Meister und Meisterinnen auf Schibrettern«. Empfohlen wird sodann die Wahl von Wörtern, die im Singular und im Plural geschlechtsneutral sind: die Lehrkraft, die Lehrperson. Empfohlen werden auch Umschreibungen: Es soll nicht mehr heißen »auf Rat des Arztes«, sondern »auf ärztlichen Rat«.

Überhaupt die Österreicher: Mit Beschluss des Nationalrates vom 7. Dezember 2011 haben sie den Text ihrer Bundeshymne neu gefasst, das heißt, gendergerecht geändert. Der Nationalrat zog damit einen Schlussstrich unter eine Jahrzehnte während Debatte um eine geschlechtergerechte Bundeshymne. Anstelle des Verses »Heimat bist du großer Söhne« heißt es seitdem: »Heimat großer Töchter und Söhne« – ohne Rücksicht darauf, dass die Neufassung rhythmisch holpert, weil aus acht Silben neun wurden. Und in der dritten Strophe wurden aus »Brüderchören« »Jubelchöre«. Wenn das so weitergeht, dann wird aus Schillers Vers »Alle Menschen werden Brüder« demnächst »Alle Menschinnen werden Geschwister«.

So richtig international freilich wird die Sache mit den Engländern. In manchen Kommunen gibt es dort einen Leitfaden für Lehrer: Man darf nicht mehr von »Mum and Dad« sprechen. Es könnte ja schließlich Kinder geben, die statt »Mum and Dad« eben »Dad and Dad« oder »Mum and Mum« haben. Ein englischer Uni-Kindergarten will ebenfalls Eltern, Mütter und Väter nicht mehr erwähnt haben, um nicht gleichgeschlechtlich orientierte Erziehende von Adoptierten zu diskriminieren. Und die EU möchte gerne die Bezeichnungen haben »Elter 1« und »Elter 2«. In den USA und in Australien soll es nicht mehr he/she oder his/her heißen. An deren Stelle sollen selbst im Singular – Missverständnisse hin oder her – they/their treten. Am Ende kommen so wirre Sätze heraus wie: A person eats their meal. In Spanien soll es laut einem Gesetz der sozialistischen Regierung nicht mehr Vater und Mutter heißen, sondern *progenitor A* und *progenitor B*. Da fehlt nur noch – auch das bereits ein Vorschlag – dass Neugeborene geschlechtsneutrale Namen bekommen, damit sie später ihr Geschlecht selbst auswählen können.

Ideologiekritisch betrachtet, ist dies der Versuch, Gesellschaft und Kultur über Sprachregelungen umzukrempeln. Zudem ist es der frauenfreundlich gemeinte Versuch, gegen den vermeintlichen »Gynozid« anzugehen. Der Sprache soll eine Feminisierung oder zumindest eine Geschlechtsneutralisierung aufgezwungen werden. Dabei weist das Deutsche Universalwörterbuch mit rund 88 000 Nomina einen Anteil an Feminina nach Auskunft der Dudenredaktion mit 42,2 Prozent gegenüber 37 Prozent Maskulina und 20,8 Prozent Neutra ohnehin schon die Mehrheit aus. Das darüber hinaus reichende, verkrampfte Vermeiden aber von grammatisch männlichen Begriffen, die als »genus collectivum« seit Jahrtausenden in allen indoeuropäischen Sprachen alle Menschen mitmeinen, verkrüppelt die Sprache, zerstört ihren Rhythmus, raubt ihr die Schönheit, Eleganz und Verständlichkeit. Die Sprache sinkt herab zum Werkzeug von Ideologen.

Hier wird ordentlich Zwang ausgeübt. An manchen Universitäten bekommt man Punktabzüge in Examensarbeiten, wenn man keine gendergerechte Sprache verwendet. Ja, es ist Zwang, und zwar Zwang von oben. »Denn Sprachvorschriften sind immer Denkvorschriften. Bei jeder Form staatlicher Sprachlenkung geht es um Gesellschaftsformung durch Bewusstseinssteuerung. Wo der Sprachwandel also von oben verordnet wird, ist die Freiheit des Denkens in Gefahr.«[115] Gendergerechte Sprache ist also keine Sprachentwicklung von unten, sondern eine von oben verordnete – ähnlich der Rechtschreibreform. Sprache wird zum Instrument zur Realisierung ideologischer Ziele – ohne Rücksicht drauf, wie verkrüppelt und dadaistisch Sprache dadurch wird und wie sehr damit das Lesen durch unnötig verlängerte Satzbilder erschwert wird.

Jedenfalls haben unsere Gender-LinguistInnen/Linguist*innen noch sehr viel Arbeit vor sich. Zum Beispiel müssen sie dann viele, viele Adjektive bekämpfen, weil sich als Wortstamm ein Maskulinum verbirgt: erfinderisch, verführerisch, erpresserisch, lügnerisch, erzieherisch. Und was wird aus Führerschein, Kundenparkplatz, Nachbarschaft? Alles im Wortstamm Maskulina – anders als »die« Memme oder »die« Geisel, auch wenn es sich hier oft um reale Männer handelt? Allein dafür braucht es bestimmt weitere 200 Professuren für Gender-Forschung.

»Leichte Sprache« – Geht's noch infantiler und kieziger?
Seit ein paar Jahren ist »Leichte Sprache« angesagt. Schließlich muss ja jede/jeder/jedx/jed* in seiner Sprache mitgenommen werden. So gibt es mittlerweile nebst amtlichen Vorgaben Bücher in Leichter Sprache, Büros für Leichte Sprache, ein Gütesiegel LL = Leichtes Lesen, ein Netzwerk Leichte Sprache usw. Und es gibt die »Verordnung zur Schaffung barrierefreier Informationstechnik nach dem Behindertengleichstellungsgesetz (Barrierefreie-Informationstechnik-Verordnung – BITV 2.0)« des Bundesministeriums der Justiz und für Verbraucherschutz vom 12. September 2011.
Amtlich vorgegeben, sind Behörden also gezwungen, ihre Verordnungen alternativ in leichter Sprache aufzulegen. Bremen zum Beispiel hat das getan und gemeint, dadurch steigere sich die Wahlbeteiligung gerade unter Bildungsfernen. Also wurden die Wahlunterlagen für alle Wähler zugleich in Leichter Sprache verfasst. Das Ergebnis war nicht berauschend: Die Wahlbeteiligung sank von 55,5 im Jahr 2011 um 5,3 Prozent auf 50,2 im Jahr 2015. Begründet wird »Leichte Sprache« mit der Behauptung, 40 Prozent der Menschen bräuchten diese Sprache. Sogar einen eigenen Duden gibt es schon, und zwar von Ursula Bredel und Christiane Maaß. Dessen Titel lautet: »Leichte Sprache. Theoretische Grundlagen, Orientierung in der Praxis«, Dudenverlag, Berlin, 560 Seiten, 39,99 Euro. Vom

Umfang und vom Preis her dürfte es wohl eher kein Buch für sprachliche Leichtgewichte sein.

Da wollen Politiker »progressiver« – also eigentlich aller – Parteien nicht zurückstehen. Ihre Wahlprogramme gibt es immer häufiger in Leichter Sprache, und die Websites mancher Politiker lesen sich wie die Belehrungen in der Sendung mit der Maus: »Mein Name ist Toni Hofreiter. Ich bin ein Politiker von den Grünen … Ich möchte dass es gerecht zugeht. Und ich möchte die Umwelt schützen. … Für die Grünen arbeite ich, seit ich 14 Jahre alt bin … Viele Jahre lang habe ich bei den Grünen im Land-Kreis München mitgearbeitet … Ich habe mich gekümmert damit unser Fluss, die Isar, wieder sauberer und natürlicher wird.« (Abruf 15. August 2016) Am Rande nur: Es fehlen zwei Kommata! Kaum anders Kerstin Celina von den Grünen: »Ich komme aus der Nähe von Würzburg. Würzburg ist eine große Stadt. Ich wohne mit meiner Familie in einem Dorf in der Nähe von Würzburg. Ich fahre oft mit dem Bus in die Stadt. Ich war in Würzburg in der Schule. Nach der Schule habe ich studiert. An der Universität.« Ist doch schön!

Angesagt sind also kurze Sätze, ein enger Wortschatz, kein Konjunktiv, kein Passiv, keine Verneinungen, keine Zahlen (allenfalls unbestimmte Numeralia). Vor allem dem Genitiv droht das Aussterben, weil er mehr und mehr durch einen reinen Dativ ersetzt wird: nicht »trotz des schlechten Wetters«, sondern »trotz dem schlechten Wetter«. Oder weil er durch einen mit »von« eingeleiteten Dativ ersetzt wird: also nicht »Vaters Jacke«, sondern »die Jacke von/vom Vater«. Hier könnte man fast ätzen: »Der Dativ ist dem Genitiv sein Tod.« Allerdings gilt manchmal gerade bei rhetorischen Parvenüs das Umgekehrte. Der Genitiv wird zum »Prestigekasus«, der auch in Verbindung mit Dativpräpositionen wie »entgegen«, »entsprechend« gebraucht wird: »entgegen/entsprechend des Gesetzes«.[116]

Eintreten für die deutsche Sprache – eine patriotische Selbstverständlichkeit

Obwohl Deutsch eine offiziell gleichrangige Arbeitssprache ist und obwohl die deutsche Sprache die in der EU meistgesprochene ist, liegt sie hinter Englisch und Französisch abgeschlagen auf Platz drei. In den Institutionen der Europäischen Union wird hauptsächlich Englisch gesprochen. Das wird wohl so bleiben, auch wenn das Englische nach einem Brexit nur noch die Sprache von EU-Minderheiten sein wird.

Trotzdem ist zu überlegen, ob der Status der deutschen Sprache in der EU nicht doch gestärkt werden kann. Immerhin ist das Deutsche in vier EU-Staaten (Deutschland, Österreich, Belgien, Luxemburg) sowie in Südtirol Amtssprache, Englisch dann nur noch in zweien mit in der Summe rund fünf Millionen Einwohnern: Irland und Malta.

Das Deutsche ist in der EU jedenfalls als Verfahrenssprache diskriminiert, wiewohl es theoretisch als eine von drei Verfahrenssprachen eine Sonderstellung in der Europäischen Kommission hat. Tatsächlich kommt es aber immer wieder vor, dass Deutsch-Übersetzungen wichtiger Dokumente zu spät oder überhaupt gar nicht erfolgen. So gingen laut Bundestag in der Legislaturperiode 2009 bis 2013 insgesamt 1510 Dokumente der EU-Kommission an Bundestagsausschüsse zur Beratung. Nur zwölf davon waren vollständig in englischer Sprache verfasst. Aber insgesamt 1202 Anhänge und Anlagen gab es nur auf Englisch. In den Gremien der Gemeinsamen Außen- und Sicherheitspolitik wird sogar ausschließlich Englisch und Französisch gesprochen – ohne Dolmetschung.

So ganz unschuldig daran sind die Deutschen selbst nicht. Symptomatisch dafür ist Günther Oettinger (2005 bis 2010 Ministerpräsident von Baden-Württemberg, ab 2010 EU-Kommissar), der in einem SWR-Interview im November 2005 meinte: »Deutsch bleibt die Sprache der Familie, der Freizeit, die Sprache, in der man Privates liest, aber – Englisch wird die Arbeitssprache.« Offenbar war diese Aussage sein Eintrittsticket für ein hohes EU-Amt! Oettinger wurde dafür übrigens 2005 von der Zeitschrift »Deutsche Sprachwelt« als »Sprachsünder« angeprangert und 2006 vom Verein Deutsche Sprache zum »Sprachpanscher des Jahres« gewählt. Das sagt ausgerechnet ein Oettinger, der im Englischen selbst nicht gerade sattelfest war (ist). Der große Journalistenpapst Wolf Schneider bezeichnete denn Oettingers englische Rede in einer Phoenix-Runde vom 17. November 2010 als »das Grausamste, was man jemals in englischer Sprache auf der nördlichen Erdhalbkugel hören musste«.

Und auch sonst sind die Deutschen in puncto Sprachpolitik sehr zaghaft. Da eliminiert Frankreichs Schulministerin 2015 das Deutsche als zweite Fremdsprache aus den Schulen, weil es angeblich eine Sprache der Bildungsbürger sei; sie tut dies, wiewohl der Deutsch-Französische Vertrag Frankreich zur Förderung des Deutschen verpflichtet. Reaktion aus Deutschland: null! Deutschland hat außerdem geschlafen, als es darum ging, nach dem Fall des Eisernen Vorhangs die deutsche Sprache in den MOE-Ländern zu fördern. Chancen über Chancen, die man nicht genutzt hat. Und Deutschland hat geschlafen, als die VR China im Jahr 1988 gerne 200 deutsche Deutschlehrer für ihre Universitäten haben wollte. Ich habe diese Erfahrung selbst gemacht, als ich auf einen Impuls durch den chinesischen Kulturattaché hin eine Initiative der Bundesrepublik in diese Richtung anstoßen wollte. Man wollte dafür kein Geld bereitstellen, wiewohl hier mit einem einstelligen Millionenbetrag (damals D-Mark) zukünftige chinesische Ökonomen und Ingenieure an die deutsche Sprache und damit an die Handelspartner hätten gebunden werden können.

Die Liebe zur eigenen Sprache sollte eine patriotische Selbstverständlichkeit sein. Vergessen wir nicht: Die Muttersprache ist wichtig für den Zusammenhalt eines Gemeinwesens. Die Muttersprache hat zudem viel mit kultureller, mit nationaler Identität zu tun. Hier haben die Deutschen leider immer noch ein Problem. Über unsere Sprache könnten wir uns aber wieder unserer Identität als Kulturnation besinnen. Eine Esperanto-Identität wäre keine Identität. Gemeinsame Sprache und gemeinsame Literatur aber fördern Identität. Teilhabe an Kultur lässt sich eben nur verwirklichen, wenn die Grundlagen für das Reden miteinander gemeinsame sind.

Gegen der Deutschen Identitäts-Wirrwarr könnte eine Verankerung der deutschen Sprache im Grundgesetz ein klein wenig helfen. Im Gegensatz zu Ländern wie Österreich und Schweiz hat die deutsche Sprache in Deutschland immer noch keinen Verfassungsrang. Ein im Grundgesetz verankerter Sprachpatriotismus hat nichts mit Nationalismus oder Zwangsgermanisierung zu tun, denn Patriotismus ist Liebe zum Eigenen, Nationalismus ist Hass gegen das Andere. Es wäre doch kein Problem, als neuen Absatz 3 im Artikel 22 des Grundgesetzes festzuhalten: »Die Sprache der Bundesrepublik ist deutsch.« Mit Bundestagspräsident Norbert Lammert wäre dies zu machen gewesen; mit Kanzlerin Merkel – trotz eines entsprechenden Antrages eines CDU-Parteitages – nicht. Diese Verankerung der deutschen Sprache im GG könnte helfen zu vermeiden, dass wir auch sprachlich immer mehr auf Parallelgesellschaften zustreben. Die Festlegung auf Deutsch als Landessprache wäre insofern ein wichtiger Schritt zur Integration. Andere Kulturnationen jedenfalls gehen nicht so leichtfertig mit ihren Sprachen um wie die Deutschen: weder Chinesen, noch Russen, noch Japaner, noch Israeli, noch Griechen.

Rechtschreibung – Schlechtschreibung*

Die »Schlechtschreibung« ist längst sogar bei Leuten angekommen, die mit dem Abitur den formal höchsten Schulabschluß bestätigt bekamen, im Studium dann einen noch höheren Bildungsabschluß anstreben und angesichts der um sich greifenden Inflation an sehr guten und guten Noten ihr Studium in der Regel recht ordentlich abschließen. Professoren und Personalchefs zitieren in Leserbriefen immer wieder erschreckende Beispiele: *Addresse, Orginal, Vorraussetzung, Wiederspruch, sesonal, konjungturell, struckturell, klasisch, Jugentliche, Vortschritt, Reperatur, Wettbewerbsverzährung, Roöl, proffesionel, anderst, außländisch, akresiv, expliziet, ziehmlich, imäns, Erhohlung, Gewinnzohne.* Und das sind noch harmlosere Beispiele – in diesem Fall von Leuten mit Abitur. Wie mag es da erst aussehen bei Schulabsolventen ohne Abitur?

Aufschlußreich war hier eine kleine Studie von Gerhard Wolf, Professor für Geschichte an der Universität Bayreuth. Er hatte im Dezember 2011 zur Erfassung der Studierfähigkeit von Studenten deutschlandweit einen Fragebogen an Kollegen geschickt. 70 haben geantwortet. Nach Auswertung der Antworten kam Wolf zum Ergebnis, daß viele Studenten heute nicht studierfähig seien, weil sie gravierende Defizite in der Sprach-, Lese- und Schreibkompetenz – also in Rechtschreibung, Grammatik, Syntax, Interpunktion, Wortschatz und im Umgang mit den Tempora – hätten. Solche Schwächen, so Wolf, machen selbst vor Lehramtsstudenten nicht halt. Wolf vermutet, daß die Hälfte der Lehramtsstudenten eines Tages als Lehrer

---

* Dieses Kapitel wurde auf Wunsch des Autors in herkömmlicher, bewährter Orthographie geschrieben.

maximal 50 Prozent der sprachlichen Fehler ihrer Schüler noch erkennen könne.[117] Auch zahlreiche andere Professoren lassen sich immer wieder öffentlich vernehmen mit Klagen über das Sprachniveau und im besonderen die Rechtschreibkenntnisse ihrer Studenten; sie beklagen, daß sie viele schriftliche Arbeiten im Grunde zweimal korrigieren müssen, zunächst auf sprachliche Mängel und dann erst auf den Inhalt bezogen.

Chaos in Perfektion – eine Reformchronologie
Ja, und all diese Probleme sollte die Rechtschreibreform lösen. Den »Achtundsechzigern« galt Rechtschreibung als Herrschafts- und Selektionsinstrument, dem der Garaus zu machen sei. Einer der führenden Reformer, der Siegener Linguist Gerhard Augst, seit 1979 Mitglied der Kommission für Rechtschreibfragen am Institut für Deutsche Sprache, ab 1990 deren Vorsitzender, betrachtete den »elaborierten Code«, also die Hochsprache, als ein Instrument der Unterdrückung breiter Volksschichten. Das Ergebnis dieses Furors ist eine Reform der Reform der Reform – also ein wahrlich perfektioniertes Chaos. Lassen wir diese Akte und Szenen aus dem politischen Tollhaus, auch wenn sie mühsam zu rezipieren sind, Revue passieren.
Konrad Duden hatte 1880 den »Urduden« mit 27 000 Wörtern herausgegeben. Sein Titel lautete »Vollständiges Orthographisches Wörterbuch«. Es war durchaus das Ergebnis des Bemühens, nach der Gründung des Deutschen Reiches von 1871 auch die Rechtschreibung zu vereinheitlichen. 1902 erschien der »Duden« bereits in der 7. Auflage. Mit ihm wurden die Ergebnisse der II. Orthographischen Konferenz von 1901 umgesetzt. Der 7. »Duden« enthielt damit die erste für den deutschen Sprachraum ein-

heitlich geregelte sowie für Schulen und Ämter verbindliche Rechtschreibung. Bis 1941 brachte er es auf fünf weitere Auflagen.

Eine weitere Aktualisierung des Wörterbuches geriet 1941 ins Stocken. Der Reichsminister für Wissenschaft, Erziehung und Volksbildung, Bernhard Rust, setzte eine Orthographiekommission ein. Diese forderte eine gemäßigte Kleinschreibung der Hauptwörter; ferner einen Wegfall der Dehnungsbuchstaben (*das bot, der kan, di libe*); ein Ersetzen von ß durch ss nach kurzem Vokal; ein Ersetzen von v durch f (*frefel*), von ai durch ei (*keiser*), von x durch ks, chs und cks (*seks*), eine Eindeutschung von Fremdwörtern (*kor, schossee, idülle*); eine Trennung nach Sprechsilben (*wa-rum, karp-fen*) usw. Als Hitler davon erfuhr, ordnete er 1944 die Zurückstellung der Reformarbeiten bis Kriegsende an. Das war nicht das Ende reformerischer Attitüden. Das Magazin »Der Spiegel« schreibt in seiner Ausgabe vom 30. August 2004 nicht zu Unrecht: »Während der NS-Zeit planten linguistische Eiferer eine radikal veränderte Rechtschreibung. Zwar stoppte Hitler selbst das Projekt – aber die Ideologen machten nach Kriegsende weiter.«[118] Jedenfalls wäre es damals niemandem »im Traum eingefallen, daß das Gedankengut der Reformer das Ende des Dritten Reiches überdauern und in der Rechtschreibreform kulminieren würde, die in den neunziger Jahren des vorigen Jahrhunderts über uns kam«.[119]

1947 erschien die 13. Auflage. Mit ihr wurde die durch den Krieg bedingte politische Färbung bereinigt. Es folgten bis 1991 Jahrzehnte mit zwei Duden-Versionen im getrennten Deutschland. Im Westen gab es im Jahr 1954 die sog. Stuttgarter Empfehlungen (»Empfehlungen zur Erneuerung der deutschen Rechtschreibung«) mit Reformvorschlägen, die sich – ohne darauf Bezug zu nehmen – weitgehend an die von Reichsminister Rust empfohlenen Reformen anlehnten, die allerdings aufgrund heftigen Widerspruchs von Schriftstellern wie Thomas Mann, Dürrenmatt und Hesse scheiterten. Es folgte freilich nur eine kurze Phase der Reformstille, indem die Kultusministerkonferenz (KMK) am 18./19. November 1955 zu dem Beschluß kam, daß in allen Zweifelsfällen der Duden gelte. Bereits wenige Monate später, nämlich am 4. Mai 1956, setzte die KMK einen »Arbeitskreis für Rechtschreibregelung« ein. Aus diesem Arbeitskreis gingen Ende 1958 die »Wiesbadener Empfehlungen« hervor. In den Kernpunkten, wie Kleinschreibung von Substantiven, Zusammen- und Getrenntschreibung sowie vereinfachten Kommaregeln und Silbentrennung, folgten diese Empfehlungen den Anregungen aus den Jahren 1941 und 1954. Aber auch dieser Reformansatz scheiterte – diesmal am Protest der Öffentlichkeit.

Eine etwas längere Phase der Konsolidierung erlebte die Rechtschreibung dann bis 1980. Zwar war im März 1973 der »Internationale Dachverband zur Vereinfachung der Rechtschreibung in den deutschsprachigen Ländern« mit seiner »aktion kleinschreibung« gegründet worden. Er erreichte auch, daß sich die KMK am 25. Mai 1973 für eine gemäßigte Reform auf der Grundlage der Wiesbadener Empfehlungen aussprach. Aber schon bald, am 23. November 1973, brachten Baden-Württembergs Kultusminister Wilhelm Hahn (CDU) und weitere CDU-Kultusminister den KMK-Beschluß vom Mai des Jahres zu Fall.
Ab 1980 nahmen Bestrebungen zur Rechtschreibreform wieder Fahrt auf. Aus dem Kreis von 80 Germanisten aus der Bundesrepublik Deutschland, der DDR, Österreich

und der Schweiz wurde der »Internationale Arbeitskreis für Orthographie« gegründet. 1982 folgte die Gründung einer Kommission mit Vertretern aus der Bundesrepublik und DDR, der Schweiz und Österreich. Man wollte eine gemäßigte Kleinschreibung. 1985 wurde ein erster Vorschlag vorgelegt. Einer der maßgeblichen Antreiber der Reform, Augst, schrieb 1985: »Das gegenwärtige gültige Regelwerk der Substantivgroßschreibung – darin sind sich alle einig – ist so kompliziert, daß es die Schüler nur mit großem Zeitaufwand und nie ganz richtig lernen.« Er sowie seine Kommission plädierten für eine gemäßigte Kleinschreibung, die man aber im Dezember 1986 beim »Ersten Wiener Fachgespräch« ausklammerte, um zunächst nur die Bereiche Interpunktion, Fremdwortschreibung, Silbentrennung, Getrennt-Schreibung und Lautwiedergabe neu zu regeln.

Am 19. Dezember 1987 beauftragten die KMK und das Bundesministerium des Innern das Institut für Deutsche Sprache in Mannheim, in Zusammenarbeit mit der Gesellschaft für deutsche Sprache ein Regelwerk zu erstellen. Die Mehrheit der Mitglieder dieser Gruppe ließ nicht locker: Man wollte die Kleinschreibung der Substantive einführen. Entsprechend vernichtend fiel die öffentliche Resonanz aus. Nicht minder heftig war die öffentliche Resonanz, als das Institut 1988 einen ersten Entwurf vorlegte. Die sog. Laut-Buchstaben-Beziehung sollte neu geregelt werden.

Die Öffentlichkeit zog darunter rasch einen Schlußstrich, indem sie die Vorschläge mit konkreten Beispielen persiflierte, zum Beispiel mit Sätzen wie diesem: »Mit einer Pitza im Bauch sitzt der Keiser im Bot, ein Hei schwimmt um ihn herum.«

Dann wurde es erst einmal etwas still um die Rechtschreib-reform. Zwar kam im Zuge der Vereinigung Deutschlands vom 3. Oktober 1990 im Folgejahr 1991 der »Einheits-duden« heraus, aber zugleich beauftragte die KMK im No-vember 1991 das Institut für Deutsche Sprache mit der Aus-arbeitung eines Reformvorschlags. Im Herbst 1992 wurde ein erster Entwurf verabschiedet. Am 14. Mai 1993 gab es eine Anhörung der KMK mit 43 Verbänden. Auf den Tisch kam immer noch die, allerdings nach der Anhörung zu-rückgenommene Forderung nach gemäßigter Kleinschrei-bung (mit Großschreibung nur bei Eigennamen und am Satzanfang). Am Rande: Aus dieser Forderung ist am Ende eine vermehrte Großschreibung geworden.

Das Allerschlimmste war damit zunächst verhindert. An-sonsten lag zu dieser Anhörung kein Wörterverzeichnis vor; dieses war allgemein zugänglich im Narr-Verlag erst 1996 als »Deutsche Rechtschreibung. Regeln und Wör-terverzeichnis«. Das heißt, die Reformgegner hatten vor 1996 keine Möglichkeit, zu dem im Dezember 1995 von der KMK bzw. im März 1996 von der Ministerpräsiden-tenkonferenz (MPK) verabschiedeten Konzept Stellung zu nehmen. Erst mit den kultusministeriellen Bekanntma-chungen ab Mai 1996 bzw. den Wörterbüchern (Juli 1996) erfuhren Fachöffentlichkeit und Öffentlichkeit alle Wort-Details aus dem neuen Wörter-Corpus. Eine öffentliche Diskussion um die Wörterliste entzündete sich nur punk-tuell im Herbst 1995, als der bayerische Kultusminister Hans Zehetmair durchsetzte, daß bei ca. 30 Wörtern (z. B. *Katastrofe, Alfabet, Tron, Packet, Restorant, Frefel*) die her-kömmliche Schreibung wiederhergestellt wurde.

Am 14. September 1995 forderten sechs CDU-Länder-fraktionschefs Bundesinnenminister Manfred Kanther und die Kultusminister auf, die vorgelegten Regeln nicht zu verabschieden. Am 30. November 1995 beschloß die KMK trotzdem die Einführung der neuen Rechtschreibung zum 1. August 1998. Am 1. Juli 1996 dann unterzeichneten Deutschland, Österreich, die Schweiz, Liechtenstein und die Länder mit deutschsprachiger Minderheit in Wien eine »Absichtserklärung zur Neuregelung der Rechtschreibung«. Schon am Tag darauf, am 2. Juli, lag das Bertelsmann-Wörterbuch »Die neue deutsche Rechtschreibung« (Startauflage: 700 000) in den Buchhandlungen. Das Vorwort dazu hatte Klaus Heller, seines Zeichens Geschäftsführer der Zwischenstaatlichen Kommission für deutsche Rechtschreibung, geschrieben. Der Duden hatte das Nachsehen. Eine eigenartige Konstellation!

Der Protest wird lauter

Kaum war die Tinte unter der Vereinbarung trocken geworden, hagelte es Proteste. Am 6. Oktober 1996 forderten mehr als 400 Schriftsteller, Wissenschaftler und Intellektuelle auf der Buchmesse in der »Frankfurter Erklärung« den Stopp der »überflüssigen, aber milliardenteuren Rechtschreibreform«. Bundestagsabgeordnete mehrerer Parteien schlossen sich dem Protest an. Laut einer Umfrage des Deutschen Hochschulverbandes lehnten 77 Prozent der Professoren die Reform ab; 54 Prozent sagten, sie würden sie auch nach Inkrafttreten nicht anwenden.

Unter dem Eindruck der anhaltenden Proteste gegen die Reform wurde am 25. März 1997 die Zwischenstaatliche Kommission für deutsche Rechtschreibung in Mannheim gegründet. Am 11. Juni 1997 beschlossen die Innenminister der deutschen Länder die Einführung der Rechtschreibreform für den Behördenschriftverkehr zum 1. August 1998.

Vor allem aber gab es im Jahr 1997 mehrere, auch im Ergebnis sehr unterschiedliche Urteile von Verwaltungsgerichten zur Reform. Pro Reform urteilten das Verwaltungsgericht (VG) Schleswig und das Oberverwaltungsgericht (OVG) Schleswig, ferner das VG Mainz, das VG Berlin und das VG Freiburg; contra Reform das VG Hannover, das VG Gelsenkirchen, das VG Wiesbaden und das OVG Bautzen. Im Januar 1998 wartete die Zwischenstaatliche Kommission für deutsche Rechtschreibung mit »Vorschlägen zur Präzisierung und Weiterentwicklung der Neuregelung der deutschen Rechtschreibung« auf. Am 23. Januar 1998 gab es dazu eine Anhörung im Institut für Deutsche Sprache. Die KMK lehnte freilich Änderungen am Reformwerk ab.

Und dann das »große« Datum, der 14. Juli 1998 mit dem Urteil des Bundesverfassungsgerichts (BVerfG). Gegner und Befürworter der Reform warteten sehnsüchtig darauf. Aber das Urteil brachte die Rechtschreibung um keinen Deut weiter. Denn das Bundesverfassungsgericht befaßte sich nur mit der Rechtmäßigkeit der Reform, nicht aber mit den Regeln selbst. Wörtlich hieß es in dem Urteil unter anderem: »Der Staat ist von Verfassungs wegen nicht gehindert, Regelungen über die richtige Schreibung der deutschen Sprache für den Unterricht in den Schulen zu treffen ... Grundrechte von Eltern und Schülern werden durch diese Neuregelung nicht verletzt.« Geklagt hatte ein Lübecker Juristenehepaar; die Argumentation war: Die Rechtschreibreform könne nicht ohne parlamentarische Zustimmung durchgesetzt werden, sonst sei sie verfassungswidrig. An diesem Urteil hätte auch eine andere Konstellation der vom Gericht angehörten »Experten« nichts geändert. Immerhin bestand der aus den Vertretern von 13 Institutionen und Vereinen bestehende Kreis zu einem überdimensionalen Anteil aus Freunden der Reform. Der Skandal, daß es nur zwei reformkritische, aber elf reformbejahende Institutionen und Vereine waren, wurde freilich öffentlich nie richtig bekannt.

Damit aber stand der für alle Schulen und Behörden verbindlichen Einführung der neuen Rechtschreibung zum 1. August 1998 nichts mehr im Wege. Die Übergangszeit, während der an den Schulen der Gebrauch der herkömmlichen Schreibung nicht als Fehler gewertet wurde, endete zum 1. August 2005. Die Länder Bayern und Nordrhein-Westfalen nahmen sich dafür bis 1. August 2006 Zeit. Auch ein Volksentscheid in Schleswig-Holstein vom 27. September 1998 mit klarer Mehrheit zugunsten einer Wiedereinführung der herkömmlichen Rechtschreibung hielt den Reformzug nicht auf; der Volksentscheid wurde vom dortigen Landtag am 17. September 1999 einstimmig aufgehoben.

Zum 1. August 1999 stellten die deutschsprachigen Nachrichtenagenturen und auch die meisten Zeitungen auf die neue Schreibung um. Exakt ein Jahr später, am 1. August 2000, kehrte die *Frankfurter Allgemeine Zeitung* zur klassischen Schreibung zurück. In den folgenden Jahren gab es immer wieder namhafte Initiativen für ein Zurück zur herkömmlichen Schreibung. Am 12. November 2003 etwa appellierten acht Akademien der Wissenschaften und Künste an die Kultusminister, die Rechtschreibreform zu beenden oder grundlegend zu überarbeiten. Am 14. Mai 2004 forderte sogar das deutsche PEN-Zentrum ein Ende der Rechtschreibreform.

Die KMK freilich fuhr auf ihrem Kurs, unterstützt von der Konferenz der Ministerpräsidenten, nahezu unbeeindruckt weiter. Am 3. Juni 2004 billigte sie die Änderungsvorschläge der Zwischenstaatlichen Kommission, die sich im wesentlichen auf die Wiederzulassung von Varianten beziehen, und kündigt an, anstelle der Zwischenstaatlichen Kommission einen »Rat für deutsche Rechtschreibung« einzusetzen. Es erfolgten dann dennoch zwei Paukenschläge: Mit dem August 2004 kündigten der Axel-Springer-Verlag, der *Spiegel* und die *Süddeutsche Zeitung* an, zur bewährten Rechtschreibung zurückzukehren, der *Rheinische Merkur* folgte nach. *Spiegel* und *Süddeutsche* vollzogen ihren Plan allerdings nie. Und: Niedersachsens damaliger Ministerpräsident Christian Wulff drohte mit dem Ausstieg seines Landes aus der KMK, falls diese die Reform nicht rückgängig mache. Die KMK hatte dafür eine Beruhigungspille parat: Am 17. Dezember 2004 konstituiert sich unter Vorsitz des vormaligen bayerischen Kultusministers Hans Zehetmair (CSU) der 40-köpfige Rat für deutsche Rechtschreibung. Zehetmair stand dem Rat bis Ende 2016 vor, ehe er von Josef Lange abgelöst wurde. Der »Rat« sollte die Entwicklung der Rechtschreibung in der Praxis beobachten und Empfehlungen zu besonders strittigen Punkten erarbeiten. Zehetmair selbst hatte wohl auf andere Ziele gesetzt, denn bereits vor der Übernahme des Ratsvorsitzes hatte er in der *Passauer Neuen Presse* vom 30. April 2003 erklärt: »Wir hätten die Rechtschreibreform nicht machen sollen.« Und Ende September 2016 erklärte er – zitierfähig – in einem Gespräch gegenüber Friedrich Denk und dem Autor dieses Buches: »Im Grunde war die klassische Rechtschreibung nach meinem Empfinden die bessere.«

Gleichwohl modifizierte der Rat die neuen Regeln mehrfach, wodurch allerdings zusätzliche Verwirrung entstand. Zum Beispiel plädierte er am 8. April 2005 dafür, die Reform teilweise rückgängig zu machen; es sollten wieder mehr Verben zusammengeschrieben werden, es sollten keine Abtrennung von Einzelbuchstaben (also nicht mehr *E-sel, A-bend*) und auch keine sinnentstellenden Trennungen mehr stattfinden (also nicht mehr *Urin-stinkt, Anal-phabet*); das *ck* jedoch sollte als Ganzes erhalten bleiben und nicht in k-k getrennt werden. Die in weiten Kreisen der Bevölkerung als unhöflich empfundene Schreibung »*du/dein* …« statt »*Du/Dein* …« wollte man zunächst nicht zurücknehmen, um sie später immerhin wieder zu »erlauben«. Da auch hier eine Uneinheitlichkeit zu beseitigen gewesen wäre, blieb es – zu Recht – doch bei der Großschreibung der Anrede bei »*Sie/Ihnen* …« usw. Ebenfalls ging man nicht heran an die Dreifachkonsonanten-/Dreifachvokalwörter wie *Schifffahrt, Betttuch, Stilllegung* oder *Zooorchester,* ließ inkonsequenterweise aber von Anbeginn an *Mittag* stehen, wiewohl nach Maßstäben der Reformer *Mitttag* geschrieben werden müßte. Unsystematisch bleibt auch die e/ä-Schreibung. ä statt e haben die Reformer nur bei 14 Wörtern ersetzt, etwa bei *behände, Gämse, Schlägel, schnäuzen,* nicht aber bei *Eltern,* die sich getreu dem Stammvokal bzw. dessen Umlautung eigentlich *Ältern* schreiben müßten.

Im Jahr 2006 beschloß der Rat dann Änderungen für die Groß- und Kleinschreibung, für die Getrennt- und Zusammenschreibung sowie für die Zeichensetzung. Am 2. März 2006 entschieden die Kultusminister im Sinne dieser Vorschläge. Es schien Burgfriede einzukehren. Ab 1. August 2006 praktizierten die Springer-Zeitungen wieder die Reformschreibung (mit Hausorthographie). Am 1. Januar 2007 schloß sich die *FAZ* an – alle Redaktionen übrigens mit eigener Hausorthographie. Der Rechtschreibrat blieb weiter tätig. Im Jahr 2010 erklärte er, daß sich die sog. Volksetymologien *belämmert, einbläuen, Tollpatsch, Quäntchen* usw. sowie die Variantenschreibungen *Butike, Fassette, Kabrio, Katarr, Kupee, Maffia, Maläse, Sketsch* nicht durchgesetzt hätten und deshalb gestrichen werden sollten. Was nun wirklich gilt, weiß keiner mehr.

Ja, selbst der »Duden« kam ins Schleudern. Hatte er in den 95 Jahren von 1901 bis 1996 zwanzig Auflagen erfahren, im Schnitt also in einem Intervall von je knapp fünf Jahren eine neue Auflage, so gab es in den 17 Jahren von 1996 bis 2013 sechs Auflagen, also alle drei Jahre eine Neuauflage. Den »Reformduden« gab es als 21. Auflage 1996. Allerdings ging mit ihm auch das »Dudenmonopol« zu Ende. Nicht mehr der Duden war ab diesem Zeitpunkt alleine maßgebend, vielmehr hatten alternative Wörterbücher, wie z. B. der »Wahrig« oder der »Bertelsmann«, mit ihrer Interpretation der neuen Regeln den gleichen Stellenwert. Neuschreibungen waren rot gefärbt eingetragen. In der 22. Auflage des Jahres 2000 wurden im Duden reformierte und traditionelle Schreibung nebeneinander verzeichnet. In der 23. Auflage (2004) waren alle Änderungen verzeichnet, die von der Kultusministerkonferenz im Juni 2004 beschlossen worden waren. Anders als in der vorhergehenden Auflage verzichtete die Redaktion auf eine Verzeichnung der traditionellen Schreibweisen. Die 24. Auflage (2006) orientierte sich an den Modifizierungen des amtlichen Regelwerks, wie sie der Rat für deutsche Rechtschreibung den Kultusministern vorgeschlagen hatte. Neu war, daß bei zugelassenen Variantenschreibungen eine bestimmte Schreibweise empfohlen wurde, zum Beispiel *Fantasie* statt *Phantasie, Eiscreme* statt *Eiskrem* oder *Eiskreme*. Diese Empfehlungen unterschieden sich freilich teilweise von den Empfehlungen des Wahrig-Verlags. Im Vergleich zur 21. bis 24. Auflage wurde in der 25. Auflage (2009) auf den Rotdruck der durch die Reform geänderten Regeln und Schreibungen verzichtet. 2013 gab es die 26. Auflage. Obwohl sich im Regelwerk nichts geändert hatte, wurde die Zusammenschreibung in »sie kommt Dienstagabend«, die in genau dieser Verwendung in den Auflagen 22 bis 25 durchgehend enthalten war, erstmals nicht mehr aufgeführt. Gleichzeitig wurde die Getrenntschreibung »*sie kommt Dienstag [am] Abend*« neu angegeben. Laut »Duden online« ist allerdings »*sie kommt Dienstagabend*« weiterhin gültig. Oder andere Beispiele: Im 26. Duden finden sich z.B. *Dienst habend* neben (wie bisher) *diensthabend, nichts sagend* neben *nichtssagend, vor Kurzem* neben *vor kurzem, morgen Früh* neben *morgen früh, Spagetti* neben *Spaghetti* (beides übrigens im Italienischen unterschiedlich auszusprechen!), *Kons-truktion* und *Konst-ruktion* neben *Kon-struktion,* und, nun »neu«, *Missstand* neben *Miss-Stand.* Ein Chaos in Perfektion!

Es gibt keinen Rechtschreibfrieden
Rechtschreibfrieden ist nicht eingekehrt, auch im Rat nicht, denn aus ihm sind so renommierte Reformkritiker wie Theodor Ickler (2006) und Peter Eisenberg (2013) frustriert ausgetreten. Und Ruhe darf auch nicht einkehren. Denn die bisweilen durchaus sehr heftigen Urteile über die Rechtschreibreform gelten fort: »Reformruine«, »Trümmerhaufen«, »Wirrwarr«, »Pfusch«, »Murks«, »Rohrkrepierer, »Chaos-Orthographie«, »dadaistische Schreibung«, »Rechtschreibanarchie«, »Orthographieelend«, »Scherbenhaufen«, »Schildbürgerstreich«, »Variantensalat«, »Kniefall vor der fortschreitenden Legasthenisierung der

Gesellschaft«. Und mit Blick auf die KMK sah man nicht zu Unrecht deren »Totalblamage«.

Das Sprachvolk sah und sieht das Ganze nicht anders. Laut Meinungsforschungsinstitut Allensbach war es über die Jahre hinweg konstant immer nur rund ein Zehntel der Bevölkerung, das für die Rechtschreibreform war: 10 Prozent im Jahr 1997, 13 Prozent 2000, 10 Prozent 2002, 8 Prozent 2005, 9 Prozent 2008. Eine Online-Umfrage des Bayerischen Rundfunks ergab am 30. Juli 2015 auf die Frage »War die Rechtschreibreform nötig?« ein Nein bei 89,1 Prozent. Einmal mehr zeigte und zeigt sich, wie sehr so manche Politik sich von der Bevölkerung entfernt hat. Politik und ein Experten(un)wesen haben sich arrogant und ignorant durchgesetzt. Ein »obrigkeitlicher Gewaltakt« sei dies gewesen, so die renommierte Bildungsjournalistin Heike Schmoll in der *FAZ* vom 1. August 2015. Für Reiner Kunze, einen der größten lebenden deutschen Lyriker, war die Rechtschreibreform ein Beispiel von Machtarroganz und Skrupellosigkeit; man habe dem Sachargument keinerlei Chance gelassen (Reiner Kunze in der *Welt* vom 1. März 2009). Etwas diplomatischer ausgedrückt hat es die damalige Wissenschaftsministerin und spätere Bundesbildungsministerin Johanna Wanka 2006 im *Spiegel:* »Die Kultusminister wissen längst, daß die Rechtschreibreform falsch war. Aus Gründen der Staatsräson ist sie nicht zurückgenommen worden.« Eine späte Einsicht, immerhin war sie von 2000 bis 2013 KMK-Mitglied, zunächst als Wissenschaftsministerin in Brandenburg, dann ab 2010 in Niedersachsen. Hans Zehetmair, Johanna Wanka – wahrscheinlich waren es die einzigen aus der Riege von Politikern, die sich wirklich mit der Reform auseinandergesetzt haben. Alle anderen aus dem Kreis der KMK und der MPK hatten damit nichts am Hut; ihnen ging es eher darum, ein unliebsames Thema durchzuwinken.

Dabei wäre es doch ein Leichtes gewesen, ein Jahr innezuhalten und die Sache auf eine empirische Basis zu stellen. Es wäre zum Beispiel sinnvoll gewesen, 20 000 Aufsätze vor 1995 auf deren Fehleranteile und Fehlertypologie untersuchen zu lassen und das Gleiche nach 1996 zu tun. Diese 20 000 Aufsätze waren ja schon korrigiert, sie hätten hinsichtlich Fehlerhäufigkeit und Fehlertyp nur noch statistisch ausgewertet werden müssen.

Jedenfalls war es gut, daß zum 20. Jahrestag der Installation der Rechtschreibreform der nimmermüde »Rechtschreibrebell« Friedrich Denk im Sommer 2016 einen Schreibwettbewerb zur Rechtschreibreform initiierte, um damit erneut eine öffentliche Debatte zur Rechtschreibung anzustoßen. Die besten der über 250 eingereichten Arbeiten wurden auf der Frankfurter Buchmesse im Oktober 2016 mit dem Frankfurter Orthographie-Preis und 20 000 Euro prämiert. Die Arbeiten sind zu finden unter http:// www.rechtschreibreform.de/ Für die Jury standen zur Verfügung der Schauspieler Mario Adorf, die Literaturnobelpreisträgerin Elfriede Jelinek und der Autor dieses Buches.

Die Schwindelei und Tricks der Reformer

Von Anbeginn an wurde getrickst und geflunkert. Zum Beispiel wurde behauptet, daß durch die Reform mehr Übersichtlichkeit erfolge, indem aus bislang 212 Rechtschreibregeln nunmehr 112 Regeln, in Sonderheit aus 52 Regeln zur Kommasetzung 9 Regeln wurden. Das ist aber nur ein Numerierungstrick. Beispiel: Der Paragraph 77 der Neuregelung (Komma bei Appositionen) enthält sieben Unterregeln, in denen elf bisherige Duden-Regeln eingearbeitet sind. Der Umfang des Regelwerkes hat sich also keineswegs reduziert.

Sogar Drohszenarien wurden bemüht. Mit einem Zurück zur alten Schreibung stürze man Schüler ins Chaos. Falsch! Es gab in den Schulen – selbst nach Aussage der Reformer – kein Chaos bei der Umstellung von der alten auf die neue Schreibung, wiewohl die neue Schreibung größtenteils parallel zu »alten« Büchern unterrichtet wurde. Also würde der umgekehrte Weg auch kein Chaos gebracht haben bzw. bringen. An den Grundschulen kann deutlich gemacht werden, wie gering die Reichweite der Reform ist. In Niedersachsen waren von der ursprünglichen Reform von 1400 Wörtern des vorgegebenen Wortschatzes exakt 32 Wörter von der neuen Schreibung betroffen, davon 29 im Zusammenhang mit der s/ss/ß-Schreibung. Bayerns »Grundwortschatz für die Jahrgangsstufe 1 bis 4« umfaßte damals knapp 1000 Wörter; davon sind 9 Wörter von der Reform betroffen, und zwar in der 1. Klasse kein Wort, in der 2. Klasse *nass;* in der 3. Klasse *bisschen, Fluss, Schloss;* in der 4. Klasse *Fass, Kuss, Nuss, rau, Riss.* Von den 9 Änderungen entfallen also 8 auf die s/ss/ß-Schreibung.

Im übrigen war die Unterschiedlichkeit der Rechtschreibung von Anbeginn an schulischer Alltag in ein und denselben Deutschbüchern. Denn mehrere bedeutende Literaturverlage haben es Schulbuchverlagen untersagt, Texte ihrer Autoren in Schulbüchern – der Reform entsprechend – verändert nachzudrucken. Dazu gehören beispielsweise Alfred Andersch, Bertolt Brecht, Friedrich Dürrenmatt, H. M. Enzensberger, Max Frisch, Günter Grass, Peter Handke, Hermann Hesse, Kurt Tucholsky und viele andere mehr.

Geflunkert haben die Reformer in den Jahren um 1995

214

auch mit der Behauptung, die Kritiker der Rechtschreibreform hätten eine rechtzeitige Einmischung in die Debatte verschlafen. Falsch! Als es im Frühjahr 1993 zu einer Anhörung der Kultusministerkonferenz und des Bundesministeriums des Innern kam (der Autor dieses Buches war dabei), standen folgende Optionen im Zentrum der Diskussion: die Option einer weitgehenden Kleinschreibung von Substantiven (sog. Variante D3); die Option eines Wegfalls der Unterscheidung von *das/daß* zugunsten des einheitlichen *das* sowie die Option einer weitreichenden Eindeutschung von Fremdwörtern (z. B. *Pitza*). Diese Optionen wurden nicht zuletzt aufgrund der Widerstände bei der Anhörung ad acta gelegt. Wörterlisten gab es zu diesem Zeitpunkt keine.

Reformschwindel: Die Schüler würden mit der neuen Schreibung weniger Fehler machen.
Falsch! Eine den Kriterien empirischer Forschung genügende Untersuchung hat dazu nie stattgefunden. Hochtrabende Schätzungen von Prozentanteilen vermiedener Fehler, die noch 1997 referiert wurden, stellten sich als völlig unsinnig heraus. Diesen Prognosen zufolge sollten nach der Reform zwischen 40 und 70 Prozent der Fehler weniger gemacht werden. Faktum ist: Falls es überhaupt zu einer Verringerung der Fehler kam, dann hat das mit den Prinzipien »Beliebigkeit« und »Zufallstreffer« zu tun. Beliebigkeit heißt: Wenn ich ein Komma setzen kann, aber nicht muß, dann passieren hier eben weniger Fehler. Die Rechtschreibreform war also ein viel versprechendes Monster, aber keine vielversprechende Reform.
Geringfügig erleichtert wurde durch die Reform allenfalls die Schreibung substantivierter Adjektive (*im Großen und*

Ganzen; im Übrigen usw. Keineswegs verbessert hat sich bei Schülern die s-Schreibung, denn die Probleme beim Wechsel zwischen langem und kurzem Stammvokal blieben erhalten (*ließ – lässt, fließt – floss, weiß – wusste*). Überhaupt nicht erleichtert hat sich die Schreibung des vermutlich häufigsten Schreibproblems, nämlich die Schreibung von *das/daß* bzw. *das/dass*. Darüber hinaus machen Schüler neue Fehler: Sie schreiben fälschlicherweise *aussen, heissen, grössere, Preussen, geniessen, Strasse, Massnahme* usw. Generalisierungsfehler nennt man dergleichen. Ansonsten blieben andere häufige Fehlerquellen von der Reform unberührt: die Verwechslung von Konsonanten (d/t, f/v/w, g/k, tz/tzt/z, b/p); die fälschliche oder fehlende Konsonantenverdoppelung (vor allem bei p/pp, t/tt); eine fälschliche oder fehlende Dehnung (ie/h). Was Fehler bei der s/ss/ß-Schreibung betrifft, so betonte der Erziehungswissenschaftler Harald Marx immer wieder, daß die Zahl der Fehler durch die Reform zugenommen habe. Marx spricht unter anderem davon, daß die Kinder die neuen s-Regeln »übergeneralisieren« und »kein allgemeiner Erleichterungseffekt« eintritt.[120]

Sehr aufschlußreich ist auch die umfangreiche Darstellung von Wolfgang Steinig et. al. aus dem Jahr 2009.[121] Die Autoren hatten eine Längsschnittstudie durchgeführt. Darin verglichen sie anhand eines identischen Textes mit 100 Wörtern die Fehlerhäufigkeit von Viertklässlern im Jahr 1972 mit der Fehlerhäufigkeit von Viertklässlern des Jahres 2002. Ergebnis: Im gleichen Text machten die Schüler im Jahr 1972 im Schnitt 6,9 Fehler, im Jahr 2002 12,2 Fehler. Steinig et al. schreiben dazu wörtlich: »Als wesentlichen Grund für diesen außergewöhnlich hohen Anstieg sehen wir den Rückgang von Instruktions-, Lern- und

Übungszeit, die im Deutschunterricht auf die Rechtschreibung verwandt wird.«[122] Und: Der stärkste Anstieg der Fehlerzahl sei mit 167 Prozent bei der Groß-/Kleinschreibung festzustellen. Dazu wörtlich: »Wir vermuten, dass dieser außergewöhnlich hohe Anstieg zumindest teilweise mit der Verunsicherung durch die Rechtschreibreform aus dem Jahre 1998 zu erklären ist.«[123]

Im Sommer 2016 folgte exakt zum »Zwanzigjährigen« der Rechtschreibreform eine Studie des Didaktikers und Lehrerbildners Uwe Grund.[124] Er weist darin 2016 nach, daß das Grundanliegen der Rechtschreibreform, nämlich daß Schüler weniger Fehler machen sollen, nicht aufging. Im Gegenteil, es werden annähernd doppelt so viele Fehler gemacht wie früher. Ein weiteres Hauptergebnis der aufwendigen Studie von Uwe Grund auf der Basis der Auswertung von weit mehr als 15 000 Schülerarbeiten (Aufsätzen und Diktaten) war: Rund ein Drittel der Schreibfehler haben nichts mit orthographischen Regeln zu tun, sondern mit mangelnden Grammatik- und Syntaxkenntnissen (zum Beispiel Fehler in der Flexion von Wörtern, das heißt in der Deklination von Substantiven oder Adjektiven und in der Konjugation von Verben). Und: »Nach unseren und allen zu Rate gezogenen Untersuchungen hat die Rechtschreibreform ihren zentralen Zweck der ›Vereinfachung‹ des Schreibens verfehlt.«[125]

Auch im »IQB-Bildungstrend 2015 – Sprachliche Kompetenzen am Ende der 9. Jahrgangsstufe im zweiten Ländervergleich«, veröffentlicht im Oktober 2016, bestätigt sich dieses Desaster. Im Teilbereich Rechtschreibung erreichten in Deutschland 67,9 Prozent die Regelstandards. Spitzenreiter war Bayern mit einer Quote von 76,7 Prozent. Ganz hinten lagen Bremen mit nur 54,0 Prozent, Berlin mit 59,7 Prozent und Hamburg mit 60,6 Prozent. Apropos Regelstandards: Sehr anspruchsvoll waren diese Standards ohnehin nicht. Der Rechtschreibtest bestand aus einem Lückentext mit 28 Lücken, in die etwa folgende Wörter richtig geschrieben einzusetzen waren: *unendlich, gereizt, nachts, Wasservorrat, relativ, Beschluss.*[126]

Konstruktionsfehler »Pädagogisierung«
Der wohl größte Konstruktionsfehler der Rechtschreibreform war, daß man sie nicht an linguistischer Logik, sondern am Horizont von Grundschülern ausrichtete. (In der Mathematik tun wir das ja auch nicht!) Sprachpolitik und Sprachpädagogik dürfen sich aber nicht am Kriterium Kindgemäßheit orientieren, sondern sie müssen orientiert sein an der Logik der Sprache. Eine Pädagogisierung, ja eine Infantilisierung der Rechtschreibung ist der falsche Weg. Sprache ist zu komplex, als daß sie sich in erster Linie einer schulpädagogischen Betrachtung beugte. Mit einer Instrumentalisierung der Kinder für eine unausgegorene Sprachreform, mit einer Vergrundschulung des Deutschen aber verarmt die deutsche Sprache. Es gibt schließlich eine Sprache außerhalb der Schule, und die ist komplexer, als es Erleichterungs- und Gefälligkeitspädagogik annehmen möchten. Sprache muß sich nämlich am erwachsenen Sprecher, Schreiber und Leser und an linguistischen Regeln orientieren, aber nicht an der Frage, wie leicht sie Grundschülern fällt. Vor allem aber ist Schreiben kein Selbstzweck, sondern es ist auf einen Leser angelegt. Es wird zigtausendfach mehr gelesen als geschrieben. Dieser Aspekt hätte bei der Reform im Zentrum der Überlegungen stehen müssen. Jedenfalls hat durch die Rechtschreibreform die Lesbarkeit von Texten gelitten. Dies gilt

für manche Silbentrennung sowie für den weitgehenden Wegfall des ß, das ein Lesegeländer, zum Beispiel in der Konjunktion »daß« war. Dies gilt im besonderen für die Liberalisierung der Kommasetzung. Fehlt etwa ein Komma vor einem erweiterten Infinitiv, dann muß der Leser oft zweimal ansetzen, um die Satzstruktur zu erfassen. Wenigstens die meisten Zeitungen und fast alle Verlage haben das verstanden; sie praktizieren der besseren Lesbarkeit wegen vor allem beim erweiterten Infinitiv die klassische Kommasetzung. Leider jedoch halten sich hier, statt die Schüler auf den Aspekt der Lesbarkeit hinzuweisen und solche Kommata einzufordern, im Unterricht nicht alle Lehrer daran.

Kollateralschäden der Reform
Es gibt Wichtigeres als die Rechtschreibung. Natürlich, alles ist relativ. Aber es ist nun mal so: Wer die Rechtschreibung nicht beherrscht, hat im Leben schlechtere Karten. Mit den Aussichten, nach einem Bewerbungsschreiben wenigstens einen Termin für ein Vorstellungsgespräch zu bekommen, ist es dann zumeist aus. Denn die Rechtschreibung spielt für die Personalchefs eine herausragende Rolle. Sie ist ein erstes Ausschlußkriterium. Die meisten Personalreferenten legen eine Bewerbung bereits nach dem dritten Rechtschreibfehler, auf den sie stoßen, beiseite. Und gerade in Zeiten neuer Medien und einer fortschreitenden Digitalisierung von Information gilt: Wer die Rechtschreibung nicht beherrscht, weil er falsch geschriebene Suchbegriffe eingibt, versagt auch bei Internetsuchen.
Gelitten hat die Ernsthaftigkeit, mit der Schüler an die Rechtschreibung herangehen sollen. Schuld daran ist vor allem die Beliebigkeit von Schreibungen (Variantenschreibungen). Schüler entwickelten nämlich bald das diffuse

Gefühl, daß man etwas »so oder so oder auch anders« schreiben kann bzw. darf. Und sie tun dies umso mehr, je unterschiedlicher bei vielen Wörtern die verschiedenen Wörterbücher (Duden, Wahrig, Bertelsmann) dies mit ihren Hunderten von Abweichungen voneinander taten und tun.

Gelitten haben die Ausdrucksvielfalt und die Möglichkeiten der semantischen Differenzierung. So sollte es laut Reform viele Unterscheidungsmöglichkeiten nicht mehr geben, weil dann etwa folgende Schreibungen bevorzugt werden sollen: *wohl bekannt* statt bisher *wohlbekannt*, *wohl verdient* statt *wohlverdient*, *schwer fallen* statt bisher *schwerfallen*, *fertig bringen* statt bisher *fertigbringen*, *schlecht machen* statt bisher *schlechtmachen*, *bewusst machen* statt *bewusstmachen*, *hohes Haus* statt bisher *Hohes Haus*. Man stelle sich einmal vor: Da will einer sagen oder schreiben, man müsse die Diskriminierung von Fremden *bewusst machen* (also willentlich machen), wo er doch *bewusstmachen* (darüber aufklären) meint.

Verwirrend wirkte und wirkt die Eindeutschung von Fremdwörtern – und das in Zeiten, in denen von Heranwachsenden immer mehr Fremdsprachenkompetenz verlangt wird. Es führt nun einmal sogar bei fremdsprachlich Kundigen zu Blockaden, wenn Schreiber zum Beispiel innerhalb eines deutschen Textes *Obergine*, *Pitza* oder *Spagetti* und innerhalb eines französischen oder italienischen Textes *Aubergine*, *Pizza* und *Spaghetti* hätten schreiben sollen. Oder wenn sie wählen sollen zwischen *Dekolleté – Dekolletee*, *Exposé – Exposee*, *Kommuniqué – Kommunikee*, *Pappmaché – Pappmaschee*, *Séparée – Separee*, *Varieté – Varietee*, *Creme – Crème*, *Crêpe – Krepp*, *Delphin – Delfin*, *Ginkgo – Ginko*, *Justitiar – Justiziar*, *Platitude – Plattitüde*.

Es gab auch Nutznießer

Natürlich gab es auch einige Nutznießer der Reform. Dazu gehören ein paar Karrieristen, die es in der Sprachforschung oder in der Lehrerbildung zu neuen Posten brachten. Dazu gehören an vorderster Stelle die Verlage, die Wörterbücher in dichter Folge in immer neuen Auflagen auf den Markt warfen. Dazu gehören – entgegen ihrem Gejammere – die Schulbuchverlage. Wir haben keine exakten Zahlen. Aber 11 Millionen Schüler in Deutschland haben weit mehr als 100 Millionen Schulbücher in ihren Ranzen. Bei einem Durchschnittspreis pro Buch von 15 bis 20 Euro ist das ein Finanzvolumen von 1,5 bis 2 Milliarden Umsatz. Nicht jedes Jahr, aber im Zeitraum von fünf Jahren, in denen Bücher – u. a. wegen neuer Schreibung – ersetzt werden müssen, ist das ein schönes Umsatzplus.

Apropos »Gejammere«: Wie »fachlich unabhängig« manche »Experten« im Juli 1998 vor dem Bundesverfassungsgericht auftraten, war allein schon an der personellen Besetzung bei der Anhörung erkennbar: Eine (Lehrer-) Organisation zum Beispiel ließ sich von einem Ehepaar vertreten, das Eigentümer eines pädagogischen Verlages ist, und zwar eines Verlages, der bereits lange vor dieser Anhörung ein breites Sortiment an Trainingsbüchern zur neuen Rechtschreibung aufgelegt hatte. Und wie fachlich fundiert und glaubwürdig solche und andere Pro-Reform-Stellungnahmen sind, zeigen ansonsten Editorials so mancher Reformexponenten in ihren Verbandsorganen, die noch im Frühjahr 2000 pro Seite bis zu zehn Fehler nach neuer Rechtschreibung enthalten. Dabei macht man mit der neuen Schreibung doch angeblich weniger Fehler!

Was tun?

Es gäbe eine besonders wirksame Möglichkeit, die Rechtschreibung der jungen Leute zu verbessern: sie in den Schulen konsequenter zu üben und zu bewerten, anstatt sie zu diskreditieren und das Schreiben auf das Ausfüllen von Lückentexten zu reduzieren. Jedenfalls sei die These gewagt, daß mit einem ernsteren Unterricht bessere Ergebnisse in den Orthographieleistungen erzielbar wären. Die Devise kann deshalb nur heißen: üben, üben, üben! Intensiviert werden muß auch der Grammatikunterricht. Um richtig schreiben zu können, braucht man grammatisches Hintergrundwissen: Welche Wortarten gibt es? Welche Satzstrukturen und Satzteile gibt es? Und: Kinder und Jugendliche müssen in Elternhaus und Schule wieder intensiver zum Lesen erzogen werden. Denn das Lesen schult implizit immer zugleich das Schreibvermögen.

Ansonsten ist die real existierende amtliche Rechtschreibung kaum reformierbar, sie hat schließlich schon so manche Reform der Reform der Reform hinter sich, und es mangelt ihr immer noch an Transparenz und Systematik. Also kann die Lösung nur lauten: Zurück zur Schreibung vor 1996 oder sie zumindest wieder in der Schule zulassen und nicht als Fehler werten! Milliarden von Büchern in dieser Schreibung befinden sich nach wie vor in öffentlichen und privaten Buchbeständen. Und nicht wenige Verlage bringen nach wie vor Neuauflagen in bewährter Rechtschreibung auf den Markt. Insofern ist die Schreibung der Jahre vor 1996 nach wie vor sehr lebendig.

Pädagogische Sünden wider die Sprache

Was im Namen vermeintlicher pädagogischer Modernität mittels eines sprachlichen und literarischen Minimalismus an unseren Schulen re- bzw. deformiert wurde, lässt jedem halbwegs Sprachkundigen die Haare zu Berge stehen. An vier Belegen mag das deutlich werden. Erster Beleg: Kaum eine andere Kulturnation der Welt stattet ihre Sprache schulisch mit so wenig Stunden aus wie die deutsche. Ganze 16 Prozent macht der Deutschunterricht zwischen der ersten und zehnten Klasse aus. In höheren Jahrgangsstufen begnügt man sich zum Teil – und dies selbst in Gymnasien – mit nur drei Deutschstunden pro Woche. Zweiter Beleg: Der in den meisten deutschen Ländern qua Lehrplan ausgewiesene Grundwortschatz, das heißt der Wortschatz, den Schüler am Ende der vierten Grundschulklasse aktiv beherrschen sollen, wurde von 1100 Wörter zu Beginn der 1990er Jahre auf mittlerweile nur noch 700 Wörter heruntergefahren. (Boshafte Anmerkung: Hundeforscher haben herausgefunden, dass Hunde bei entsprechendem Training mehr als 1000 Wörter verstehen können, also immerhin einen passiven Wortschatz von 1000 Wörtern haben können.[127])
Dritter Beleg: Die literarische Bildung wurde mehr und mehr heruntergefahren. Es werden kaum noch Gedichte auswendig gelernt. Einen Lektüre-Kanon gibt es nicht mehr. Hier hat eine »Furie des Verschwindens« gewütet. Entrümpelungsdebatte heißt das pädagogisch korrekt, wie wenn herausragende Werke der deutschen Literatur Gerümpel seien; und die Entrümpler geben sich kinderfreundlich, weil man ja den Kleinen doch bitte nicht zu viel zumuten dürfe.

Vierter Beleg: Die Schüler müssen kaum noch etwas schreiben. Die Flut an Kopien, mit denen Schüler tagtäglich, statt sie schreiben zu lassen, zugeschüttet werden, ist Alltag. Alltag ist auch, dass »Textanalyse« im Deutschunterricht oft genug aus einer mikrochirurgischen Analyse kopierter Textauszüge samt maximal zwei Spiegelstrichen Ordner- bzw. Hefteintrag besteht. Und selbst bei sog. Leistungserhebungen, also Tests, ist das Schreiben ganzer Sätze obsolet geworden. Wie man es vom Pisa-Testmodus kennt, haben die Schüler in nahezu allen Fächern einschließlich des Faches Deutsch Lückentexte zuzustöpseln und Multiple-Choice-Antwortoptionen anzukreuzen. Diktate gelten mittlerweile ohnehin schon als mittelalterliche Igittigitt-Folterinstrumente – vor allem wenn sie auch noch benotet würden. Und wichtiger als die gesprochene, möglichst frei gesprochene Rede scheint bereits in unteren Klassenstufen die Präsentationskompetenz. PPPP – Power-Point-Presentation-Pest ist epidemisch angesagt. Spötter sagen dazu: betreutes Lesen.

Weitere Beispiele: An den Grundschulen wurde zulasten, das heißt durch Kürzung, des Deutschunterrichts ein – wie sich herausgestellt hat – völlig nutzloses Früh-Englisch eingeführt. Mehr und mehr ist das Auswendiglernen von Gedichten aus der Mode gekommen. (Von der Abschaffung der lateinischen Ausgangsschrift, vom großzügigen Umgang mit der Orthographie und von der Kompetenzenpädagogik, mit der aus Lehrplänen Leerpläne werden, ist in anderen Kapiteln dieses Buches die Rede.)

Im übrigen macht »Leichte Sprache« (siehe S. 193) auch vor der Schule nicht halt. Jetzt gibt es Leichtgewichtsversionen von literarischen Klassikern, Klassiker »light« also. Bei Cornelsen erschienen sind in der Reihe »... einfach klassisch« etwa Annette v. Droste-Hülshoffs »Die Judenbuche«, Johann Wolfgang v. Goethes »Götz von Berlichingen«, Gottfried Kellers »Kleider machen Leute«, Friedrich Schillers »Wilhelm Tell« und »Die Räuber«, Theodor Storms »Der Schimmelreiter«. Der Verlag wirbt dafür u. a. wie folgt: »Originaltexte – gekürzt und sprachlich vereinfacht«.

Teil dieses Trends sind ein Unterricht in »Deutsch in leichter Sprache« und in Kurzdeutsch (Kiezdeutsch): ohne Artikel, ohne Präpositionen, ohne Passiv, ohne korrekten Kasus, ohne Konjunktiv oder allenfalls einem Konjunktiv mit »würde«: »Bin noch Büro« – »Hast du Auto oder gehst du Bahnhof«. Manche Leute, darunter Sprachwissenschaftler, halten diesen Ghettoslang für einen Ausdruck von sprachlicher Kreativität.

Nun, wer eine solche Sprache spricht bzw. wer nur sie beherrscht, der mag zwar in einer bestimmten Szene anerkannt sein, insgesamt aber wird er abgehängt – in der Schule, in der Berufsausbildung, im öffentlichen Diskurs und in der Arbeitswelt. Ansonsten aber muss man Leute dieses Sprachniveaus fragen: Schreiben und sagen Sie, was Sie meinen? Oder muss ich meinen, was Sie schreiben und sagen?

Handschrift als Kulturgut und als Denkzeug

Seit geraumer Zeit geht es mit seichten Begründungen der Schreibschrift an den Kragen. Dabei scheinen wieder mal die Finnen tonangebend. Da Finnland – zu Unrecht übrigens – als das gelobte Land des Pisa-Siegers gilt, machte eine Schlagzeile zum Jahreswechsel 2014/2015 groß die Runde: Finnland schafft die Schreibschrift ab und stellt es den Schulen frei, ob sie die Schüler noch mit Hand und

Stift oder nur noch auf der Tastatur schreiben lassen, so hieß es. Finnland will damit auf die Probleme von Schülern mit dem Handschreiben reagieren.

Auch in Deutschland beobachtet die Lehrerschaft diese Probleme Tag für Tag. Systematisiert wurde diese Diagnose Anfang 2015 mit Hilfe einer Umfrage, die der Deutsche Lehrerverband gemeinsam mit dem Schreibmotorik-Institut durchgeführt, ausgewertet und veröffentlicht hat.[128] Dabei war Lehrkräften aus Grundschulen und aus weiterführenden Schulen ein Fragebogen vorgelegt worden. An der Umfrage haben sich insgesamt mehr als 2000 Lehrerinnen und Lehrer aus ganz Deutschland beteiligt. Vier Fünftel (exakt: 79 Prozent) der an der Erhebung beteiligten Lehrkräfte an weiterführenden Schulen geben an, die Handschrift ihrer Schülerinnen und Schüler habe sich verschlechtert. Bei den Grundschullehrkräften meinten dies sogar 83 Prozent. Die Mehrheit der befragten Lehrkräfte an weiterführenden Schulen beobachtet zudem, dass gerade mal noch ein Drittel der Schüler länger als 30 Minuten beschwerdefrei schreiben kann. Auch sehen nahezu alle Lehrer einen Zusammenhang zwischen der Handschrift eines Schülers und seinen schulischen Leistungen. Überraschen können diese Ergebnisse nicht wirklich. Trotzdem soll es ausgerechnet der lateinischen Ausgangsschrift an den Kragen gehen. Deren Abschaffung wird damit begründet, dass es doch reiche, wenn die Schüler eine einzige Schrift, nämlich die Druckschrift der ersten beiden Schuljahre als Grundschrift beherrschten. Dass es zig Millionen an Schülern waren, die problemlos mit zwei Schriften klarkamen, scheint vergessen.

Was also steckt hinter all der quasi-progressiven Pädagogik? Es steckt ganz offenbar ein seltsam angestrengtes Verständnis von Erleichterungspädagogik dahinter – einer Erleichterungs- und Gefälligkeitspädagogik, die Schülern nichts mehr zumutet, weil sie ihnen nichts mehr zutraut.

Aber auch über die Sünden der angesagten Pädagogik und die allgegenwärtige Atomisierung der Sprachkultur hinaus gibt es Gründe für die nachlassende Schreibfertigkeit der Heranwachsenden. Bei vielen Heranwachsenden kommt nämlich hinzu, dass sie grob- und feinmotorisch zunehmend verkümmern. *Couch-Potatoes* und *Joystick*-Athleten fehlt es nicht nur an motorischer Entladung, sondern auch am Erwerb motorischer Geschicklichkeit. Die Übervorsicht vieler Eltern tut ein Übriges, wenn Eltern nämlich das motorische Ausleben der Kinder durch immer engere Aktionsradien einengen. Feinmotorische Geschicklichkeit wurde früher außerdem beim Basteln oder mit den üblichen Gesellschaftsspielen trainiert: beim Mensch-ärgere-dich-nicht, bei Mühle, Halma, Dame und Mikado. All dies findet heute – wenn überhaupt – am Bildschirm statt. Eine erhebliche feinmotorische Verarmung ist das, die hier abläuft und indirekt die Schreibmotorik hemmt.

Die Ursachen hierfür setzen also sehr früh ein. Immer weniger Kinder sind (fein)motorisch erfahren. Heute trainieren die jungen Leute eher – bis er glüht – nur noch den Daumen, nämlich beim Daddeln auf der Spielkonsole und beim SMS/WhatsApp-Schreiben. »daddeln« übrigens geht auf das niederdeutsche *daddeln/doddeln* = stottern/stammeln zurück. Insider sprechen gar von Atari-/Nintendo-Daumen. Ansonsten ist statt Schreiben Wischen angesagt. Das Kritzeln, das Malen, das Kneten, Gesellschaftsspiele, die Zeichensprache, Papier-Schneide- und Faltarbeiten – all dies ist aus der Mode gekommen.

Warum dennoch mit der Hand schreiben? Nun, wer gut und versiert schreibt, der prägt sich Geschriebenes besser ein, er ist intensiver bei der Sache, er schreibt bewusster. Es geht ihm darum, dass das Geschriebene von anderen nachvollzogen werden kann; das wirkt bereits beim Schreiben als ein Impuls, verständlich zu formulieren. Wer gut und versiert schreibt, für den gilt in Abwandlung eines Aufsatzes von Heinrich von Kleist aus dem Jahr 1805: »Über die allmähliche Verfertigung der Gedanken beim Schreiben.« Ja, das Schreiben strukturiert das Denken, es diszipliniert das Denken, vor allem wenn es mit der Hand geschieht. Schreibschrift ist ein Denkzeug. Auf einer Tastatur Getipptes kann da nicht mithalten, denn es ist umgeben vom Odium des Flüchtigen, des leichtfertig, da stets revidierbar, Hingeschriebenen.

Das Schreiben, auch das Abschreiben (und nicht das Einscannen auf den Bildschirm), ist vor allem bei neuen Lernstoffen bereits die halbe Miete für das Auswendiglernen. Tendenziell gibt es deshalb Zusammenhänge zwischen Lernleistung von Schülern und der Güte ihrer Handschrift. Pam Mueller und Daniel Oppenheimer von der Princeton University in New Jersey haben zum Beispiel festgestellt, dass Studenten, die mit einem Stift mitschreiben, ein solideres Wissen erwerben und dass eine Mitschrift mit Stift auf Papier zusammenhängendes Wissen fördert, während reines Tippen auf einer Tastatur dazu verführt, nicht zu filtern. Interessant ist auch eine Studie von Markus Kiefer von der Universität Ulm. Er kommt zum Ergebnis, dass der Schriftspracherwerb anhand von Handschreiben im Vergleich zum Tippen auf einer Tastatur mit besseren Leseleistungen einhergeht.

Nicht nur die seriöse Graphologie weiß zudem zu bestätigen: Handschrift ist Ausdruck von Individualität; ein Verzicht auf eine individuelle, verbundene Handschrift wäre ein Verlust an Individualität, auch ein Verlust an beweisbarer Individualität, zum Beispiel ein handschriftliches Testament. Etwas handschriftlich verfasst zu haben vermittelt jedenfalls das Erlebnis, Eigenes produziert zu haben. Rudimentäre Texthäppchen, die man im Display, im Mäusekino des eigenen iPhones empfängt oder an Empfänger weiterreicht, haben dagegen den Geruch des Entfremdeten an sich. *cogito ergo sum* – ich denke, also bin ich. Diese Sentenz könnte man erweitern: *scribo ergo sum* – ich schreibe, also bin ich.

Es muss auch Schluss sein mit dem Methoden-Wirrwarr, mit dem Kinder zu Versuchskaninchen degradiert werden und mit dem deren Mobilität quer durch die Republik behindert wird. Wer – auch unter Lehrern – soll sich noch auskennen auf dem chaotischen Markt, der sich in Sachen Schreiben präsentiert? Derzeit sind vier Schriften an Deutschlands Schulen im Umlauf: drei verbundene Schriften, namentlich die lateinische, die vereinfachte und die Schulausgangsschrift der DDR, ferner die unverbundene, drucknahe Grundschrift.

Unabhängig, welche Schrift überhaupt vermittelt wird, stellt sich vor allem die Methodik der Vermittlung reichlich verquer dar: Es gibt Schreiben mit Hilfe von Anlauttabelle, es gibt lautgerechtes Schreiben, Lesen durch Schreiben. Es gibt das alphabetische Prinzip, die Ganzheitsmethode und so weiter und so fort. Aufgebrochen ist sogar der Streit, ob es überhaupt noch notwendig sei, Kindern zwei Schriften beizubringen – nämlich erst die Grundschrift und dann – oder auch nicht – eine verbundene Ausgangsschrift.

Eine Lobby für nur eine Schrift, nämlich die Grundschrift, ist der sog. Grundschulverband. Er will keine zweite Schrift, weil das angeblich ein Bruch der Schreibentwicklung ist. Der Verband kann das zwar empirisch keineswegs belegen, aber hier scheint wohl Eigeninteresse im Spiel zu sein. Immerhin betreibt der Grundschulverband einen eigenen Verlag mit einem breit aufgestellten Sortiment an Büchern und Übungsheften zum Einüben der Grundschrift. Manche deutschen Länder haben sich davon infizieren lassen. In Thüringen etwa ist im Grundschullehrplan seit 2010 überhaupt keine Schreibschrift mehr im Lehrplan erwähnt. In Hamburg können sich Grundschulen seit 2012 frei entscheiden, ob sie nur Grundschrift oder auch eine weitere Schulausgangsschrift verwenden. Ähnlich ist die Sache in Berlin und NRW geregelt bzw. freigegeben. Und das Ganze willkürlich eingeführt und ohne jede wissenschaftliche Begleitung!

Verbrämt werden die vermeintlichen methodischen Fortschritte mit dem Argument, dass es beim Schreiben (und beim Rechtschreiben) auf »kommunikative Funktionalität« ankomme. Richtigkeit wird gegen vermeintliche Kreativität ausgespielt. »Konstruktivismus« ist angesagt statt »Instruktivismus«. Das heißt: Die Kinder schaffen/konstruieren sich ihre Lernwelt selber. Begründet wird diese Haltung mit dem reformpädagogischen Leitsatz: »Kinder lernen umso mehr, je weniger sie belehrt werden.« Befreit sollen die Kinder werden – von Konventionen, von Regeln, von Ritualen. Zum Beispiel von den Regeln der Rechtschreibung.

Umschrieben wird der ganze – auf »kommunikative Funktionalität«, »Kindgemäßheit« und »Kreativität« ausgelegte – Methodenzauber mit blumigen Sätzen wie folgenden: »Im Garten des Schreibens sollen viele Pflanzen gedeihen, kleine und große, wildwachsende und gehegte, bunt-üppige und einfache. Vor allem sollen Kinder gerne in diesen Garten gehen und sich daran vergnügen. Sie werden in diesem Garten nicht allein gelassen; sie werden aber auch nicht an einem Gängelband hindurchgeführt.« So der Professor für Grundschulpädagogik Leonhard Blumenstock in einem Werk mit dem Titel »Schreiben und Schreiben lernen« im Jahr 2003. Die Folgen solchen pädagogischen Denkens kann man an den Leistungen der Schüler in der Rechtschreibung nachvollziehen. (Siehe dazu das eigene Kapitel über Rechtschreibung in diesem Buch.)

Pädagogische Gründe der Schlechtschreibung
Die oft miserablen Rechtschreibfertigkeiten junger Leute sind nicht monokausal erklärbar. Ursächlich überlagern sich hier mindestens drei Faktoren: erstens der drastisch veränderte Medienkonsum junger Leute; zweitens die Geringschätzung eines gezielten Rechtschreibunterrichts in der Schule sowie drittens die Rechtschreibreform.
Vergessen sei nicht: Ein gewichtiger Grund für die nachlassende Rechtschreibung junger Leute ist deren Distanz zu Printmedien in Verbindung mit einem Überhandnehmen der Nutzung von Bildmedien und Internet. Eine repräsentative Studie aus dem Jahr 2015 auf der Basis von 4300 Beteiligten weist für die Gruppe der 14 bis 29 Jahre alten Heranwachsenden und jungen Erwachsenen aus: Sie schauen täglich 144 Minuten fern, sie sind täglich 187 Minuten im Internet unterwegs, und sie lesen 32 Minuten täglich Zeitungen, Zeitschriften oder Bücher. Rein rechnerisch bedeutet das: Die Nutzung von TV und Internet

(zum Teil auch synchron) nimmt das Zehnfache der Zeit in Anspruch, die gelesen wird.[129] Was die schulpflichtigen Heranwachsenden betrifft, könnte man auch so rechnen: Man ist mehr Zeit im TV und im Internet unterwegs, als man in der Schule sitzt. Daneben mag zwar durchaus die Zeit für zwischenmenschliche Kommunikation zugenommen haben. Allerdings ist es immer seltener eine direkte mündliche Kommunikation von Angesicht zu Angesicht oder gar eine Kommunikation via Brief, sondern eine auf rudimentäre Sprache reduzierte Sprache via SMS, Whats-App usw. Über die Sprache der jungen Leute braucht sich dann niemand zu wundern.

Allerdings ist Rechtschreibung in der Schule, vor allem deren konsequentes Einüben, aus pseudopädagogischen, ja ideologischen Gründen aus der Mode gekommen. Nicht richtig zu schreiben wurde als Widerstand gegen bürgerlichen Habitus geadelt. Es dauerte nicht lange, und rotgrüne Schulminister schafften Rechtschreibnoten und Diktate ab. Bis weit über die Jahrhundertwende war eine solche Politik angesagt, eines Tages auch unter bürgerlicher Politikführung. In der Hansestadt Hamburg verfügte Christa Goetsch (GAL/Grüne), Schulsenatorin in einer von Ole von Beust (CDU) geführten Landesregierung, im März 2011, dass Diktate als Klassenarbeiten »zur Überprüfung der Rechtschreibleistung nicht zulässig sind«. Erst ihr Nachfolger, Schulsenator Ties Rabe (SPD), vormals selbst Deutschlehrer, hob dieses Diktatverbot 2014 wieder auf.

Gleichwohl scheinen die Schreibreformer (besser: Deformer) immer noch nicht wahrgenommen zu haben, dass sie zwar eine bürgerliche Bastion schleifen wollten, mit ihren Methoden aber gerade das Gegenteil erreichten. Sie benachteiligen nämlich mit ihren Methoden gerade Kinder aus bildungsfernen Elternhäusern, Kinder mit starker Dialektprägung und Kinder mit Migrationshintergrund. Bei denen nämlich verfestigt sich dann ihr »restringierter Code« (u. a. ihr eingeschränkter Sprachstil), während Kinder aus »besseren« Elternhäusern von zu Hause auf den Pfad der Rechtschreibtugend gebracht werden. Zudem wollen »Reformer« den alten Grundsatz nicht gelten lassen, der da besagt, dass es besser ist, etwas gleich richtig zu lernen, als erst einmal Falsches zu lernen und dann umlernen zu müssen. Das ist jedenfalls keine Methode, sondern »unterlassene Hilfeleistung«, schreibt die *FAZ* vom 4. März 2015 dazu. Und der Bildungsforscher Peter J. Brenner hält es für bedenklich, dass viele Kinder die ersten drei Schuljahre gar nicht erfahren, »dass man beim Schreiben auch Fehler machen kann«.[130]

Flächendeckenden Flurschaden freilich zeitigten neue Methoden der schulischen Vermittlung der Rechtschreibung. Ein »Schreiben nach Gehör«, eine »phonetische Schreibung« und ein »Lesen durch Schreiben« waren angesagt – gottlob nicht in allen deutschen Ländern, besonders etabliert freilich im bevölkerungs- und damit schülerreichsten Land NRW. Aber nicht nur dort: In Mecklenburg-Vorpommern erreichten beim Test VERA 3 (bundesweite Vergleichsarbeiten für die 3. Jahrgangsstufe) im Schuljahr 2013/14 mehr als ein Drittel, exakt 37,4 Prozent, der Drittklässler nicht den Mindeststandard der KMK; 25,9 Prozent erreichten diesen Standard gerade eben noch. Als Ursache wurde sogar regierungsamtlich angenommen: Mecklenburg-Vorpommern hatte die Kinder drei Jahre lang phonetisch schreiben lassen.

Man beruft sich bei dieser Methode auf Leute wie den Schweizer »Reformpädagogen« Jürgen Reichen (1939–

2009) und auf den deutschen Grundschuldidaktiker Hans Brügelmann. Mit Hilfe einer bebilderten Anlaut- und Buchstabentabelle sowie einem »Buchstabentor« (A/a für Affe und Ameise, Ch/ch für Chinese, I/i für Indianer und Igel, S/s für Sonne usw.) dürfen Schüler bis in die dritte Grundschulklasse hinein Lautketten bilden und so schreiben, wie sie hören. Das soll die Kinder von Zwängen befreien und deren Lust am Schreiben und sprachliche Kreativität fördern. Kreativ? Beispiele aus Zeitungen und aus dem Internet gefällig? *»Wia gen in den tso.«* *»Dort Gips keine Fögel.«* *»Schraip widu schprichsd.«* *»Wi schraibst dueden?«* *»Die Schulä fenkt an.«* Wenn Eltern ob solcher Schreibungen die Hände über dem Kopf zusammenschlagen, müssen sie sich belehren lassen, doch ja nicht in die »kreative« Schreibung ihrer Grundschulkinder einzugreifen; das würde Verwirrung stiften oder gar Legasthenie provozieren. Überhaupt sind die »Reformer« immer schnell bei der Hand, massenhafte fehlerhafte Schreibungen zu bagatellisieren. Die entsprechenden Argumentationen lauten dann so: Es mag ja sein, dass Schüler die Orthographie heutzutage schlechter beherrschten, aber dafür seien sie heute intelligenter, kreativer und urteilsfähiger: Oder: Es gäbe sogar große Schriftsteller mit geringen Rechtschreibkenntnissen, und für deren Fehler habe man ja Lektoren.

Apropos »Legasthenie«! Diese Diagnose ist die bequemste Ausrede der Reformer, wenn sie falsch liegen, ja wenn sie mit ihren immer neuen Lernmethoden Rechtschreibschwächen erst provozieren. Aber schwache Rechtschreibung ist noch lange keine Legasthenie. Gewiss gibt es echte Legasthenie. Hier sind Fachleute gefordert. Aber es gibt Legasthenie nicht in dem Ausmaß, in dem sie diagnostiziert wird. Deshalb machen es sich manche Kinderfachärzte und Psychologen, auch Schulpsychologen, zu leicht, wenn sie immer häufiger ein Legasthenieattest ausstellen, damit einen sogenannten Nachteilsausgleich möglich machen, indem ihre Rechtschreibleistung nicht in die schulische Notengebung einfließen darf, und den Kindern zugleich suggerieren, sie seien für ihre Schreibfehler nicht selbst verantwortlich. Böse Zungen behaupten gar, je mehr Psychologen es gebe, desto mehr Legasthenie- (und ADHS-)Atteste gebe es.

Was in Sachen Sprache angesagt wäre

In der Schule sollte es erstens keinen Schultag ohne Deutschstunde geben. Zweitens müssen die Lehrer aller Unterrichtsfächer auf sprachliche Exaktheit und Schärfe achten. Drittens gehört zum Deutschunterricht ein Lektürekanon. In der Schule muss es um große Werke der Literatur gehen – um Werke, die fundamental für eine Epoche sind, deren Wirkung zugleich über den deutschsprachigen Raum, über die jeweilige Epoche und über die Literatur hinausgeht. Es soll zum Beispiel keiner zum Abitur kommen können, der nicht einen halben Regalmeter deutsche Literatur gelesen hat und der nicht fünfzehn Gedichte sowie Passagen aus dem »Faust« auswendig kann. (Ein Lektüre- und Gedichtekanon ist zu finden in einem Band, an dem der Autor dieses Buches mitgearbeitet hat.[131])

Vor allem müsste man Deutschlands Schulen mit ordentlichen Schulbibliotheken ausstatten, die täglich geöffnet sind. Das Gegenteil ist der Fall, Deutschlands Schulbibliotheken führen ein Schattendasein. Nach den großen Anstrengungen von Bund, Ländern und Gemeinden bei der Ausstattung der Schulen mit Computern und neuen Medien sollten jetzt wieder die klassischen Printmedien an die Reihe kommen. Buch statt Laptop! Schulbibliothek statt Laptop-Klassen und Whiteboards! Hier wäre mit vergleichsweise geringen Aufwendungen viel erreicht. Dass es auch anders geht, hat der Verfasser dieses Buches in mehr als zwanzigjähriger Tätigkeit als Leiter eines Gymnasiums in Personalunion mit ehrenamtlicher Leitung einer in die Schule integrierten Kreis- und Stadtbibliothek mit mehr als 45 000 Medieneinheiten erfahren dürfen.

Zurück zu Wittgenstein: »Die Grenzen meiner Sprache bedeuten die Grenzen meiner Welt.« Das gilt gerade auch für die Menschen, die als Migranten, Flüchtlinge, Asylbewerber zu uns kommen und bei uns bleiben wollen/können. Deren Integration gelingt nur, wenn die Neuankömmlinge die deutsche Sprache erlernen. Tun sie das nicht, so sind ihnen in puncto Integration in Gesellschaft und Arbeitswelt sehr enge Grenzen gesetzt. Dabei geht es nicht um deren Herkunftssprache (die niemand verleugnen soll), sondern um unsere Landes-/Unterrichtssprache.

KAPITEL 4
Was Eltern trotz allem tun können

Wenn es um Erziehungs- und Schulfragen geht, sind nicht alle Eltern gleich. Das ist grundsätzlich gut so. Dass in solchen Fragen nicht alle Eltern gleich sind, hat freilich den Nachteil, dass sie politisch zu wenig bewegen können. Nun gut, viele Eltern halten sich aus Bildungsfragen heraus, weil es mit ihren Kindern schulisch so einigermaßen »läuft«. Das dürfte ein sehr großer Teil von Eltern sein. Unter ihnen sind durchaus manche, die nicht so ganz zufrieden sind, was Schulbildung heute an Anspruch bzw. an Anspruchslosigkeit bietet. Wieder anderen Eltern ist es egal, welches Niveau schulisch geboten ist; für sie gilt der Grundsatz: »Hauptsache, das Kind fühlt sich rundum wohl, und das Zeugnis fällt gut aus.« Und gewiss gibt es auch Eltern, die sich aus Gründen der Überforderung oder der Bequemlichkeit um die Schulbildung ihrer Kinder gar nichts scheren. Wieder andere, das Gegenstück dazu, kehren den öffentlichen Schulen mit ihren Kindern den Rücken, wenn sie sich denn die Privatschulgebühren leisten können, weil sie ein breiteres oder auch anspruchsvolleres Bildungsverständnis haben.

Nur mal als Sandkastenspiel: Würden sich alle Eltern zusammentun, dann wären sie eine bildungspolitische Macht, an der keine Regierung und keine Partei vorbeikommen. Denn Schülereltern repräsentieren geschätzt rund 20 Millionen Wähler. Das ist das 25-Fache dessen, was knapp 800 000 deutsche Lehrer, wenn sie sich denn als Wähler einig wären, in die Wahlurnen bringen könnten. Zugleich haben es Eltern selbst in der Hand, wie gut vorbereitet ihre Kinder hinsichtlich Motivation, Neugier, Belastbarkeit und Umgangsformen in die Schule kommen. Denn eines gilt auch: Es gibt keine Bildungsoffensive und keinen Bildungserfolg ohne häusliche Erziehungsoffensive und ohne häuslichen Erziehungserfolg. Was hier möglich sein könnte, sei mit folgendem Dutzend Gedanken skizziert.

1. Misstrauen Sie der Schulpolitik!
Inszenieren Sie notfalls Revolten!
Ein herausragendes Merkmal der Schulpolitik quer durch nahezu alle Parteien und quer durch die ihr assistierende sog. Bildungsforschung ist, dass Eltern, Schülern und Gesamtgesellschaft regelmäßig das Paradies auf Erden versprochen wird: Zukunftsfähigkeit, kollektiver und individueller Wohlstand, Fitness jedes Einzelnen für das globale Haifischbecken, sozialer Ausgleich, soziale Gerechtigkeit, Spaß und Wohlbefinden, Lebensraum Schule, Entlastung der Familie, Vereinbarkeit von Familie und Beruf, beste Noten, kein Sitzenbleiben … Viele Adressaten dieser Versprechungen glauben daran. Aber sie sollten es nicht blindlings tun. Vielmehr sind Misstrauen oder zumindest Skepsis angebracht, denn all diese Versprechungen waren und sind nicht einmal näherungsweise einlösbar. Ja, weniger noch: Das Einlösen dieser Versprechungen geht oft einher mit einer Absenkung des Bildungsniveaus. Also ist ein Aufbegehren angesagt. Schulpolitische Revolten sind zwar recht selten, aber sie können gelingen.
Nehmen wir zwei gelungene Beispiele: Zum 1. März

1978 schrieben sich in NRW 3,6 Millionen Bürger, genau 29,9 Prozent der Wahlberechtigten, in ein Volksbegehren ein, um die von der Landesregierung geplante »Kooperative Gesamtschule« (Koop) zu verhindern. Da das verfassungsrechtlich vorgeschriebene 20-Prozent-Quorum mehr als erreicht war, hatte die NRW-Landesregierung nunmehr die Pflicht, bei Weiterverfolgung der »Koop«-Ziele eine Volksabstimmung herbeizuführen. Wir wissen: Die NRW-Regierung steckte zurück. Denn ein bürgerliches Bündnis aus rund 15 Organisationen der Eltern- und Lehrerschaft hatte die SPD/FDP-Regierung in die Knie gezwungen. Die NRW-Koalition verzichtete schließlich darauf, ihr »Koop«-Gesetz zur Volksabstimmung zu stellen; das Ergebnis wäre wohl noch schmerzlicher als das Volksbegehren ausgefallen. In Hamburg 2010 fand etwas Ähnliches statt. Dort inszenierte die Initiative »Wir wollen lernen« um den Rechtsanwalt Walter Scheuerl einen Volksentscheid, mit dem am 18. Juli 2010 die Pläne der schwarz-grünen Regierung Hamburgs zur Verlängerung der Grundschule von vier auf sechs Jahre vom Tisch gewischt wurden. Das war nicht nur das Ende eines Gesetzentwurfes, sondern einer ganzen Landesregierung. Dergleichen sollte sich im Interesse solider Bildungspolitik regelmäßig wiederholen.

2. Misstrauen Sie dem Gerede von den
überfrachteten Stoffplänen!
Eltern sollten sich nicht beeindrucken lassen von der Behauptung, die Lehrpläne seien überfrachtet und es gebe ein »Bulimie«-Lernen. Nein, die Lehrpläne sind längst nicht mehr überfrachtet, sie sind geradezu entleert. Natürlich gilt: Faktenwissen ist nicht alles, aber ohne Faktenwissen ist alles nichts. Denn ohne präsentes Wissen ist

Grundbildung nicht möglich. »Vielwisserei macht nicht weise«, so schon Heraklit, aber Nicht-Wissen schon gar nicht. Ohne Wissen kann es jedenfalls keine Bildung geben. Deshalb ist im Interesse der nachfolgenden Generation eine Kanon-Debatte überfällig, und zwar deshalb, weil kanonisches Wissen eine Kommunikationsgrundlage ist und weil ein zu schmales Wissen anspruchsvolle Kommunikation gar nicht entstehen ließe. Wissen und Information darf man nicht verwechseln. Nur Wissen ist nachhaltig. Nur Wissen macht urteilsfähig. Andernfalls triumphiert die Gesinnung über die Urteilskraft. Also gilt: Präsentes Wissen hat mit staatsbürgerlicher Mündigkeit der Generation zu tun, die eines Tages das Gemeinwesen tragen soll. Sonst wird vermeintliches Wissen zur blanken Meinung. Und schließlich: »Wer nichts weiß, muss alles glauben.« Dieser Aphorismus von Marie von Ebner-Eschenbach gilt zumal für die Frage nach einer Erziehung zur Mündigkeit. Eltern sollten sich auch nicht erschrecken lassen von fortschreitend kürzeren sog. Halbwertszeiten des Wissens, wie sie sie im eigenen Beruf unter Umständen erleben. Schule muss darauf nicht immer reagieren. Es mag ja eindrucksvoll sein, dass wir in der Computertechnik Halbwertszeiten von drei Jahren haben, das heißt, dass das Wissen binnen drei Jahren zur Hälfte überholt ist. Aber: Es gibt unendlich viel Wissen, das sich nicht überholt. Darauf kommt es in der Schulbildung an. Das Einmaleins hat eine unendliche Halbwertszeit. Das Gleiche gilt für historische Fakten, für naturwissenschaftliche Grundgesetze, für die große Literatur, für anthropologische Grundtatsachen. Und auch Englischvokabeln haben eine Halbwertszeit von ein paar hundert Jahren, lateinische ohnehin. Ja, selbst wer »googeln« will, braucht erst einmal Vorratswissen. Ein

»*knowledge on demand*« gibt es nicht, wenn man nicht einmal eine Ahnung davon hat, was man wissen könnte und suchen will. Oder noch kürzer: Wissen ist die Voraussetzung für den Gebrauch von Suchmaschinen. Breites Wissen ist zudem Voraussetzung für die Fähigkeit zur Zusammenschau. Das gilt auch für kreative Leistungen. Edison sagte einmal: Zehn Prozent von Kreativität sind Inspiration, neunzig Prozent sind Transpiration. Wer also innovativ sein möchte, der muss erst einmal viel, viel wissen. Im Übrigen: Je mehr man weiß, desto mehr ergibt das eine Struktur, in die Neues mit immer weniger Lernaufwand eingefügt werden kann.

3. Seien Sie Ihren Kindern in puncto Neugier und
Lesen ein Vorbild!
Sprach- und Leseförderung ist zunächst eine Aufgabe des Elternhauses. Wenn Eltern nicht für Bücher und Zeitungen sorgen und in deren Nutzung Vorbild sind, wenn sich Eltern als schlechte Vorbilder selbst nahezu ausschließlich mit elektronischen Medien abgeben, dann lesen die Kinder eben kaum. In den Worten des früheren Lehrers und renommierten Schriftstellers Willi Fährmann: Die klugen Mütter und Tanten der Leseerziehung sind das Erzählen und das Vorlesen zu Hause. Eltern freilich, die selbst stets vor Bildschirm und Glotze sitzen, können schlecht ins Kinderzimmer rufen: Nun lies doch mal ein Buch! Warum aber meinen manche Eltern, die Leseförderung in den Familien und in den Schulen links liegenlassen zu können, wo es doch genug überzeugende Argumente für das Lesen gibt? Wer es denn streng utilitaristisch haben möchte, nehme folgende Studie zur Kenntnis: Wer Bücher liest, verdient später 21 Prozent mehr. Das jedenfalls deutet eine

unter dem Titel »Books Are Forever« veröffentliche Studie[132] an, die einen Zusammenhang hergestellt hat zwischen dem frühen Leseverhalten von gut 5000 europäischen Männern und ihrem späteren Einkommen. Der Hauptbefund war folgender: Hatten die zwischen 1920 und 1956 Geborenen in ihrer Jugend wenigstens zehn Bücher freiwillig gelesen, verdienten sie in ihrem späteren Leben durchschnittlich 21 Prozent mehr Geld. Der renommierte Leseförderer Friedrich Denk hat jenseits utilitaristischer Erwägungen ein Buch mit einem programmatischen Titel geschrieben: »Wer liest, kommt weiter«[133]. Friedrich Denk zitiert darin zig Belege für seine Thesen, die da lauten: Wer liest, übt sein Denken und seine Sinne, schärft sein Fühlen, gewinnt Information und Erkenntnis. Lesen ist laut Denk nichts anderes als ein Akt »schöpferischen Sehens«.

4. Denken Sie daran: Der Mensch beginnt nicht
mit dem Abitur!
Abgrundtief falsch ist die Vorstellung, ohne Abitur und Studium habe man keine Chance und Deutschland habe im internationalen Vergleich angeblich eine viel zu niedrige Abiturienten- und Studierquote. Die OECD und die Bertelsmann Stiftung behaupten dies mindestens einmal pro Monat. Nein, man darf mit Fug und Recht annehmen, dass das, was andere Länder als »Abitur« oder als »Studium« deklarieren, bei uns oft nicht einmal einer Fachschulausbildung entspräche. Die Akademiker-Quoten sind zudem international nicht vergleichbar. Zum Beispiel gelten in Finnland und den USA Krankenschwestern (»Bachelor of Nursing«) und Kindergartenerzieherinnen als »Akademiker«. Im Übrigen gilt: Eine »Verhochschulung« unserer Gesellschaft wird der Forderung nach Höherqualifizierung

nicht gerecht. Auch in Zukunft wird die Mehrheit der jungen Menschen über die berufliche Bildung den Einstieg in einen Beruf finden. Diese jungen Menschen dürfen nicht als Außenseiter betrachtet und bildungspolitisch vernachlässigt werden. Interessant ist zudem: Dort wo man in Europa die niedrigsten Abiturienten-Quoten hat, hat man zugleich die besten Wirtschaftsdaten: nämlich in Österreich, in der Schweiz sowie in Deutschland. Ein wichtiges bildungspolitisches Kriterium wird ebenfalls häufig übersehen, nämlich das Ausmaß an Jugendarbeitslosigkeit. Hier haben oft sogar vermeintliche PISA-Vorzeigeländer mit Gesamtschulsystemen eine Quote von um die 20 Prozent – Finnland und Schweden etwa. In Ländern mit hochqualifizierter Berufsbildung dagegen sind es um oder unter zehn Prozent: in Deutschland, in Österreich und in der Schweiz. Ansonsten gilt: Wenn alle Abitur haben, hat keiner mehr Abitur! Und: Es geht um das Kindeswohl!

5. Haben Sie Mut zur Autorität,
zum Vorbild und zur Entscheidung!
Viele Erziehende in Elternhaus und Schule wollen heutzutage Partner der Kinder sein; sie glauben, bereits Vorschulkinder müsse man so behandeln, als wären sie auf einer Augenhöhe mit den Erwachsenen. In der Folge lässt man Kinder alles und jedes entscheiden – bis hin zur Frage, was und wann sie für die Schule arbeiten wollen, oder bis hin zu größeren Einkäufen der Eltern. David Eberhard[134], Psychiater an einem Krankenhaus in Stockholm und Vater von sechs Kindern, zitiert dazu sehr überzeugend den dänischen Psychologen Bent Hougaard mit seinem Bestseller »Curlingforældre og servicebørn« von 2004 (deutsch in etwa: »Curlingeltern und Servicekinder«): »… ein Kind

zwischen einer unüberschaubaren Zahl an Möglichkeiten wählen zu lassen bedeutet, dass man das Kind in eine unerträgliche Situation bringt, weil es ganz einfach nicht die Voraussetzungen besitzt, eine solche Wahl genauso zu treffen, wie wir Erwachsene es können.« Kinder sind mit solcher Augenhöhe, sind mit solchem Partnersein überfordert. Kinder brauchen ihre Eltern oft als Entscheider, vor allem aber als positive Autoritäten und authentische Vorbilder.

Vorbild zu sein heißt unter anderem: Ihr da, ihr aus der Erwachsenengeneration, spielt euch nicht auf wie Peter-Pan-Erwachsene, tragt vielmehr euren Zuwachs an Jahren und Erfahrung mit Würde! Zwar gehört es zu unseren uralten Sehnsüchten, ewig jung zu sein. Das Gemälde »Jungbrunnen« von Lucas Cranach dem Älteren aus dem Jahr 1546 ist bildhafter Ausdruck dieser Sehnsucht: Links steigen dort die Alten und Kranken in den Brunnen, rechts steigen die Jungen und Knackigen heraus. Aber: Die auf knackig Gestylten, die Berufsjugendlichen – das sind keine Erwachsenen. Mit solchen Erwachsenen machen wir aus Kindern keine Erwachsenen. Vielmehr brauchen unsere jungen Leute ausgewachsene Vorbilder. Hier gilt außerdem die alte lateinische Sentenz: *Verba docent, exempla trahunt!* (Worte belehren, Vorbilder reißen mit!)

6. Erziehen Sie Ihre Kinder, indem Sie sie auch in Anspruch nehmen!
Erziehen in Elternhaus und Schule kann nicht in einer Gefälligkeits- bzw. in einer angestrengten Erleichterungspädagogik bestehen. Wenn Kinder nämlich nicht herausgefordert werden, dann erreichen sie nicht, wozu sie fähig wären. Deshalb sollte man kritisch darüber nachdenken,

ob man den Kindern Stressgefühle nicht zu oft oktroyiert und suggeriert. Der landauf landab fast tagtäglich bejammerte Schulstress ist in weiten Teilen ein solches Oktroy. Aus der Stressforschung wissen wir aber, dass es einen guten und einen schlechten Stress gibt – einen Eustress und einen Dysstress. Der Eustress ist positiv, er mobilisiert, vitalisiert, hält fit, verlängert sogar das Leben, der Dysstress macht krank. Das Problem bei der Unterscheidung der beiden ist: Es gibt keine objektive Trennlinie zwischen beiden. Diese Trennlinie ist sehr subjektiv, oft sogar ist es eine eingebildete, gefühlte Trennlinie. In der Folge wird aus Stress oft gefühlter Dysstress. Seit Heinz Heckhausen[135] wissen wir außerdem: Eine Vollkasko-Erfolgsgarantie-Erziehung kann es nicht geben. Bei allem Vorgeben von Aufgaben und Pflichten sollten sich gerade auch bei Kindern zwei Aussichten die Waage halten: die Hoffnung auf Erfolg und die Furcht vor Misserfolg. Das heißt: Kinder müssen die Chance auf Erfolg und das Recht auf Irrtum haben. Sind aber die Erfolgsaussichten nahe bei hundert Prozent, dann ist man unterfordert und langweilt sich; sind die Erfolgsaussichten zu gering, so resigniert man und steckt zurück. Alles aber sofort zugesprochen zu bekommen und sich für nichts anstrengen zu müssen, das geht nicht gut. Vor allem rauben wir unseren Kindern damit die Chance, auf sich selbst stolz sein zu können.

7. Fragen Sie nicht nur, was Kinder krank macht,
sondern fragen Sie, was Kinder stark macht!
Viele Eltern leben ständig in der Angst, ihre Kinder könnten psychisch durch irgendein Nein, durch irgendeine Grenzziehung oder durch irgendeine Pflichtaufgabe Schaden nehmen. Die Folgen sind Verwöhnung, Kontroll-

wahn und ein »Pampern« der Kinder – also eine Watteverpackung. Hintergrund für diese Art von »Pädagogik« ist wohl der allgegenwärtige Mythos von der Traumatisierung der Kinder in der Kindheit. Nun mag ja die Tiefenpsychologie ihre Verdienste im Bereich des Klinischen haben, im Bereich der Erziehung wird sie aber wohl maßlos überschätzt. Denn Psychoanalytiker neigen leicht dazu, die in ihrer Praxis mit Minderheiten gemachten Erfahrungen auf die Gesamtheit hochzurechnen. Und so schwirren den Eltern denn Begriffe wie »orale Regression« und »anale Fixation« nur so um die Ohren. In der Folge ist die Angst vor der Traumatisierung der Kinder allgegenwärtig, ja sie versteigt sich zu der Aussage: »Die ersten Jahre dauern ein Leben lang.« Manchen Menschen wird damit suggeriert, sie könnten sich lebenslang als Opfer ihrer Kindheit fühlen. Viele Eltern – und auch Lehrer – machen es den Kindern schlicht zu einfach. Sie haben nicht internalisiert, dass Erziehung viel mit dem Prinzip Subsidiarität zu tun hat. Deshalb gilt eben auch: Das Risiko des Scheiterns, Enttäuschungen und Niederlagen – all das gehört zum Leben. In altersgemäßer Dosis muss ein Kind solches erfahren dürfen, sonst entwickelt es weder die Fähigkeit, damit umzugehen, noch das Selbstbewusstsein, mit Problemen selbst fertig zu werden, noch die Bereitschaft, erst einmal eigene Kräfte zu mobilisieren. Wir sollten wissen, dass Kinder eigentlich ziemlich robust sind und eine Menge aushalten. Kinder sind viel widerstandsfähiger, als wir gemeinhin annehmen. Die Resilienz-Forschung hat dies nachgewiesen. Resilienz heißt wörtlich: zurückspringen, abprallen. Im übertragenen Sinn meint man damit die Kraft zur Überwindung von Einschränkungen oder gar von Verletzungen. Die Entwicklung dieser Kraft kann man fördern, indem man die Kinder – altersgerecht – kleine Probleme selbst lösen lässt. Man muss dabei nicht so weit gehen wie die US-Autorin Wendy Mogel mit ihrem Buch »The Blessing of a Skinned Knee« (sinngemäß: Der Segen eines aufgeschlagenen Knies), aber es ist schon etwas dran, dass Kinder auch durch Krisen oder Belastungen stark werden.

8. Lassen Sie Ihre Kinder gelegentlich warten!

Viele Eltern betreiben einen erzieherischen Sofortismus. Das heißt: Diese Eltern lesen ihren Kindern jeden Wunsch und jedes Wehwehchen schon im Ansatz von den Augen ab, um wie eine schnelle Eingreiftruppe alles sofort ins Lot zu bringen. Kinder können deswegen aber keine Frustrationstoleranz, keine Bereitschaft zum Bedürfnisaufschub und keine Selbstdisziplin erwerben. In Frankreich sind Kinder anders, weil sie dort anders erzogen werden. Die US-Journalistin Pamela Druckerman, die seit Langem in Paris lebt, hat dazu ein Buch geschrieben: »Warum französische Kinder keine Nervensägen sind. Erziehungsgeheimnisse aus Paris«.[136] Sie stellt darin fest, dass französische Kinder ganz anders sind: Sie schlafen mit zwei/drei Monaten durch, sie bleiben ruhig am Tisch sitzen; sie essen, was auf den Tisch kommt; sie bekommen im Supermarkt keine Tobsuchtsanfälle. Trotzdem sind diese Kinder genauso ausgelassen, neugierig und kreativ wie andere Kinder auf der Welt. Wo liegt das Geheimnis? Für Pamela Druckerman ist es eindeutig: Französische Eltern sind strenger und lassen ihre Kinder zum Beispiel einfach mal zwei oder drei Minuten warten, wenn sie etwas wollen; sie halten gewisse Rituale ein (z.B. beim Essen und Bettgehen), und sie stellen ihre eigenen Bedürfnisse nicht ständig hinter den Wünschen der Kinder zurück. Warten lassen bzw. warten lernen hat mit Selbstdisziplin zu tun. Die Fähigkeit bzw. Bereitschaft dazu bringt einen im Leben weiter. Sogar Wissenschaft und Forschung haben nachgewiesen, dass (Selbst-)Disziplin Basis für ein erfolgreiches Leben und für Lebenszufriedenheit ist. Die sog. Dunedin-Studie beispielsweise, eine weltweit anerkannte, seit 1973 ununterbrochen laufende Längsschnittstudie in der neuseeländischen Stadt Dunedin, hat bestätigt, dass eine bereits in der Kindheit vorhandene Fähigkeit zur Selbstkontrolle sehr positiven Einfluss hat auf das spätere Leben, etwa auf Gesundheit, beruflichen Erfolg, materiellen Wohlstand und Zufriedenheit. Ähnlich fielen die Ergebnisse der ebenfalls weltweit bekannten Marshmallow-Studie aus. Hier hat der aus Österreich stammende US-Psychologe Walter Mischel vierjährige Kinder in den Jahren um 1970 vor die Alternative gestellt, auf der Stelle ein Marshmallow, eine Art Zuckerwattegebäck, zu bekommen oder nach einem Warten von rund 15 Minuten zwei Stück davon. Ergebnis nach Jahrzehnten: Je länger die Kinder gewartet hatten, also Geduld und Selbstdisziplin praktiziert hatten, desto erfolgreicher waren sie als Erwachsene im beruflichen, schulischen und sozialen Bereich, und desto leichter wurden sie mit Belastungen und Frustrationen fertig.

9. Sorgen Sie dafür, dass sich Ihre Kinder motorisch ausleben können und genügend Schlaf haben!
Unsere Kinder bewegen sich zu wenig. Weil angeblich ständig etwas Schreckliches passiert, dürfen sie nicht mehr klettern oder herumstreunen. Ihr Mobilitätsradius hat sich in den letzten Jahrzehnten erheblich verringert. Da ist es kein Wunder, wenn sich Kinder zulasten der motorischen und zudem der gesundheitlichen Entwicklung

immer weniger bewegen. Der britische »*Children's Play Council*« spricht von einer Verringerung der gesamtmotorischen Bewegung um 80 Prozent. Man könnte sagen: Herumstreunende Pippi Langstrumpfs, Huckleberry Finns und Ludwig Thomas Lausbuben sind ausgestorben. Und damit die Kinder sich ja in einem engen Radius bewegen, haben »Drohneneltern« für ihre Kinder iPhones mit GPS-Ortung angeschafft, die Alarm schlagen, wenn ein Kind den festgelegten Radius verlässt. Und die Folgen: Die Kinder verkümmern motorisch, sie werden adipös. Von ihrer Beweglichkeit im Turnen und in der Leichtathletik ganz zu schweigen! Und schließlich hat wohl so manche Modeerkrankung durchaus mit motorischem Stau zu tun. Völlig unsinnig ist die Neigung vieler Eltern, ihre Kinder vor Bildschirmen, Joysticks und sozialen Medien zu parken. Das ist zwar eine bequeme Lösung, denn damit hat man als Eltern für ein paar Stunden Ruhe. Aber es ist ein Irrweg. Die Überwältigung der Kinder durch Bilder hat nämlich zur Folge, dass Kinder sich permanent in Alarmbereitschaft befinden, diese Reize aber weder kognitiv und emotional verarbeiten noch motorisch kompensieren können. Das dürfte mit ein Grund dafür sein, dass man heute immer mehr Fälle von ADHS hat. Umgekehrt könnte vielen Kindern eine nicht unproblematische Medikation von Methylphenidat (Handelsname: Ritalin) erspart bleiben, wenn sich die Kinder motorisch »entladen« könnten. 2013 etwa wurden bundesweit 1803 kg Methylphenidat verschrieben und verkauft. Zehn Jahre zuvor war es noch ein Drittel davon. Ein anderer Grund für ein Überdrehtsein dürfte sein, dass Kinder erheblich weniger schlafen als früher. David Eberhard[137] geht davon aus, dass Kinder heute rund 75 Minuten weniger schlafen als vor hundert Jahren.

Die Folgen erleben Lehrer nicht nur als Montagssyndrom, sondern alltäglich: Schläfrigkeit, rasche Ermüdung, Lustlosigkeit, Unkonzentriertheit usw.

10. Seien Sie Anwalt für die Jugend insgesamt!
Es scheint ur-menschlich zu sein, dass die Alten über die Jungen schlecht reden (siehe Platon, Sokrates, babylonischer Tonziegel!). Gewiss muss man um die Verfehlungen der nachfolgenden Generation Bescheid wissen, aber man muss auch bereit und willens sein, alles ins Feld zu führen, was für die oft am Pranger stehende Jugend spricht. Und es spricht vieles für sie. Selbst ihre Bildungsdefizite hat nicht in erster Linie die Jugend selbst zu verantworten. Es gibt auch keinen generellen Erziehungs-, Werte- und Orientierungsnotstand unter den Jugendlichen. Die heutige Jugend ist im Gros von einer Geradlinigkeit, von einem Pragmatismus und von einer Orientierungssicherheit wie keine Jugend vor ihr. Diese Tatsache bleibt uns aber leider vorenthalten, weil die Öffentlichkeit sich auf die Minderheit der jugendlichen Aussteiger und Randalierer stürzt. Tatsächlich aber ist ein Großteil der Jugend bodenständiger als manch Erwachsener in der zweiten Pubertät, wenn ihn die Midlife-Crisis beutelt. Weshalb Boshafte meinen, es gebe keine Erwachsenen mehr, sondern allenfalls »Postadoleszente«! Diese »Sensation des Normalen« unter Heranwachsenden kommt aber viel zu selten herüber. Stattdessen berauschen sich Öffentlichkeit, Publizistik und professorale Pädagogik an den 10 Prozent junger Menschen, die – leider mit steigender Tendenz – aus dem Ruder laufen. Die vermeintliche »Minderheit« der 90 Prozent ist dann nicht mehr existent. Denn es zählt die »Sensation des Negativen«, nicht die »Sensation des Positiven«. Oder

noch kürzer: Wir loben unsere jungen Leute zu wenig. Dabei gibt es nichts Motivierenderes, als anerkannt und gelobt zu werden.

11. Gönnen Sie sich und Ihren Kindern lange Weilen!

Die Menschen haben eigentlich immer mehr Zeit, und deshalb hätten sie eigentlich mehr Zeit für Kulturelles und Bildung. Aber jetzt das Paradoxe: Wir haben immer mehr Zeit, aber die Zeit wird uns immer knapper. Diese Knappheit an Zeit ist freilich auch hausgemacht: Wir sind, ob jung oder alt, zu Simultanten geworden (nicht zu verwechseln mit Simulanten), die alles Mögliche simultan (gleichzeitig) tun wollen, um Zeit zu gewinnen – und um ja nichts zu versäumen. Die Folge ist – inklusive eines hyperaktiven Freizeitelends – eine hochgradige Zeitneurose in Form eines »multitasking«. Die Folge ist: Die Gegenwart schrumpft zusehends. Das Nächste, das Zukünftige ist schneller da, und wenn es da ist, dann ist es sofort Vergangenheit. Deshalb brauchen zumal unsere Kinder und Jugendlichen ein Recht auf lange Weile, auf Langeweile, ja auf Faulheit – trotz der Schattenseiten der Langeweile: zum Beispiel, dass Langeweile aggressiv nach außen und nach innen, ungenießbar nach außen und nach innen macht (Letzteres heißt Depression). Und natürlich ist bekannt, dass die Trägheit des Herzens eine der sieben Todsünden ist. Müßiggang ist aller Laster Anfang, sagt der Volksmund. Aber es sollte ein Recht auf einen Schutz vor der Tyrannei der hochdosierten Zwangsunterhaltung durch Fernseh-Shows, Massen-Partys, All-Inclusive-Holidays, Massenkonsum geben. Es sollte ein Recht auf selbstvergessenen Müßiggang geben, weil sonst Identität und Authentizität verloren gehen oder gar nicht erst entstehen können. Ödön von

Horváth hat einmal die Sentenz geprägt: »Ich bin eigentlich ganz anders, aber ich komme nur so selten dazu.«[138] Das hat mit Reifung bzw. Nicht-Reifung der Persönlichkeit zu tun. Langeweile – richtig gelebt – ist ein wichtiges Ich-Fenster, aus dem man noch unkontrolliert – und unbeeindruckt vom »entertainment« – in die Welt schauen kann. Für jeden Einzelnen heißt das: Greift gelegentlich zur Notbremse, entschleunigt euer Da-Sein, damit es kein bloßes Bis-Sein wird! Schafft euch Entschleunigungsinseln: mit Nachdenken, mit Meditieren, mit Lesen, mit Erzählen, Erzählen lassen und Zuhören! Damit streckt man die Zeit, schafft Raum für die Zeit.

Für die These, dass Bildung lange Weilen braucht, gibt es gute lernpsychologische Begründungen. Der Mensch hat seinen festen Bedarf an Schlaf und Traum. Und die Geschwindigkeit der Abläufe im Gehirn ist nicht manipulierbar – allenfalls in Grenzen mit Drogen. Das heißt: Die Wahrnehmung, die Speicherung, die Regeneration braucht ihre Zeit. Das Neue, das Erlernte braucht seine Zeit, damit es aus der Flüchtigkeit des Kurzzeitgedächtnisses in die Dauerhaftigkeit des Langzeitgedächtnisses hinübergelangt. Außerdem ist jedes Lernen ein Schaffen von Redundanz. Das heißt: Bislang Neues wird durch Lernen für mich zum Überflüssigen – deshalb zu Überflüssigem, weil ich es dann ja weiß. Wenn ich etwas gelernt und kapiert habe, muss ich mich nicht mehr damit abmühen, ja ich kann mich daran langweilen, weil ich es kann. Deshalb braucht Bildung Zeit. Das heißt zugleich, dass einem Recht auf Langeweile eine Investition an Schweiß und Anstrengung vorausgehen muss. Mit anderen Worten: Faulheit ist das Privileg der Fleißigen. Auf die Dosis bzw. Mischung kommt es an. Nur zu »powern« geht nicht, sonst ist man bald ausgebrannt. Nur zu »relaxen« geht auch nicht, sonst verblödet man. Wir brauchen also neben der »vita activa« die »vita contemplativa«, also das Zurücklehnen, die lange Weile und die Faulheit; das hat etwas enorm Konstruktives. Viele Erfindungen der Menschheit gäbe es nicht, wenn die Menschen aus Faulheit nicht Erfindungen gemacht hätten, die ihnen die Arbeit erleichtern und die das Faulsein ermöglichen; man denke an Roboter oder Haushaltsautomaten.

12. Erziehen Sie mit einem gehörigen Schuss Leichtigkeit und Humor!

Warum scheint dieser Appell notwendig? Nun, weil Deutschland bei jeder Veröffentlichung irgendeines belanglosen PISA-Details oder irgendeiner OECD-Zahl regelmäßig in bierernste Hypochondrie verfällt. Und weil es im gesamten deutschsprachigen Sprachraum kein namhaftes Buch über die Bedeutung des Humors in der Erziehung gibt – im Gegensatz zum Thema Humor in der Psychotherapie. Womit das zu tun hat? Wahrscheinlich mit dem bei uns verbreiteten Menschenbild einer »masseneudaimonistischen Gesinnungsmoral« (Arnold Gehlen)[139] – also mit einer Vorstellung, für alle sei alles Glück machbar. Eine solche Vorstellung will von der Unvollkommenheit des Menschen nichts wissen. Daraus sind Visionen von einer grenzenlosen Machbarkeit aller menschlichen Dispositionen entstanden oder gar Visionen einer endgültigen Ausgereiftheit gesellschaftspolitischer Konzepte. Dabei könnte der Mensch vor allem durch seine Fähigkeit zum Humor ein gütiges, zugleich lebensbejahendes Hinsehen auf die Unvollkommenheit der Welt und seiner selbst leben und erleben – mit Souveränität, mit Selbstironie und mit

Distanz zu sich selbst. Humor gerade in der Erziehung hat ansonsten mit Wohlwollen, mit Wärme und mit Güte, mit Wertschätzung des Zöglings zu tun. Das baut Stress und Ängste ab, ist Ausdruck von Kreativität, relativiert Probleme, signalisiert Friedfertigkeit und macht beliebt. Manche sagen auch: Humor ist ein sehr gutes Mittel der Kontingenzbewältigung, also des Umgangs mit Unwägbarkeiten. Jedenfalls erreicht man mit Humor in Elternhaus und Schule oft mehr als mit humorloser PISA-Hysterie, mit Kommandopädagogik oder mit rezeptologischer Totalplanung.

ANMERKUNGEN

1. Stuttgarter Zeitung vom 28. Oktober 2016
2. Siehe Josef Kraus: Spaßpädagogik. München 1998 und 2000
3. Helmut Schelsky: Die Wüste wächst. Über die Selbstzerstörung der Kultur in der Bundesrepublik. In: Schelsky, Helmut: Der selbständige und der betreute Mensch. Stuttgart 1976
4. Der Text des Vortrages findet sich unter http://www.nachdenkseiten.de/?p=3031
5. Max Weber: Politik als Beruf. in: Gesammelte Politische Schriften, hrsg. von J. Winckelmann. 5. Auflage, Tübingen 1988
6. Hermann Lübbe: Politischer Moralismus. Der Triumph der Gesinnung über die Urteilskraft. Berlin 1987
7. Josef Kraus: Spaßpädagogik. München 1998. Siehe dort auf den Seiten 235 bis 253 das Kapitel: Die »lingua paedagogica correcta« der Gutpädagogen – Polemisches Minilexikon der »Educational Correctness«
8. »Wirtschaftswachstum und Bildungsaufwand – Europäische Kulturpolitik«, Bd. 2., herausgegeben u. a. von der Kulturkommission des Europarates (Bericht über die OECD-Konferenz in Washington 1961)

9. Siehe Katharina Blaß und Armin Himmelrath: Berufsschulen auf dem Abstellgleis: Wie wir unser Ausbildungssystem retten können. Hamburg 2016

10. Vgl. Reichenbach, Roland / Oser, Ritz (Hg.): Die Psychologisierung der Pädagogik. Übel, Notwendigkeit oder Fehldiagnose. Weinheim/München 2002

11. Josef Kraus: Helikoptereltern – Schluss mit Förderwahn und Verwöhnung. Reinbek 2013

12. Süddeutsche Zeitung vom 28. August 2013

13. Karl Jaspers: Die geistige Situation der Zeit. Berlin 1931

14. Siehe auch Josef Kraus: Bildung geht nur mit Anstrengung. Hamburg 2011

15. Don A. Klinger et al.: Cross-national trends in perceived school pressure by gender and age from 1994 to 2010. In European Journal of Public Health, Volume 25, Suppl. 2, March 24, 2015, p. 51–56. Link: eurpub. oxfordjournals.org/content/25/suppl_2/51.ppt

16. Siehe dazu das Kapitel »Der Wahrheit wegen: ein gutes Dutzend Fakten«. In: Josef Kraus: Ist die Bildung noch zu retten? München 2009, S. 51–62

17. Helmke, Andreas: Selbstvertrauen und schulische Leistungen. Göttingen 1992, S. 278

18. Weinert, Franz E.: ›Der gute Lehrer‹, ›die gute Lehrerin‹ im Spiegel der Wissenschaft; Beiträge zur Lehrerbildung, 14, 141–151, 1996

19. Weinert, Franz E.; Helmke, Andreas: Der gute Lehrer – Person, Funktion oder Fiktion? In: A. Leschinsky (Hg.): Die Institutionalisierung von Lehren und Lernen, 1996, S. 223–233, 1996

20. Max-Planck-Institut für Bildungsforschung u. a. (Hg.): Third International Mathematics and Science Study (TIMSS II, Mittelstufe). Opladen 1997, S. 233

21. John Hattie / Klaus Zierer: »Visible Learning«, 2008, deutsch: Lernen sichtbar machen, Hohengehren 2013
22. Gerhard Roth: Bildung braucht Persönlichkeit. Stuttgart 2011
23. Vgl. dazu auch Dollases Vortrag »Classroom Management«: https://www.uni-marburg.de/fb21/schulpaed/studium/fachschaft/ringvorlesungfolder/praesentation.dollase.pdf
24. Bei Pisa 2000 betrug der Vorsprung der Finnen vor den Deutschen im Testbereich Lesen 62, im Bereich Mathematik 46 und im Bereich Naturwissenschaften 51 Pisa-Punkte. Bei der Testung im Jahr 2012 war dieser Vorsprung der Finnen auf 16 bzw. 5 bzw. 21 Pisa-Punkte zusammengeschmolzen.
25. Siehe dazu Josef Kraus: Adidas und Co. Markenfetischismus in den Schulen. In: Zs. Universitas, 57. Jg. 2002, Nr. 671, S. 504–508
26. Siehe dazu die Expertise »Gerald Hüther und die Sinn-Stiftung« vom Februar 2013: https://www.weltanschauungsfragen.de/informationen/informationen-a-z/informationen-s/sinnstiftung/lange-version/
27. Siehe Josef Kraus: Helikoptereltern. Reinbek 2013
28. Quelle: Antwort der Landesregierung auf die Große Anfrage 21 der Fraktion der Piraten (= Landtagsdrucksache 16/11660) bzw. Antwort der Landesregierung (Drucksache 16/12436)
29. Vgl. dazu auch Thomas Schuler: Bertelsmann Republik Deutschland. Eine Stiftung macht Politik. Frankfurt/New York 2010
30. Vgl. dazu Matthias Burchardt: Liebesgrüße aus Gütersloh – Eine unsachlich-polemische Meinungsäußerung, Vortragsmanuskript 2011: http://www.bund-

freiheit-der-wissenschaft.de/images/Burchardt.pdf
und ders.: Liebesgrüße aus Gütersloh. Eine unsachlich polemische Meinungsäußerung, in: Vierteljahresschrift f. wiss. Pädagogik, 2012, Sonderheft, S. 65–77

31. Richard H. Thaler / Cass R. Sunstein: Nudge: Wie man
    kluge Entscheidungen anstößt. Berlin 2008
32. Frank-Olaf Radtke: Erziehungsmacht Ökonomik. In:
    Pädagogische Rundschau, 69. Jahrgang, 2015, S. 611–
    628
33. http://www.reformkompass.de/
34. Thomas Schuler, a. a. O. S. 150
35. Thomas Schuler, a. a. O. S. 40
36. Frank Böckelmann/Hersch Fischler: Bertelsmann –
    Hinter der Fassade des Medienimperiums. Frankfurt/M. 2004. Siehe dort das Kapitel: »Der Kanzler(innen)berater«, u. a. S. 247
37. Antwort der Landesregierung auf die Große Anfrage 21 der Fraktion der Piraten (= Landtagsdrucksache 16/11660) bzw. Antwort der Landesregierung
    (Drucksache 16/12436)
38. Colin Crouch: Postdemokratie. Berlin 2008, S. 10 und
    29 f.
39. Ingrid Lohmann: Die ›gute Regierung‹ des Bildungswesens: Bertelmann Stiftung; in: Jens Wernicke und
    Torsten Bultmann (Hg.): Netzwerk der Macht – Bertelsmann. Der medial-politische Komplex aus Gütersloh. Marburg, Verlag des Bundes demokratischer
    Wissenschaftlerinnen und Wissenschaftler 2010,
    S. 155–171
40. Süddeutsche Zeitung vom 18. Januar 2000
41. Siehe Josef Kraus: Atomisierung der Schullandschaft.
    In: Denkschrift NRW – Hat Bildung in Schule Zu-

kunft? Herausgegeben vom Institut der deutschen Wirtschaft, Köln 1996, S. 103–119

42. Siehe: https://www.isq-bb.de/wordpress/wp-content/uploads/2016/06/VERA8_Bericht_BLN.pdf

43. Siehe https://bibliothek.wzb.eu/pdf/2016/i16-201r.pdf

44. Quelle: DeSeCo der OECD, gestartet 1997; DeSeCo = Definition and Selection of Competences

45. http://www.lehrplanplus.bayern.de/fachprofil/gymnasium/deutsch

46. Siehe https://www.mpib-berlin.mpg.de/Pisa/KurzFrameworkMaths.pdf

47. Eine ausführliche Darstellung findet sich in Hans Peter Klein: Vom Streifenhörnchen zum Nadelstreifen – Das deutsche Bildungswesen im Kompetenztaumel. Springe 2016

48. Vgl. dazu mehrere Studien des Forschungsverbundes »SED-Staat« der Freien Universität Berlin: http://www.fu-berlin.de/sites/fsed/index.html

49. Siehe dazu das Kapitel »Historisch korrekte Bildung« in: Josef Kraus: Ist die Bildung noch zu retten? – Eine Streitschrift. München 2009, S. 96–102

50. Zitiert nach Silja Graupe/Jochen Krautz: Anpassung an eine Scheinwelt – Wie die OECD mit Pisa ein neues, an einer ökonomischen Fiktion orientiertes Bildungskonzept durchsetzen will; F.A.Z. vom 6. Dezember 2013, S. 7

51. Theodor Litt: Das Bildungsideal der deutschen Klassik und die moderne Arbeitswelt. Darmstadt 1959

52. Manfred Fuhrmann: Der europäische Bildungskanon. Frankfurt/M. 2004

53. Jochen Krautz: Ware Bildung – Schule und Universität unter dem Diktat der Ökonomie. München 2007

54. Theodor Adorno: Theorie der Halbbildung (Vortrag aus dem Jahr 1959) In: Gesammelte Schriften, Band 8: Soziologische Schriften 1. Frankfurt/M. 1972, S. 93–121

55. Friedrich Schönweiss: Bildung als Bedrohung? Grundlegung einer Sozialen Pädagogik. Opladen 1994

56. Siehe dazu auch Frank-Olaf Radtke: Vom Bruttobildungsprodukt. F. A. Z. vom 6. Dezember 2013, S. 7

57. Siehe Ralf Lankau unter http://s528128686.online.de/futur-iii/wp-content/uploads/sites/6/2015/11/lankau_digitaldehuman.pdf

58. Klaus Haefner: Die neue Bildungskrise. Basel 1982

59. Quellenangaben erübrigen sich; sie sind beliebig austauschbar.

60. Siehe Wilfried Bos, Ramona Lorenz, Manuela Endberg, Birgit Eickelmann, Rudolf Kammerl, Stefan Welling (Hrsg.): Schule digital – der Länderindikator 2016. Kompetenzen von Lehrpersonen der Sekundarstufe I im Umgang mit digitalen Medien im Bundesländervergleich. Münster 2016

61. Gerald Lemke und Ingo Leipner: Die Lüge der digitalen Bildung – Warum unsere Kinder das Lernen verlernen. München 2015

62. Konrad Paul Liessmann: Theorie der Unbildung. Wien 2006

63. Clifford Stoll: LogOut – Warum Computer nichts im Klassenzimmer zu suchen haben. Frankfurt/M. 2001

64. Gerald Lemke und Ingo Leipner: Die Lüge der digitalen Bildung – Warum unsere Kinder das Lernen verlernen. München 2015

65. http://www.cesifo-group.de/de/ifoHome/presse/Pres-

semitteilungen/Pressemitteilungen-Archiv/2015/Q1/
press_20150319_cesifowp5266.html

66. http://www.faz.net/aktuell/feuilleton/familie/oecd-ers-
te-pisa-erhebung-zu-digitalen-kompetenzen-13804857.
html

67. Enquete-Kommission »Kein Kind zurücklassen« des
Hessischen Landtages, Anhörung vom 14. Oktober
2016 zum Thema »Digitalisierung und schulische Bildung«

68. Vgl. dazu SWR2 Aula: Computer oder doch Papier.
Wann und wie wir am besten lernen. SWR 2, 10. Juli
2016

69. Siehe dazu auch die u.a. von Ralf Lankau initiierte Erklärung »Trojaner aus Berlin: Der »Digital-
pakt#D« unter https://bildung-wissen.eu/wp-content/
uploads/2016/11/erklaerung_zum_digitalpaktD_mit-
Unterschrift.pdf

70. Siehe dazu den *Zeit*-Artikel http://www.zeit.de/digital/
internet/2016-10/bildung-studie-digitalisierung-schu-
len-zustand bzw. die Studie im Original http://www.ibi.
tu-berlin.de/diskurs/veroeffentlichungen/190-stake-
holder-studie-zum-bundestagsbeschluss

71. John Hattie / Klaus Zierer: Lernen sichtbar machen.
Hohengehren 2013

72. »Wie wirksam sind digitale Medien im Unterricht?«
Studie von Prof. Dr. Bardo Herzig im Auftrag der Bertelsmann Stiftung. Gütersloh 2014

73. Siehe dazu Werner Seppmann: Herrschaftsmaschine
oder Emanzipationsautomat? Über Gesellschaft und
Computer. Bergkamen 2016

74. Manfred Spitzer: Vorsicht Bildschirm. München 2007

75. Manfred Spitzer: Digitale Demenz. München 2012

76. Vgl. Josef Kraus: Der Pisa-Schwindel. Wien 2005; und Josef Kraus: Das Schulleistungsgefälle in Deutschland – Fakten, Diagnosen, Hintergründe. St. Augustin 2011

77. Egon Friedell: Kulturgeschichte der Neuzeit. München 1989

78. Siehe dazu auch Josef Kraus: Renovatio Linguae Latinae. In: Antike Welt, Zeitschrift für Archäologie und Kulturgeschichte. 31. Jahrgang 2000, S. 433–438

79. Georg Wilhelm Friedrich Hegel: Gymnasialreden 1809 bis 1815. In: Werke in zwanzig Bänden, Bd. 4. Frankfurt/M. 1970

80. Thomas Nipperdey: Deutsche Geschichte 1800–1866. München 1983

81. Quelle: Deutsche Erziehung, Wissenschaft und Volksbildung. Amtsblatt 2.1936, S. 525.

82. Titel: Entwicklung und Erprobung von Modellen der Begabtenförderung am Gymnasium mit Verkürzung der Schulzeit; Leiter der wissenschaftlichen Begleituntersuchung: Prof. Dr. Armin Kaiser, Universität Trier

83. Zu diesen Urteilen kommt der Bonner Pädagogikprofessor Volker Ladenthin. Siehe »Den G8-Abiturienten fehlt die Reife«. In: wiwo.de, 17.10.2016

84. https://tu-dresden.de/mn/studium/studiengaenge-lehrangebote/brueckenkurse, Aufruf vom 16.11.2016

85. Siehe http://www.le-gymnasien-nrw.de/fileadmin/user_upload/G8G9Pra__sentation_Dollase_Kopie_2.pdf

86. Siehe http://www.lev-gym-bayern.de/files/LEV%20PM%20Befragung%20Jan%202017.pdf

87. Siehe http://www.g9-jetzt-saarland.de/index.php/presse

88. Siehe dazu auch das Kapitel »Es wird behauptet, eine

verlängerte Grundschulzeit sei sinnvoll«; in: Josef Kraus: Ist die Bildung noch zu retten? Eine Streitschrift. München 2009, S. 56 ff.

89. Werner Heldmann: Studierfähigkeit. Göttingen 1984
90. Siehe dazu Josef Kraus: Der PISA-Schwindel. Wien 2005
91. An einer gebundenen Ganztagsschule besteht Anwesenheitspflicht von 8.00 bis 16.00 Uhr. Unterricht und Freizeit rhythmisiert, im Wechsel von Lern- und Entspannungsphasen über den ganzen Tag verteilt. Es gibt ein gemeinsames Mittagessen und keine Hausaufgaben. An einer offenen Ganztagsschule findet der Unterricht wie üblich hauptsächlich am Vormittag statt. Darüber hinaus gibt es ein freiwilliges Nachmittagsprogramm mit Hausaufgabenhilfe, Neigungsgruppen usw. ebenso auf freiwilliger Basis ein gemeinsames Mittagessen.
92. Hans-Jürgen Ipfling: Modellversuche mit Ganztagsschulen und anderen Formen ganztägiger Förderung. Bund-Länder-Kommission für Bildungsplanung und Forschungsförderung. Bonn 1981.
93. Siehe http://www.ganztaegig-lernen.de/steg-studie-ganztagsschulen-machen-sinn
94. Der genaue Titel der Studie lautete: »Ganztagsschule: Entwicklung und Wirkungen – Ergebnisse der Studie zur Entwicklung von Ganztagsschulen 2005–2010«
95. Kerstin Rabenstein hat diese Aussagen bei einer Anhörung der Enquetekommission Bildung des Hessischen Landtages am 24. Juli 2015 getan. Eingeladen war sie von der Fraktion »Die Linke« des Hessischen Landtages.
96. Hiltrud Schwetje-Wagner und Andreas Wagner: Wi-

der die Verplanung der Kindheit. Ganztagsschule – oder Raum zum Leben? Göttingen 2015, S. 103 ff.

97. Peter Brenner: Ganztagsschule Deutschland – Die Pädagogisierung der Gesellschaft und der betreute Mensch. Zeitschrift Universitas 12/2005, S. 1221

98. Helmut Schelsky: Der selbständige und der betreute Mensch. Politische Schriften und Kommentare. Berlin 1978

99. Dolf Sternberger, Gerhard Storz, Wilhelm Süskind: Aus dem Wörterbuch des Unmenschen. Hamburg 1957, S. 31

100. Michail Gorbatschow: Perestroika. München 1987, S. 146

101. Siehe Bernd Ahrbeck: Inklusion – Eine Kritik. Stuttgart 2014, S. 9, S. 116 ff. und S. 129

102. Siehe Egon Flaig: Inklusion – Überlegungen zur Zerstörung des humanistischen Menschenbildes. In: Matthias Brodkorb, Katja Koch (Hg.): Das Menschenbild der Inklusion. Schwerin 2012, S. 47–56

103. Siehe Matthias Brodkorb, Katja Koch (Hg.): Das Menschenbild der Inklusion. Schwerin 2012. Darin: Warum Inklusion unmöglich ist – Über schulische Paradoxien zwischen Liebe und Leistung. S. 13–34

104. Siehe Bernd Ahrbeck; Grenzenlose Vielfalt? Zur Vernachlässigung des Individuums in der (schulischen) Inklusionsdebatte. In: Klaus Zierer, Joachim Kahler, Matthias Burchardt (Hg.): Die pädagogische Mitte. Plädoyers für Vernunft und Augenmaß in der Bildung. Bad Heilbrunn 2016, S. 227–237

105. a. a. O., S. 26

106. Uwe Becker Die Inklusionslüge – Behinderung im flexiblen Kapitalismus. Bielefeld 2015, S. 154 f.

107. Otto Speck: Schulische Inklusion aus heilpädagogischer Sicht. Rhetorik und Realität. München 2011, S. 73 und 117

108. Urs Haeberlin u. a.: Langzeitwirkungen der schulischen Integration. Bern 2011

109. Bernd Ahrbeck: Inklusion – Eine Kritik. Stuttgart 2014, S. 125

110. http://www.alphabetisierung.de/fileadmin/files/Dateien/Downloads_Texte/leo-Presseheft-web.pdf

111. Reiner Pogarell/Markus Schröder: Wörterbuch überflüssiger Anglizismen. Paderborn 1999; und Verein Deutsche Sprache (Hg.): Der Anglizismen-Index 2016. Paderborn 2016

112. Siehe dazu: Dorothea Hofmann/Rubens Russomanno Ricciardi: Die Kraft des Wortes – Plädoyer für den Gebrauch der Muttersprache. In: Forschung & Lehre, Heft 12/2015, S. 1008

113. Das Ergebnis der »Aktion Lebendiges Deutsch« ist zusammengefasst in: Wolf Schneider, Cornelius Sommer, Josef Kraus, Walter Krämer: Deutsch lebt! – Ein Appell zum Aufwachen. Paderborn 2010

114. www.7thesenwissenschaftssprache.de und www.adawis.de

115. Tomas Kubelik: Genug gegendert – Eine Kritik der feministischen Sprache. Halle 2013, S. 37

116. Siehe dazu Dankwart Guratzsch: Gegenwartsdeutsch – Das Gefühl des Sprachverfalls trügt nicht. In: DIE WELT vom 13. Oktober 2013

117. https://www.welt.de/regionales/muenchen/article108370072/Studenten-koennen-keine-Rechtschreibung-mehr.html

118. Vgl. dazu auch Hanno Briken-Bertsch und Reinhard

Markner: Rechtschreibreform und Nationalsozialismus: Ein Kapitel aus der politischen Geschichte der deutschen Sprache. Göttingen 2004

119. Wolfgang Steinbrecht: Kindheit und Jugend in drei deutschen Staaten. Friedberg 2014, S. 85

120. https://www.welt.de/print-welt/article345004/Schueler-schreiben-nach-Reform-schlechter-als-vorher.html

121. Wolfgang Steinig, Dirk Betzel, Franz Josef Geider, Andreas Herbold: Schreiben von Kindern im diachronen Vergleich. Texte von Viertklässlern aus den Jahren 1972 und 2002. Münster 2009

122. a. a. O. S. 252

123. a. a. O. S. 267

124. Uwe Grund: Orthographische Regelwerke im Praxistest – Schulische Rechtschreibleistungen vor und nach der Rechtschreibreform. Berlin 2016

125. a. a. O. S. 214

126. IQB = Institut zur Qualitätsentwicklung im Bildungswesen an der Humboldt-Universität zu Berlin. Siehe auch: https://www.iqb.hu-berlin.de/bt/BT2015/Bericht

127. Siehe: http://www.sueddeutsche.de/wissen/tiere-der-hund-der-beste-versteher-des-menschen-1.2861401

128. Die Ergebnisse sind zu finden unter http://www.lehrerverband.de/presse_Bundespressekonf_Handschreiben_010415.html

129. Quelle: https://presseportal.zdf.de/fileadmin/zdf_upload/Aktuelles/2015/9/07082015_Engel_Breunig.pdf; Aufruf: 14.08.2016

130. Peter J. Brenner: Die demolierte Sprache. In: Universitas, 68. Jahrgang, Heft 12/2013, S. 6

131. Jörg-Dieter Gauger (Hg.): Bildung der Persönlichkeit.

Freiburg 2006. Ein Kerncurriculum Deutsch findet sich auf den Seiten 318 ff.

132. http://onlinelibrary.wiley.com/doi/10.1111/ecoj.12307/full

133. Friedrich Denk: Wer liest, kommt weiter. Gütersloh 2013

134. David Eberhard: Kinder an der Macht. Die monströsen Auswüchse liberaler Erziehung. München 2013, S. 104 f.

135. Heinz Heckhausen: Förderung der Lernmotivierung und der intellektuellen Tüchtigkeiten. In: Deutscher Bildungsrat (Hg.): Begabung und Lernen. Gutachten und Studien der Bildungskommission. Stuttgart 1968, S. 193–228

136. Pamela Druckerman: Warum französische Kinder keine Nervensägen sind. Erziehungsgeheimnisse aus Paris. München 2013

137. David Eberhard: Kinder an der Macht. Die monströsen Auswüchse liberaler Erziehung. München 2013, S. 113

138. Zitiert nach Michael Bordt: Die Kunst sich selbst auszuhalten – Ein Weg zur inneren Freiheit. München 2013

139. Siehe Arnold Gehlen: Moral und Hypermoral. Frankfurt/M. 1969

Der Bildungsexperte schlägt Alarm

»Bildungsgerechtigkeit« ist gut gemeint, verkehrt sich aber oft ins Zwanghafte: Ansprüche werden nivelliert, Inhalte normiert, Ziele standardisiert, Eliten diskreditiert, Universitäten »Bologna«-konform konfektioniert. Statt pauschal zu vereinheitlichen, gilt es, Bildung vom reinen Nutzdenken zu befreien, Persönlichkeitsbildung zu fördern und deutlich zu machen, dass Bildungschancen zwar Chancen, aber keine Garantien sind.

Ist die Bildung noch zu retten?
Natürlich – doch dazu müssen wir uns
auf unsere Stärken besinnen.

Josef Kraus
Ist die Bildung noch zu retten?

224 Seiten, ISBN 978-3-7766-2610-0

HERBiG www.herbig-verlag.de

Ein politischer Hoffnungsträger

Seine progressive Politik, ein Kabinett, das zur Hälfte
aus Frauen besteht und in dem auch Minderheiten
zahlreich vertreten sind, sein menschlicher Umgang
mit syrischen Flüchtlingen – der kanadische Premier-
minister Justin Trudeau macht einfach alles richtig.
Seine Lebensgeschichte ist eine spannende Mischung
aus Politikerbiografie und Handlungsaufruf an jeden
von uns.

*Der sympathischste Regierungschef
der Welt: Richtungsweisende Ideen für
eine Politik des 21. Jahrhunderts*

Justin Trudeau
Für eine bessere Zukunft
Print: 978-3-7766-2798-5 · E-Book: 978-3-7766-8257-1

HERBiG www.herbig-verlag.de

Das Gehirn aktiv halten

Digitaler Konsum schädigt unseren Körper und unser
Gehirn. Der bekannte Hirnforscher und Psychiater
zeigt anhand neuester wissenschaftlicher Studien,
welch katastrophale Folgen unser unachtsamer Umgang mit den neuen Medien hat. Wenn wir im Internet recherchieren, ist das Gehirn nicht auf »merken«
programmiert wie bei Büchern. Die Folge: Das Gehirn
wird träger.

*Manfred Spitzer rüttelt die
Menschen auf, neuronale Verbindungen im Gehirn zu pflegen, damit
wir als Gesellschaft nicht zunehmend
verdummen.*

Manfred Spitzer
Googeln wir uns dumm?
Vortrag auf DVD, ISBN 978-3-485-07018-8

nymphenburger
www.nymphenburger-verlag.de